Kritisk By

Critical City

Arkitektens Forlag
The Danish Architectural Press

Af KRISTOFFER LINDHARDT WEISS

Introduktion

> "The future is already here – it's just not very evenly distributed."
> – William Gibson

Det er et paradoks, at den danske velfærdsby i den senmoderne periode både har vist sig at være en historisk succes og – måske – en endnu større fiasko. For samtidig med, at byer som København og Aarhus soler sig i international opmærksomhed og ros for den høje livskvalitet, de tilbyder borgerne, så er der alvorlige økonomiske ubalancer og strukturelle og langsigtede udfordringer med byernes bæredygtige udvikling. Det skyldes nye former for bosætning, nye familiemønstre, demografiske skift og sidst, men absolut ikke mindst, klimakrisens påvirkning af alle niveauer af byens funktion og den globale ulighedskrise, der har forandret byer verden over og truer med at erodere grundlaget for fremtidige generationers mulighed for at opleve samme fremgang, som de foregående årtier har præsteret. I den udvidede diskussion og forståelse af byens rolle er velfærdsbegrebet i gang med at miste sin betydning som det primære bypolitiske pejlemærke. Den amerikanske politolog Francis Fukuyama fremhæver i sin bog *The Origins of Political Order* fra 2011 Danmark og taler om "Getting to Denmark". Fukuyama beskriver den danske velfærdsmodel som forbillede på grund af den stabile og fredelige samfundsindretning med et højt niveau af tillid, social mobilitet, borgerrettigheder og en stærk retsstat med høj legitimitet. Men velfærden, i den version som Fukuyama ser, hvor feteret den end er, kan meget vel vise sig ganske enkelt ikke at være bæredygtig, og byernes udvikling er prismet, der gør den negative udvikling synlig, for de har traditionelt set været det sted, udviklingen har været mest tydelig.

På rekordtid har det økonomiske opsving forvandlet den traditionelle velfærdsby til velstandsby. Velfærdsbyen var selve billedet på det bredtfavnende lighedsideal ud fra et rodfæstet retfærdighedsprincip om lige adgang til fælles ressourcer og de muligheder, som byen tilbyder med sine vidtforgrenede netværk og nærhed til centrale, magtfulde statslige institutioner, arbejdspladser og kultur. Det var og er en af de mest konkrete udmøntninger af den konsekvente rumlige nivellering

By KRISTOFFER LINDHARDT WEISS

Introduction

> 'The future is already here – it's just not very evenly distributed.'
> —William Gibson

Paradoxically, the Danish welfare city has proved both a historical success and – perhaps – an even greater failure during the late modern era. While cities like Copenhagen and Aarhus bask in international attention and admiration over the high quality of life they offer their citizens, cities in general are facing serious economic imbalances as well as long-term and structural challenges that hamper their ability to maintain a sustainable development given the emergence of new ways of living, new family patterns, changing demographics and last, but certainly not least, the impact of the climate crisis on all aspects of urban functioning and the global crisis of inequality that has transformed cities worldwide and made it unlikely that future generations can experience the same rate of progress as we have seen in previous decades. In the expanded discussion and understanding of the city's role, the welfare concept is losing its function as the primary urban policy indicator. The American political scientist Francis Fukuyama highlights Denmark in his 2011 book *The Origins of Political Order*, in which he writes about 'Getting to Denmark'. Fukuyama holds the Danish welfare state up as a model: a stable and peaceful social system with a high level of trust, social mobility, civil liberties and legitimacy and low levels of corruption. But the kind of welfare system that Fukuyama outlines, however sought-after it may be, may well prove unsustainable, and urban development is the prism that renders the negative development visible, as cities have traditionally been the setting where new trends have been most evident.

In a very short timespan, a strong economy has transformed the traditional welfare city to a prosperous city. The welfare city was the very image of the inclusive ideal of equality and fairness with equitable access to shared resources and the possibilities that the city affords, with its sprawling network and proximity to important and powerful state institutions, workplaces and cultural venues. It was and is one of the most tangible manifestations of the spatial levelling of hierarchies and economic differences as laid out in the welfare society's social contract with its citizens.

af hierarkier og økonomiske forskelle, som velfærdssamfundet indgik en kontrakt med indbyggerne om. Tilgængelighed, transparens og åbenhed var de planlægningsmæssige idealer, der dikterede forvaltningen af det offentlige rum, og arkitekter og planlæggere identificerede sig med idealerne formuleret i de sociale programmer, velfærdsstaten hvilede på. Velstandsbyen derimod er markedsdrevet og drives af en ufravigelig logik, der har ligget latent i grundlaget for velfærdsbyens indretning, lovgivning og målsætning. For det var den brede fremgang i velstand, der var velfærdssamfundets mål. Med ankomsten af velstandsbyen har velfærdsbyen sejret sig selv ihjel. Spørgsmålet om, hvem, der har retten til at benytte og tilgå det rum, byen er, er mere aktuelt end nogensinde. Den manicurerede velstandsby er primært middelklassens by. Og den ideologiske komponent af urban retfærdighed, der var det modernistiske credo, er gledet i baggrunden. Som den amerikanske forfatter William Gibson har sagt: "The future is already here – it is just not very evenly distributed".[1] Gibsons ord er blevet et mantra for mange, der forsøger at udvikle et alternativt blik på urbanismens rolle i det 21. århundrede.

Fig. 1 Nørrebro. Cykler på Superkilen, et af Københavns nye markante offentlige rum. Foto: Ulrik Jantzen

180-GRADERS BY

Udviklingen de sidste tre årtier i de større danske byer – mest markant i København og Aarhus – har ændret vores syn 180 grader på, hvad en by er og betyder for vores kultur. Forandringerne har skabt en omskrivning af byens funktion og betydning for meget store samfundsgrupper. Ikke kun i Danmark og Norden. Det er et globalt fænomen, der indvarsler enden på myten om byen skabt i det modernes billede. Myten om *polis* som det tilgængelige, demokratiske rum, hvor alt kunne lade sig gøre uanset social baggrund og beskæftigelse, er brutalt erstattet af byen som et i stigende grad eksklusivt rum for et relativt smalt segment af befolkningen. Det har på sin vis fundamentalt ændret vores grundforståelse af byen, de muligheder, den tilbyder, og den livsverden, det urbane liv iscenesætter for den enkelte. Det samme gælder byer som London, New York, Berlin, Stockholm, Tokyo m.fl. Byernes historiske rolle som smeltedigel og som generøs koncentration af sultent talent og ægte mangfoldighed af livsformer er grundlæggende udfordret af den generelle økonomiske udvikling, der presser store grupper af borgere ud af byernes centrum og ensretter beboersammensætningen i byen. Den øgede bykonkurrence og byernes indflydelse i geopolitisk sammenhæng sætter fokus på den historiske betydning af progressiv bypolitik, der havde en meget klar holdning

Fig. 1 Nørrebro. bicycles at Superkilen, one of Copenhagen's new distinctive public spaces. Photo: Ulrik Jantzen

Accessibility, transparency and openness were the planning ideals that defined the management of the public space, and architects and planners identified with the ideals of the social programmes underpinning the welfare state. The prosperous city, by contrast, is driven by market forces and an invariable logic that remained a latent feature of the foundation for the welfare city's design, legislation and goals. The widespread growth in prosperity was indeed the goal of the welfare society. However, the emergence of the prosperous city is proving a pyrrhic victory for the welfare society. The question of who has the right to use and access the urban space is more relevant than ever. The manicured prosperous city is primarily the city of the middle class. And the ideological component of urban fairness that was the modernist credo has fallen out of use. As the American author William Gibson put it, 'The future is already here – it's just not very evenly distributed.'[1] Gibson's statement has become a mantra for the many who are proposing an alternative understanding of the role of urbanism in the 21st century.

180-DEGREE CITY

Over the past three decades, development in Denmark's biggest cities – in particular Copenhagen and Aarhus – has led to a 180-degree shift in our understanding of the nature of a city

Fig. 2 Gadebillede fra New York. Foto: Adrian Täckman

til inklusivitet og til det fællesskab, byen er for de mennesker, der ikke har andre steder at tage hen. Hvad har skabt de strukturelle ubalancer? En kombination af ekstrem regulering (boliglovgivning) og en meget markedsdrevet og developer-orienteret byudvikling har skabt få frihedsgrader for arkitekter og planlæggere og kvalt enhver kreativitet og incitament til at producere alternative løsningsmodeller for bosætning i byen. Tidligere tiders boligbevægelser er blot et svagt ekko fra en svunden tid, hvor fællesskabsidealer kunne omsættes til konkrete fremskridt. Den markedsdrevne by er effektiv, når der skal bygges meget og hurtigt, for den belønner kvantitet og ikke kvalitet. Men den producerer en række effekter, som der er bred konsensus om ikke er ønskværdige, f.eks. segregering, ekstrem klimabelastning og økonomisk overophedning. Dermed opstår de paradokser, der præger vores tid. Og der er ikke udviklet et effektivt modsvar endnu. Diskussionen om den – trods politisk vilje fra flertallet – manglende realisering af billige boliger til mennesker med lav- og mellemindkomst i de større byer viser blot, hvor tæt på umuligt det er at forene borgernes modsatrettede interesser. Byen har ændret status fra at være en inklusiv ramme om individers meget forskellige livsudfoldelse til i højere grad at være omdrejningspunkt for investeringer fra både private og professionelle. Lokalpolitikerne er reelt magtesløse over for prisstigninger på boligmarkedet og de mange negative følgevirkninger. Den tidligere overborgmester i København Ritt

and its cultural role. These changes have rewritten the role and function of the city for large groups in society, not only in Denmark and the rest of the Nordic countries but as a global phenomenon that dispels the myth of the city created in the image of modernity. The myth of *polis* as the accessible, democratic space where anything is possible, regardless of people's social background or occupation, has been brutally superseded by the city as an increasingly exclusive space for a fairly narrow segment of the population. This development has fundamentally altered our basic notion of the city, the possibilities it affords and the lifeworld that the urban setting enables. The same is happening in other cities, including London, New York, Berlin, Stockholm and Tokyo. The city's historical role as melting pot and a generous concentration of hungry talent and a diversity of life is fundamentally challenged by the general economic development that is pricing large groups of citizens out of the city centre and creating a much more uniform urban population. The growing competition between cities and their geopolitical influence is highlighting the historical significance of progressive urban policies that pursued inclusiveness and regarded the city as a communal space for those who have

Fig. 2 New York cityscape. Photo: Adrian Täckman

nowhere else left to go. What is the source of these structural imbalances? A combination of extreme housing regulations and a highly market-driven and developer-oriented trend has significantly reduced the creative latitude of architects and planners, stifling any incentive to pursue alternative ways of building and living in the city. Historical social-housing movements are merely a faint echo of bygone days when community ideals could be translated into tangible progress. The market-driven city is efficient when it comes to rapid and large-scale construction, because it rewards quantity, not quality. However, due to profoundly impactful side effects, such as segregation, heavy climate footprints and economic overheating, it also gives rise to some of the key paradoxes shaping our time. We have yet to come up with an effective response. The debate about the failure – despite widespread political support – to realize ambitions of affordable homes for low- and middle-income households in the big cities illustrates the near-impossibility of reconciling conflicting citizen interests. The city has gone from being an inclusive setting for individual inhabitants' diverse life expressions to being more of an investment object for private and professional investors. Local politicians are essentially powerless to address the rise in housing prices and the negative consequences this has. The former Lord Mayor of Copenhagen Ritt Bjerregaard's failure to deliver on her plan to build affordable homes, which ultimately cost her the mayorship, is perhaps the

Fig. 3 Chelsea Hotel, New York City. Chelsea Hotel var epicenter for 1960'ernes og 1970'ernes kulturelle ekspansion. Foto: Jim Lynwood

Bjerregaards fiasko med at skabe billige boliger, der endte med at koste hende posten, er måske det bedste eksempel i nyere tid på konsekvenserne af udviklingen og den magtesløshed, der præger forvaltningen af byen. Man er i København, Aarhus og andre store byer verdensmestre i at bygge havnebade, cykelstier og generøse offentlige rum, men den strukturelle ubalance i byen adresseres ikke. Det er en bureaukratisk og byideologisk deadlock uden vindere i det lange løb. Disse fundamentale modsætninger mellem velfærdsbyens ideologiske grundlag og den

best recent example of the consequences of the current development and the politicians' inability to control urban development. Copenhagen, Aarhus and other big cities excel at building harbour baths, bike paths and generous public spaces, but the structural imbalance in the city is not addressed. This bureaucratic and ideological deadlock has no long-term winners. The fundamental conflict between the ideological basis of the welfare city and the actual development is the biggest urban challenge of the 21st century. Meanwhile, the required massive climate change adaptation effort has gone from being a functional issue (the city as obsolete infrastructure) to a fundamental ideologic issue touching on all aspects of the management of the city and our way of life in big coastal cities.

THE CITY AS A WELFARISTIC FLOWCHART

Danish cities are developed according to a 'welfaristic flowchart' with the Copenhagen Urban Life Account as the ultimate symbol of an urban control approach and a uniform perception of quality of life in the city. This is an inherently unsustainable urban model. The city is perceived as a malleable system of economic entities, political interests and available resources. The market-driven city favours effective regulation mechanisms without any ideological content. But only apparently, as these are in fact ideology masquerading as functionalism. That makes it necessary to repeat the well-known truth that the city consists of many different, often opposing interests held by various groups. In the long term, the well-established right to be in and use the city, as part of the urban community, is under pressure in a purely functional planning paradigm, and thus, so is the understanding of the importance of the citizens' equal access to the circulation of knowledge that is conditioned by proximity to the privileged networks in the city, such as educational institutions, the central administration and large corporations, that form the backbone of the constituting communities

Fig. 3 Chelsea Hotel, New York City. Chelsea Hotel was the epicentre of the cultural expansion during the 1960s and 70s. Photo: Jim Lynwood

that translate cultural and economic value into politics. Meanwhile, the debate about urban development is often completely detached from any understanding of the difference between a functional, pragmatic paradigm and an ideologically driven urban policy that implements and promotes the normative and structural values-driven discussion related to rights issues and the view of the urban economy as a social project. An ideological vacuum arose when architects and urbanists stopped producing manifestos and urbanist utopias in the 1980s. At the same time, one of the modern

reelle udvikling er det 21. århundredes største urbane udfordring. Dertil kommer den meget dramatiske klimatilpasning, der er gået fra at være et funktionelt problem (byen som forældet infrastruktur) til at være et ideologisk grundspørgsmål, der berører alle aspekter af forvaltningen af byen og vores livsførelse som indbyggere i de større kystbyer.

BYEN SOM VELFÆRDISTISK FUNKTIONSDIAGRAM

De danske byer bliver udviklet efter et velfærdistisk funktionsdiagram med det københavnske bylivsregnskab som det ultimative symbol på et urbant kontrolregime og ensretning i opfattelsen af bylivskvalitet. Det er en fundamentalt set ubæredygtig bymodel. Byen opfattes som et manipulerbart system af økonomiske interesser, politiske hensyn og ressourcetænkning. I den markedsdrevne by søges primært effektive reguleringsmekanismer, der er blottet for ideologisk tankegods. Men kun tilsyneladende, for det er netop ideologi maskeret som funktionalisme. Det gør det nødvendigt – igen – at lufte de gammelkendte sandheder, at byen består af mange forskellige og ofte modsatrettede interesser hos byens forskellige samfundsgrupper. Den grundfæstede ret til at være i og bruge byen som en del af dens fællesskab bliver på sigt presset i det rent funktionelle planlægningsparadigme, og dermed også forståelsen af vigtigheden af borgernes lige adgang til den cirkulation af viden, der er betinget af nærhed til de privilegerede netværk i byen som uddannelsesinstitutioner, centraladministrationen og store virksomheder, der udgør rygraden i de konstituerende fællesskaber, der omsætter kulturel og økonomisk værdi til politik. Og diskussionen om byens udvikling er meget ofte helt afkoblet forståelsen af forskellen mellem et funktionelt, pragmatisk paradigme og en ideologisk betonet bypolitik, der udfolder og fremmer den normative og strukturelle værdidiskussion, der knytter sig til rettighedsspørgsmål og byøkonomi som samfundsprojekt. Der opstod et ideologisk tomrum, da arkitekter og urbanister stoppede med at producere manifester og urbanistiske utopier i 1980'erne. Samtidig forsvandt en af den moderne bevægelses mest potente måder at forbinde skønhed med moralisme, idealisme og social bevægelse. Den idealistiske fordring, der blev båret i manifestet, er modbilledet på arkitektur og urbanisme som ren funktion, der servicerer et marked uden det tvingende element af kunstnerisk nødvendighed. En konsekvent nivellering af de forskelle, der har skabt det billede på, hvad byen er, som var bærende i fortællingen om modernitetens enestående kulturelle betydning. Med genkomsten af det store normative spørgsmål om klimakrisen og den segregerede bys måde at være til på, har de operative begreber, der hentede deres tyngde i et ideologisk ladet sprog, fundet vej tilbage som en forargelse over de vilkår, som det, nogle kalder en neoliberal verdensorden, tilbyder arkitekturen og byplanlægningen. Det er naturligvis i den mest paranoide udlægning. I den danske

movement's most potent ways of linking beauty with morality, idealism and social change was lost. The idealistic challenge that was contained within the manifestos is the counter-image of architecture and urbanism as purely functional activities servicing a market without the compelling element of artistic necessity. A consistent levelling of the differences that created the image of the city that shaped the narrative of the unique cultural significance of modernity. With the re-emergence of the major normative question posed by climate change and the segregated city's way of being, the operative concepts that found their substance in an ideologically charged language had returned as indignation over the conditions imposed on architecture and city planning by what is sometimes called a neoliberal world order. This is, of course, the most paranoid interpretation. In the Danish welfare city, the idealist terminology for the urban community has survived to some extent but in an instrumentalized and regulated version. That has restricted architecture's ability to formulate alternative urban scenarios. This calls for re-establishing the significance of ideological choices in the urbanist discourse, that is, a normative discourse that clearly defines which values should dictate development. Naturally – and fortunately – there is no consensus about what these values are, but without a focus on the lasting structural effects of the development that has taken place in the city we can have no real change or any real discussion of means and ends. The broader social movements that inspired the social-housing movement represented and highlighted the conflicts of interest in the city in their pure form. They are examples of historical initiatives and a view of urban development as an issue of fairness and equality, but that is not necessarily the way of the future.

LIVEABILITY – FOR WHOM?

The (skewed) relationship between functionalist and ideological notions of urbanism is most clearly represented in the concept of liveability that superficially resembles a functional concept but is inherently ideological in nature. Liveability plays a key role in the debate about the future of Danish cities and rural districts. Although it is a thoroughly international concept, it is widely used by both laypeople and professionals as an umbrella term that captures much of what we associate with the welfare city and the architecture and urban development that are a direct product of the Nordic model. This more than suggests that quality of life is really the Holy Grail in urban development and establishes a hierarchy where architecture is reminded of its purpose-driven nature. An inherently mechanical art, architecture exists to serve the society it is inextricably tied to. Classical liveability is the story of the big collectivistic welfare project that produces spaces 'for people'. The liveability debate is also a welcome occasion to invite decision-makers and other disciplines to the table in what has largely

velfærdsby har det idealistiske sprog for det urbane fællesskab til en vis grad overlevet, men det er blevet instrumentaliseret og reguleret. Det har indsnævret arkitekturens evne til og mulighed for at formulere alternative byscenarier. Det kalder på nødvendigheden af at re-introducere betydningen af det ideologiske valg i den urbanistiske diskurs, dvs. den normative diskurs, der klart definerer, hvilke værdier der bør diktere udviklingen. Der er naturligvis – og heldigvis – ikke enighed om, hvilke værdier det er, men uden fokus på de strukturelle og varige effekter af den udvikling, der har fundet sted i byen, får vi ikke en reel forandring og diskussion om mål og midler. De sociale bevægelser, som boligbevægelsen stod på skuldrene af, varetog og spidsformulerede de rendyrkede interessemodsætninger i byen. De er eksempler på fortidens initiativer og måder at forstå byens udvikling som spørgsmål om retfærdighed og lighed, men det er ikke nødvendigvis fremtidens.

LIVEABLE – MEN FOR HVEM?

(Mis)forholdet mellem funktionalistiske begreber om urbanisme og ideologisk betonede begreber udfoldes mest tydeligt

Fig. 4 Havnebadet på Islands Brygge i København er blevet symbolet på industribyen, der blev til velfærdsby. Det, der før var en industrihavn, er nu en blå park med vand så rent, at man kan bade i det. Foto: Astrid Maria Rasmussen

i begrebet 'liveability', der på overfladen ligner et funktionelt begreb, men i bund og grund er ideologisk. Fænomenet 'liveability' står centralt i debatten om fremtiden for de danske byer og landdistrikter. På trods af at det er et udpræget internationalt begreb, bruges det flittigt af både læg- og fagfolk som et paraplybegreb, der opsummerer meget af det, vi forbinder med velfærdsbyen og den arkitektur og byudvikling, der er et direkte produkt af den nordiske samfundsmodel. Det mere end antyder, at livskvalitet er den hellige gral i byernes udvikling, og det skaber et klart hierarki, hvor arkitekturen mindes om sin formålsbestemthed. Den mest bundne kunstform er forpligtet til at tjene det samfund, den er uløseligt forbundet med. Den klassiske liveability er historien om det store kollektivistiske velfærdsprojekt, der producerer rum 'for mennesker'. Liveability-debatten er samtidig en kærkommen anledning til at invitere beslutningstagere og andre discipliner med til bords i det, der typisk har været arkitekturens og byteoriens eksklusive verden. Liveability rækker dermed langt ud over arkitekturens og byens domæne. Debatten omfatter både kultur, økonomi og politik og er pejlemærke for de bypolitiske ambitioner, der tidligere fandt deres udtryk i mere markante ideologiske positioner som førnævnte boligbevægelses klare interessevaretagelse på vegne af under- og middelklassen og 60'erne – og 70'ernes antiautoritære byaktivisme og græsrodsbevægelser.

Fig. 4 The Copenhagen Harbour Bath by Islands Brygge has become the symbol of the industrial city turned welfare city. What was once an industrial port is now a blue park with water clean enough for swimming. Photo: Astrid Maria Rasmussen

been the exclusive domain of architecture and urban theory. The concept of liveability thus reaches far beyond the domain of architecture and the city. The debate includes culture, economics and politics and indicates the direction of the urban policy ambitions that once found their expression in more ideological positions, such as the aforementioned social-housing movement and its clear representation of the interests of the lower and middle classes and the antiauthoritarian urban activism and grassroots movements of the 1960s and 70s.

In a Danish context, the urban space has been transformed over the past three decades. Liveability has found its form as the clearest statement of urban visions of accessibility and community, in a broad sense, and of the upgrading of urban spaces and infrastructure as a functional and experience-driven urban scenography that improves perceived quality of life. In other words, the essence of contemporary welfarism in all its guises.

At the same time, however, there is a real risk that liveability is reduced to an irrelevant consensus term that undermines the ideological component of the foundation of the welfare city. The history of the liveability concept in Denmark can meaningfully be broken down into four main periods: 1) The early period when the large urban, housing and social reforms, with the Kanslergade agreement in 1933 as the prime example, led to an urgent and profound transformation of Danish welfare and urban policies that continues

Ser man på de danske byer, så er der de sidste tre årtier sket ekstremt meget med byens rum. Liveability har i en dansk kontekst fundet sin form som det, der klarest formulerer byvisioner for tilgængelighed og fællesskaber i bred forstand og opgradering af byens rum og infrastruktur som funktionel og oplevelsesmæssig urban scenografi, der højner borgernes oplevelse af livskvalitet. Med andre ord, indbegrebet af vor tids velfærdisme i alle afskygninger.

Men samtidig er der en alvorlig fare for, at liveability reduceres til et ligegyldigt konsensusbegreb, der gør vold mod den ideologiske komponent, der er en del af velfærdsbyens grundlag. Det giver mening at inddele liveability-begrebets historie i fire centrale epoker: 1) den tidlige, hvor de store by-, bolig- og socialreformer, med Kanslergadeforliget fra 1933 som det absolut vigtigste, repræsenterede en akut og gennemgribende ændring af den danske velfærds- og bypolitik, som vi stadig lever med i dag; 2) opbygningen af velfærdsstatens kerneinstitutioner under 50'erne og 60'ernes fremtidsoptimisme og tilsyneladende endeløse optur, der klart formulerede velfærdsarkitekturens historie og ideologi og skabte de klassiske værker i dansk arkitekturtradition; 3) 90'erne og 00'ernes konkurrencebys-mentalitet, hvor liveability kulminerede som markedsføringsredskab for byers insisterende flirt med attraktive virksomheder og potentielle velbetalende skatteborgere; 4) og sidst, men ikke mindst samtidens liveability-diskussion, der udfordres af en systemisk krise. Klimakollapset og globaliseringen påfører debatten en knaphedsdoktrin, der lægger et alvorligt pres på den samfundsorden, som mange af de idealer, der stadig præger bytænkningen, hviler på.

BYEN TIL FORHANDLING

For det er sådan, at det, vi betegner som liveability, ikke er en stabil størrelse, men til konstant (gen)forhandling. Der vil altid være interessekonflikter i byernes og landdistrikternes udvikling. De større danske byer bliver med rekordfart dyrere og dyrere, og hele befolkningsgrupper presses på sigt ud af byen og erstattes med andre mere velstående. De større byer i Danmark bliver på grund af boligprisernes himmelflugt mere og mere high-end-byer for en stadig mindre del af befolkningen. Så man må stille det grundlæggende spørgsmål: Liveability for hvem? Hvis liveability-begrebet udvandes, risikerer vi at miste blikket for det, man i denne sammenhæng kan kalde kritisk by, dvs. dybden af den byideologiske diskussion, der er helt centralt for, at liveability-begrebet ikke mister sin dynamik og bliver til tom, altfavnende konformisme. Pænt, manicureret og ufarligt, og uden den kant, der er med til at udvikle vores forståelse af det bebyggede miljø. Det bliver i værste fald et element i en intetsigende markedsføringslingo, der kun understøtter den øgede bykonkurrence, hvor velstående kosmopolitter fra den øvre middelklasse kan boltre sig i de

to shape our lives to this day; 2) The establishment of the core institutions of the welfare state in light of the optimistic view of the future and seemingly endless economic expansion of the 1950s and 60s, which shaped the history and ideology of welfare architecture and created the classic works of the Danish architecture tradition; 3) The inter-urban competitive mentality of the 1990s and 2000s, when liveability culminated as a marketing device for cities' insistent flirt with attractive companies and prospective tax payers; and last, but not least, 4) The current liveability discussion, which is challenged by a systemic crisis. The climate collapse and globalization impose a scarcity doctrine on the debate, which puts heavy pressure on the social order that underpins many of the ideals that continue to shape urban thinking.

THE CITY AS NEGOTIATION SPACE

Far from a stable concept, what we call liveability is always up for (re)negotiation. Urban and rural development will always involve conflicts of interest. The biggest Danish cities are seeing record increases in housing prices, and entire population groups are being pushed out of the city and replaced with wealthier groups. Soaring housing costs are gradually turning Denmark's main cities into the excusive domain of a shrinking segment of the population. Thus, we have to ask the basic question of 'liveability for whom?' If the liveability concept is watered down, we risk losing sight of what we might call the Critical City, the depth of the ideological debate about the city. If that happens, the liveability concept will lose its dynamic and turn into empty, all-encompassing conformity. Nice, manicured, safe; lacking the edge that might improve our understanding of the built environment. At worst, it becomes an element in vapid PR lingo that only fuels the growing inter-urban competition, where wealthy cosmopolitans from the upper middle class can frolic in the slick, perfectly serviced urban spaces that the city offers to anyone looking for kicks in a pervasive culture of restlessness.

The liveability debate may be addressed in light of the Danish contribution to the Venice Biennale for Architecture 2016 titled *Art of Many – the Right to Space* curated by architect Boris Brorman Jensen and myself. Our goal was to capture the ideological connection between the grand project of the welfare society and the spatial manifestation of its core ideas, not least the spatial entitlement spelled out in the building code and the Planning Act. The exhibition demonstrates that much of the best architecture and urban planning produced in Denmark in fact adheres to a highly ideological set of values and contains a veneration for the ideal of equality and the principles of access for all to the public space that are often associated with Danish architecture and urbanism. The exhibition documents how Danish welfare urbanism is produced in an ideological space framed by modernity's humanistic-functional

hyperservicerede, glatte byrum, som byen tilbyder i jagten på et hurtigt oplevelsesfix i en gennemtrængende rastløshedskultur.

Debatten om liveability kan ses i forlængelse af det danske udstillingsbidrag til Venedig-biennalen for arkitektur 2016, der bar titlen *Art of Many – The Right to Space*. Her forsøgte vi (arkitekt Boris Brorman Jensen og undertegnede) som kuratorer at indfange den ideologiske klangbund, der er mellem det store samfundsprojekt, velfærdssamfundet, og den rumlige udmøntning af selvsamme ideer, ikke mindst de rumlige rettigheder, der er nedfældet i bygningsreglementet og planloven. Udstillingen viser tydeligt, at en stor del af den absolut bedste arkitektur og byplanlægning, der produceres i Danmark, rent faktisk abonnerer på en stærk ideologisk grundforståelse af værdier og rummer en veneration for et gennemført lighedsideal og de principper om adgang til det offentlige rum for alle, som man ofte forbinder med dansk arkitektur og urbanisme. Udstillingen dokumenterer, hvordan den danske velfærdsurbanisme produceres i et idelogisk rum rundet af modernitetens human-funktionelle forestillinger om byen og byens fællesskaber, der i bedste fald viser, hvordan arkitektur af høj kvalitet skaber (demokratiske), 'liveable' rum.

RETTEN TIL RUM

Byen kan producere lighed, men den er samtidig en forskelsmaskine. Og det, vi tidligere var i stand til at forstå som et offentligt gode, er nu blevet til private oplevelser, og den forskellighed af livsformer, der var selve byens DNA, forsvinder som dug for solen i den manicurerede bys rum. Det er måske på tide at dyrke byens konflikter og modsætninger som en måde at animere og tydeliggøre, at byudvikling står på skuldrene af en kulturkritik, der melder sig i professionen, når samfundets problemer for alvor trænger sig på.

I en EU-tale om temaet Smart Cities langer den hollandske arkitekt Rem Koolhaas ud efter 'liveable cities' som (over) styrende byideologi. Koolhaas konstaterer, at "Architecture used to be about the creation of community, and making the best effort at symbolizing that community". Koolhaas fortsætter sin kritik af markedsliggørelsen af byen: "With safety and security as selling points, the city has become vastly less adventurous and more predictable (...) The city triumphed at the very moment that thinking about the city stopped. The 'smart' city has stepped into that vacuum (...) Maybe it is no coincidence that 'liveable' – flat – cities like Vancouver, Melbourne and even Perth are replacing traditional metropolises in our imaginary".[2] Med vanlig sans for drama ser Koolhaas fundamentet for det moderne projekt skride og slutter med at konstatere: "A new trinity is at work: traditional European values of liberty, equality, and fraternity have been replaced in the 21st century by comfort, security, and sustainability". Det er præcis risikoen, når den omsiggribende

ideas of the city and its communities, which ideally demonstrates how quality architecture creates (democratic), 'liveable' spaces.

THE RIGHT TO SPACE

The city can produce equality but is also a sorting engine. What we previously regarded as a public good has become a matter of private experiences, and the lifestyle diversity that used to be the urban DNA is disappearing like snow in April in the manicured urban space. Perhaps it is time to highlight urban conflicts and contrasts as a way of animating and illustrating that urban development is in part driven by the cultural critique that emerges within the profession as social problems become urgent.

In an talk on the topic of smart cities, the Dutch architect Rem Koolhaas criticized the concept of 'liveable cities' as an (overly dominant) urban ideology. Koolhaas notes that 'Architecture used to be about the creation of community, and making the best effort at symbolizing that community.' He criticizes the marketization of the city: 'With safety and security as selling points, the city has become vastly less adventurous and more predictable (...) The city triumphed at the very moment that thinking about the city stopped. The "smart" city has stepped into that vacuum. (...) Maybe it is no coincidence that "liveable" – flat – cities like Vancouver, Melbourne and even Perth are replacing traditional metropolises in our imaginary.'[2] With his customary sense of the dramatic Koolhaas sees the foundations for the modern project crumble and concludes, 'A new trinity is at work: traditional European values of liberty, equality, and fraternity have been replaced in the 21st century by comfort, security, and sustainability.' That is precisely the risk when liveability rankings by *The Economist*, *Monocle* and others are allowed to dominate our notion(s) of the city and of the good life. Critical urban thinking understands that there will always be an exchange between the formal city (the decision-makers' city) and the informal life that unfolds in a myriad ways through people's engagement in their environment. DIY grassroots initiatives, urban gardening, temporary urban spaces or a new social-housing movement are all alternatives to the formal architecture and planning processes, which hold few alternative perceptions of the city. In a sense, the modern project was never fully realized, and the social and cultural critique it contained was never really – or, at least, has not yet been – translated into actual change.

The 20th century's transformation of the Danish cities from industry and traditional trades and industries to welfare cities was thus framed by liveability and other similar concepts, for better and worse. In the three chapters 'The Market-Driven City', 'Social Sorting' and 'Risk City', *Critical City* attempts a critical examination that can, hopefully, inspire a broader understanding of these operative concepts through essays by leading urbanists, interviews with actors who have contributed actively to the development and

liveability-ranking, som *The Economist*, *Monocle* og andre repræsenterer, får lov til at dominere vores forestilling(er) om byen og det gode liv. Den kritiske bytænkning forstår, at der altid vil være et spil mellem den formelle by (beslutningstagernes by) og det uformelle liv, der udfolder sig i al sin mangfoldighed gennem menneskers engagement i deres omgivelser. Hvad enten det er DIY-borgerinitiativer, urban gardening, midlertidige byrum eller en ny boligbevægelse, så er det alternativer til den formelle arkitektur og planlægning, der ikke leverer mange alternative byforestillinger. Man kan sige, at det moderne projekt aldrig blev fuldt ud realiseret, og den radikale kulturkritik, det rummede, blev aldrig – eller er endnu ikke blevet – til virkelighed.

I det 20. århundredes store transformation af de danske byer fra industri og traditionelle erhverv til velfærdsbyer blev begreber som liveability således et centralt ledemotiv på godt og ondt. *Kritisk By* forsøger med sine tre kapitler, "Den markedsdrevne by", "Social sanering" og "Risikobyen", kritisk at vende, dreje og forhåbentlig udvide vores forståelse af disse mange operative begreber gennem essays fra førende urbanismeforskere, interviews med udviklingens sandhedsvidner og gennemgang af projekter, der sætter diskussionen i perspektiv. Det starter forhåbentlig både en diskussion om, hvad byen er og kan være. Og med held revitaliseres begreber som liveability som kritiske begreber, der er i stand til at italesætte de udfordringer, arkitekturen og byudviklingen er konfronteret med i den senmoderne æra.

Jeg vil gerne sige tak til alle, der har været involveret i arbejdet med lave *Kritisk By*. Ikke mindst bogens mange bidragydere fra interviewpersoner, essayister, grafikere og oversættere til fotografer og redaktører på Arkitektens Forlag, der kunne se potentialet i projektet og har arbejdet loyalt for at realisere det hele vejen igennem.

Kritisk By er baseret på to temanumre af fagbladet *Arkitekten* fra 2016, hvor redaktøren af denne bog, Kristoffer Lindhardt Weiss, var gæsteredaktør.

1 *The Economist*, 4. december, 2003.
2 Rem Koolhaas, 'My Thoughts on the Smart City', ec.europa.eu

presentations of projects that put the discussion into perspective. Hopefully, this will spark a broader discussion about what the city is and what it can be. Perhaps it may even revitalize concepts such as liveability as critical concepts that help us articulate the challenges facing architecture and urban development in the late modern era.

I would like to thank everyone who has been involved in the making of *Critical City*. Not least the many contributors, from interviewees, essayists, graphic designers and translators to photographers and editors at The Danish Architectural Press, who saw the potential of the project and worked loyally throughout in order to realize it.

Critical City is based on two special issues of the Danish trade journal *Arkitekten* from 2016, edited by the editor of the present book, Kristoffer Lindhardt Weiss.

1 *The Economist*, 4 December, 2003.
2 Rem Koolhaas, 'My Thoughts on the Smart City', ec.europa.eu

Kapitel I

Den m
drev

The M
Drive

Chapter I

arkeds-
ne by
arket-
n City

Af KRISTOFFER LINDHARDT WEISS

Den markedsdrevne by

Det sprog, vi bruger til at definere den urbane tilstand, er under hastig og fundamental forandring. *urban governance*, *city branding*, *liveability* og *global bykonkurrence* er blot nogle af de centrale nysproglige udtryk, der op gennem 1990'erne og 00'erne blev katapulteret ind i urbanismedebatten som operative begreber i beskrivelsen og forståelsen af byens udvikling i den sidste fase af den senmoderne velfærdsbys realisering. De redefinerede vores syn på byen, delvist tvunget, delvist frivilligt, for det er et sprog, der bærer en nødvendighed i sig. Uden den omstilling og dramatiske omkalfatring af blikket på urbanismens betydning ville København tabe i konkurrencen med Stockholm, Berlin og Oslo. Det skabte et nyt fokus på den velstand, byen som vækstmotor genererer, ikke kun i de større byer, men i store dele af landet. Og det skabte en forskydning fra en ideologisk baseret diskussion om byen som ramme om hverdagsliv for de mange til samtidens fokus på økonomiske succesparametre og – det, der på overfladen ligner – effektiv drift af den komplekse størrelse, byen i stigende grad er blevet. De nye parametre for succesfuld bymarkedsføring blev, sammen med det økonomiske opsving og den stærkt stigende efterspørgsel på lejligheder i byen, den cocktail, der præger retorikken om byen som økonomisk tyngdepunkt for investeringer og udvikling uden historisk sidestykke. Den stigende velstand og muligheden for at sanere byens rum i en ny tids billede har ændret byens profil uigenkaldeligt og skabt en fundamentalt set anderledes hovedstad end den by, der i 70'erne og 80'erne var tæt på økonomisk kollaps. Spørgsmålet om, hvad arkitekturen og urbanismen som kulturelt tyngdepunkt kan – eller ikke kan – bidrage med i udviklingen af byscenarier for fremtidens by, blev pludselig meget relevant, da det helt tydeligt er de økonomiske finansieringsmodeller og ikke traditionelle byplanfaglige idealer, der i sidste ende dikterer udfaldet af byens udvikling. Et af de mest klare samtidige eksempler er den finansieringsmodel, der ligger bag By & Havns udvikling af de offentligt ejede arealer i København som det økonomiske grundlag for metrobyggeriet. En effektiv markedsorienteret model, der er en succes i forhold til målsætningen om at bygge en helt ny metro, men som samtidig har gjort det tæt på umuligt at bygge de billige boliger, der blandt borgere og politikere efterspørges under det store opsving med kraftigt stigende boligpriser

By KRISTOFFER LINDHARDT WEISS

The Market-Driven City

The language we use to define the urban condition is undergoing rapid and fundamental change. *Urban governance*, *city branding*, *liveability* and *global urban competition* are just some of the neologisms that were catapulted into the urbanist debate during the 1990s and 2000s as operative terms for describing and understanding urban development during the final stage of the realization of the late modern welfare city. They caused us to redefine our perception of the city, in part voluntarily, in part perforce, because they represent an inherent necessity. Without this new perspective and the dramatic shift in our understanding of the role of urbanism, Copenhagen would lose out in competition with Stockholm, Berlin and Oslo. It inspired a new focus on the growth and prosperity the city generates, not only in the city itself but throughout the country. And it caused a shift from an ideological discussion about the city as a setting for everyday life for the many to the current emphasis on economic success parameters and the – apparently – efficient operation of the increasingly complex entity of the city. The new parameters of successful city marketing combined with the booming economy and the burgeoning demand for city flats pervade the rhetoric of the city as an unprecedented power centre of investment and development. Growing prosperity and opportunities to recast the urban space in the image of a new era have altered Copenhagen's profile irrevocably, turning it into a fundamentally different city than the one that was close to economic collapse during the 1970s and 80s. The question about what architecture and urbanism as cultural drivers can – or cannot – contribute in the development of urban scenarios for the city of the future has taken on renewed relevance because funding models, rather than traditional urban planning ideals, are now effectually determining the city's development. One of the most obvious current examples is the funding model behind CPH City & Port Development's sale of publicly owned land in Copenhagen to raise money for the Copenhagen Metro project. This efficient market-driven model was successful with regard to the goal of constructing a new metro, but it has also made it near impossible to build the affordable homes that citizens and politicians are calling for during this period of economic growth, rapidly growing housing prices and accelerating segregation. The booming economy is generating increasing prosperity and a

og accelererende segregering. Den økonomiske udvikling skaber både stærkt øget velstand og et solidt skattegrundlag, men medfører også en politisk magtesløshed og skærpelse af modsætningen mellem byens indbyggeres forskellige økonomiske og sociale interesser. Et af de tilsyneladende paradokser er den modsætning, der er mellem velfærdssamfundets lighedsidealer og den skævhed og segregering, der er en del af virkeligheden i de større danske byer som konsekvens af en markedsorienteret boliglovgivning, der er skabt i en anden byøkonomisk virkelighed. Det er nyt, at de politikere (hvilke udgør flertallet) i de større byer, der ønsker at dæmme op for en ensidigt markedsdrevet byudvikling, reelt er magtesløse over for udviklingen. Og det er et selvskabt problem. Den byøkonomiske virkelighed kolliderer med borgernes forventning om, at byen tilbyder et fælles, tilgængeligt offentligt rum som ramme om den fællesskabstanke, der definerer velfærdssamfundets ideologiske base. Måske er det, vi ser konturerne af i disse år, en endegyldig afsked med velfærdsbegrebet som byanalytisk omdrejningspunkt for aflæsningen og udviklingen af byen som samfundsprojekt. Modsætningerne er ganske enkelt for store mellem den markedsdrevne bys tilbud og de store grupper af borgere, primært lavindkomst- og mellemindkomstgrupper, der langsomt presses ud af byen. Den markedslogik, der driver byudviklingen i den senmoderne æra, udfordrer de velfærdsidelogiske idealer, medmindre der sker en markant justering af forholdet mellem lovgivning, regulering og marked.

strong tax base while also causing political powerlessness and an intensifying conflict between different population groups' disparate economic and social interests. One of the apparent paradoxes is the contrast between the ideal of equality that characterizes the welfare society and the inequality and segregation that is a fact of life in Danish cities as a result of the housing market being regulated by a market-oriented legislation, which was formulated in a different urban economy. In a new development, politicians in the major cities who wish to put the brakes on the exclusively market-driven urban development are powerless (despite making up the majority); a problem entirely of our own making. The facts of the urban economy collide with the citizens' expectations of a city that offers a shared, accessible public space as a setting for the community ideal that is the ideological foundation of the welfare society. Perhaps we are currently seeing the outlines of the end to the concept of the welfare state as an analytical key to decoding and developing the city as a societal project. The contrasts between the affordances of the market-driven city and the large groups of mainly low- and middle-income citizens who are gradually being pushed out of the city are simply too great. The market-based logic that drives urban development in the late modern era is going to clash with the ideals of the welfare ideology, unless there is a significant adjustment of the relationship between legislation, regulation and market.

DEANE SIMPSON i samtale med
KRISTOFFER LINDHARDT WEISS

Liveability som målbart parameter

"Visionen henvender sig i høj grad til en bestemt del af befolkningen. Det går op for én, når man studerer indekserne. Ikke kun, fordi man får øje på de bagvedliggende antagelser og kriterier, men også pga. den måde, hvorpå indekserne bliver bliver brugt både af byen og af udgiveren selv."
—Deane Simpson

KLW
Du har gennem længere tid beskæftiget dig med liveability-forskning, bl.a. i samarbejde med JAJA Arkitekter. Hvad har været dit primære fokus?

DS
Det er et samarbejde mellem en række folk, der har undervist på Kunstakademiets Arkitektskole i København: Kathrin Gimmel fra JAJA, Marc Jay fra WE, Anders Lonka fra ADEPT og mig selv – foruden Joost Grootens, den hollandske arkitekt og bogdesigner. Projektet ser nærmere på den status, København har fået som internationalt forbillede for liveability og bæredygtig byudvikling takket være sine topplaceringer på ranglister som Siemens Green City Index, *Monocle* Livable City Index osv. Vi ville gerne afmystificere hele den måde at måle byerne på – både for at vise indeksernes betydning for bæredygtigheds- og liveability-diskussionen og for bedre at forstå Københavns status og den rolle, indekserne har haft i forhold til at positionere byen i en større sammenhæng.

KLW
Jeres tilgang er overvejende kritisk?

DS
Formålet har ikke så meget været at sætte spørgsmålstegn ved Københavns status som forbillede, men at kaste et kritisk blik på hele fænomenet med indekserne. Selvfølgelig peger vores forskning på forskellige problemer og spørgsmål. Vi stiller grundlæggende to spørgsmål, hvoraf det første er: Hvad er det egentlig, der bliver målt – hvad er bæredygtighed i den her sammenhæng, og hvad er liveability?

DEANE SIMPSON in conversation with
KRISTOFFER LINDHARDT WEISS

Liveability as Metric Regime

'When exploring the indices in more detail, the unevenness they contribute to becomes clear – not only as a result of their internal assumptions and criteria – but also in terms of how the indexes are used both by the city and by the ranking companies themselves.'
—Deane Simpson

KLW
You have engaged in liveability research for quite some time, in part in cooperation with JAJA Architects. What has been your primary focus?

DS
It is with a group who have been teaching at the Royal Academy's School of Architecture in Copenhagen: Kathrin Gimmel of JAJA, Marc Jay of WE and Anders Lonka from ADEPT and myself, along with Joost Grootens, the Dutch architect and book designer. The project was initially run as student workshops and has expanded into a publication called the *Atlas of the Copenhagens*. It looks at Copenhagen as an international model of urban sustainability and liveability – as presented through its top position in city ranking indexes such as the Siemens Green City Index or the *Monocle* Livable City Index, and so on. We are interested in demystifying these kinds of urban measurement systems to both cast light on their role in sustainability and liveability discourse; and to better understand Copenhagen's positioning within them, as well as the role they play in the positioning of Copenhagen in a broader sense.

KLW
Your approach to this has been critical?

DS
Our agenda has not been to undermine Copenhagen as a model necessarily, but to look critically into the ranking phenomenon. But yes, of course, the research raises a number of issues and questions. We essentially ask two questions. The first involves what visions or understandings of sustainability or liveability the indexes support?

Og hvilke implikationer ligger der så i det? Er der en skjult dagsorden?

Det andet spørgsmål handler om problemet med at måle noget, der er så komplekst som en by, ved at tegne en ring rundt om den. Med andre ord: Hvad er det for en by, der måles på? Taler vi om den indre by, taler vi om Københavns Kommune, taler vi om Storkøbenhavn, eller taler vi om hele hovedstadsområdet?

Det førte til en diskussion om fordele og ulemper ved indekserne. Kan man sige, at de har en positiv effekt? På en måde er de jo med til at skabe opmærksomhed og debat omkring vigtige emner som klimaændringer, bæredygtighed og hele vores måde at leve på.

KLW

Men *er* de nu også det?

DS

Ja, i et vist omfang. Offentliggørelsen af Københavns topplacering i Siemens Green City-indekset var timet, så den faldt sammen med klimakonferencen i København i 2009. På den måde var den med til at skabe international bevågenhed omkring bæredygtig byudvikling og gav samtidig respekt og opbakning til Københavns Kommunes ambitiøse klimamål. Så kan man selvfølgelig spørge sig selv, hvor transparent, dyb og bred den diskussion egentlig er, og hvor meget af det, der handler om branding, men ikke desto mindre var indekset med sin forenklede sammenligning med til at pege på byen som et vigtigt emne at forholde sig til.

Noget andet, man kan diskutere, er, hvordan begrebet liveability er blevet brugt som en måde at flytte ranglisternes fokus fra kvantitative værdier over på mere kvalitative værdier. F.eks. ved i stedet for vækstøkonomiske eller teknorationelle succeskriterier som 'stigningen i BNP pr. indbygger' eller 'kilometer nyanlagt motorvej pr. indbygger' at se på byens evne til at tilbyde borgerne en bedre livskvalitet. Her er det selvfølgelig oplagt at spørge – ligesom andre også har gjort – hvilke befolkningsgrupper indekserne henvender sig og ikke henvender sig til. Det vender jeg tilbage til om lidt. Det gode ved dette skift – og den betydning, som f.eks. Københavns Kommune giver liveability-målingerne – er, at det skaber politisk opmærksomhed omkring de 'bløde' kvaliteter, der kan være svære at måle og værdisætte. Liveability-begrebet og liveability-målingerne kan med andre ord kvantificere de bløde kvaliteter og dermed bruges som argument for investeringer i bymæssig og social infrastruktur, der ellers kan være svære at retfærdiggøre. Tænk bare på de store investeringer i byrum og legepladser. Tilsvarende kan liveability-argumentet bruges til at opponere mod projekter, der strider imod befolkningens interesser. Omvendt kan det også have en negativ effekt, hvis byerne giver sig til bevidst at spekulere i indekserne.

KLW

Men der er også en økonomisk, kommerciel interesse i det her. Det handler om at brande byerne og trække nye borgere og turister til. Er det i virkeligheden ren forretning?

DS

Der er selvfølgelig en række komplicerede forhold og problemer forbundet med dem. Det har været interessant at gå tilbage i tiden og se på indeksernes forhistorie – og ikke mindst at sammenligne de traditionelle nationsranglister med de senere års byindekser. Vi undersøgte, hvem det er, der udarbejder indekserne

And as an extension, what agendas or biases the indexes contain? The second question addresses the problem of measuring something as complex as a city by drawing a line around it. In other words, what constitutes the city as an object of measurement? With regards to Copenhagen, for example, are we talking about the urban core? Are we talking about the municipality of Copenhagen? Or are we talking about Greater Copenhagen or the metropolitan region?

This also leads to a discussion of pros and cons related to the indexes. To start with, it is possible to speak of some positive aspects that these metrics are capable of supporting. For example, in some contexts, they may contribute to supporting public debate around how important issues like climate change, sustainability, or quality of life, meet the city.

KLW
But do they actually *do* that?

DS
Well, yes, to some extent. The announcement of Copenhagen's top position in the Siemens Green City Index, which was timed to coincide with the 2009 COP 15 climate change conference in Copenhagen, brought some international attention to the question of what makes cities sustainable, and lent some authority and support to City of Copenhagen's ambitious climate goals. We can of course challenge the transparency, depth and breadth of that discussion, and the extent to which branding plays a role, but nevertheless, these metrics, in their logic of reductive simplification and comparison, *did* bring attention to the idea that the city is a key challenge to address.

Another aspect that can be discussed is how the notion of liveability has been promoted as a way of shifting measurement of urban success from that defined in quantitative terms to qualitative ones. For example, as a way of moving emphasis away from econometric logics of GDP growth/capita, or the modernist techno-rational logics of kilometres of new highway infrastructure, as dominant metrics of urban success, toward the propensity of the city to support improved quality of everyday life for its citizens. It is important, of course, to question, as others have, which groups of citizens these indexes address and do not address. I will get back to that in a minute. But what this shift might offer – with the emphasis placed on liveability indexes by municipalities such as Copenhagen – is more political leverage around 'soft' qualities that are difficult to quantify or monetize. In other words, the concept of liveability and the metrics associated with it can potentially provide a kind of currency to drive investment in urban and social infrastructure that might otherwise be difficult to justify in monetary terms, but which could be justified through liveability ranking competition. Think of the considerable investments in public spaces such as playgrounds or parks, for example. In similar terms, the liveability card can be used to argue against projects that might be seen to be detrimental to citizen interests. This can also have a negative and more cynical side if a municipality is effectively 'gaming' indexes.

KLW
But there *is* a depth, in economic commercial interest, in this kind of ranking system, no matter how you look at it. It's like a city branding perspective, attracting new citizens, tourism – is it from a strictly commercial business perspective?

og leverer de nødvendige data, og her viste det sig, at de fleste nationsranglister blev lavet af statslige eller overstatslige organisationer som statistikbanker, WHO, Verdensbanken, OECD og lignende, mens byindekserne i stigende grad bliver lavet af private, kommercielle aktører med mere specifikke dagsordener, varierende dataleverandører og ofte mere uigennemsigtige målemetoder. Da vi så nærmere på Siemens Green City Index, opdagede vi f.eks., at de forskellige kategorier i indekset nøjagtigt svarer til Siemens egne forretningsområder – altså et åbenlyst eksempel på en skjult dagsorden med potentielle interessekonflikter.

KLW
Det er ikke overraskende.

DS
Vi snakkede også om potentielle ideologiske vinklinger i selve den måde, indekserne bliver udregnet på. Man kan f.eks. snakke om vinkling, når Siemens hyrer folkene bag *The Economist* til at lave den nødvendige research. *The Economist* er kendt for sin udprægede neoliberale tilgang, og deres syn på liveability har et helt bestemt fokus – det, Simon Guy og Graham Farmer kalder et øko-teknologisk perspektiv – der udelukker en mere social tilgang. Den vinkling giver København et fortrin pga. vores såkaldte grønne vækst – et område, som Danmark har satset meget på, bl.a. ved at udnytte sin topplacering og eksportere viden til resten af verden.

Der er også andre vigtige problemstillinger. Birgit Stöber, der er forsker på CBS, spørger f.eks., hvordan det er lykkedes et livsstilsmagasin som *Monocle* at spille en så central og vigtig rolle i liveability-diskussionen. Hun peger på den gensidige bekræftelse, der finder sted

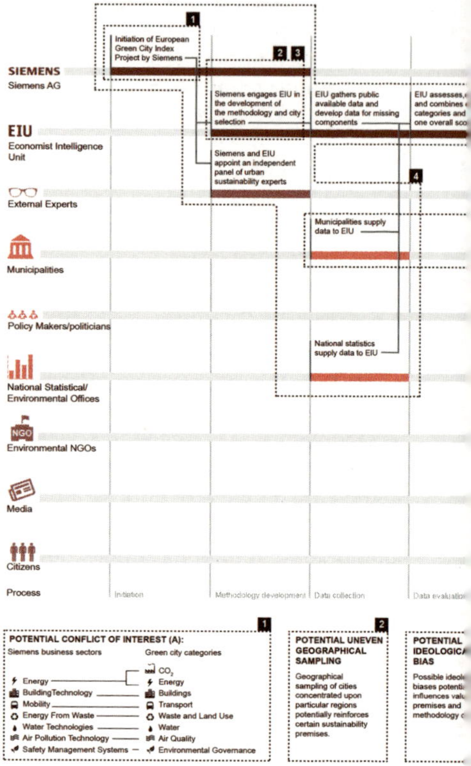

Fig. 1 Analyse af Siemens Green City Index. Illustration fra forskningspublikationen *Atlas of the Copenhagens*.

i forbindelse med udarbejdelsen og offentliggørelsen af indekser. Samtidig med at vinderbyen får autoritet via sin topplacering, der bliver fejret og omtalt i medierne, får *Monocle* nemlig masser af autoritet, hver gang bystyret refererer til magasinet eller det bliver omtalt i medierne. Dette gensidige skulderklap fik man et tydeligt eksempel på med fejringen af Københavns topplacering i *Monocles* første liveability-indeks i 2008, hvor den daværende overborgmester Ritt Bjerregaard var vært ved en 'happy

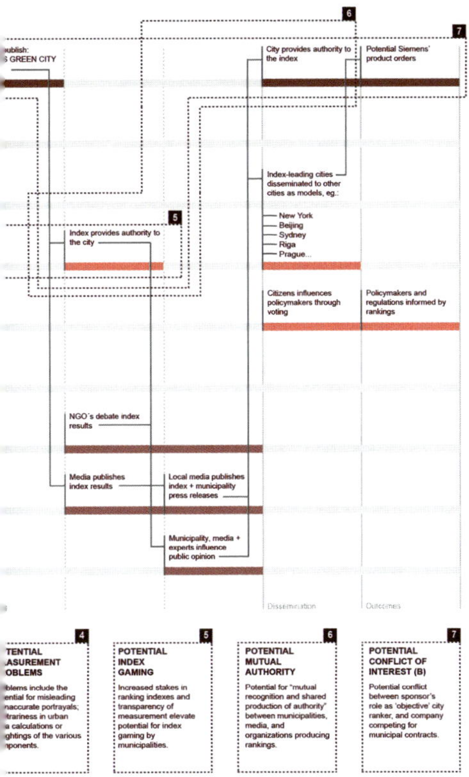

Fig. 1 Analysis of Siemens Green City Index. Illustration from the research publication *Atlas of the Copenhagens*.

DS

There are, of course, a number of more complex and problematic issues tied to the rankings. It has been interesting to look into the history of these indexes, particularly in comparing the longer history of nation-ranking indexes to the more recent history of city-ranking indexes. In mapping the different organizations that produce them and supply data, it became evident that nation-ranking indexes have been produced largely by state-based or supra-national organizations like government statistical offices, the World Health Organization, the World Bank, OECD and so forth. The city indexes, by contrast, are produced increasingly by private, commercial interests with more specific agendas, varied data sources and often more opaque metrics. When looking closely at the Siemens Green City Index, for example, we realized that the different categories of the Green City Index mapped exactly onto the breakdown of Siemens business sectors – presenting an obvious indication of a targeted, self-interested agenda, along with potential 'conflicts of interest'.

KLW

That's not surprising.

DS

We also explored the presence of potential ideological bias in the development of the metrics and methodologies behind the indexes. The Economist Intelligence Unit, for example – with a reputation for a strong neoliberal bias – was commissioned by Siemens to lead the development of its Green City Index. Their framing of sustainability has a particular emphasis – corresponding to what Simon Guy and Graham Farmer would call an eco-technical perspective on sustainability – one that excludes a more eco-social approach. This would also foreground Copenhagen's position in the index in relation to the possibilities of 'Green Growth' – an area Denmark has increasingly targeted in an attempt to capitalize on its top ranking – to export its expertise internationally.

Other questions are also important to raise. Birgit Stöber, a researcher at CBS, for example, asks how a lifestyle magazine such as *Monocle* has been able to play an important and central role in the arena of international, urban

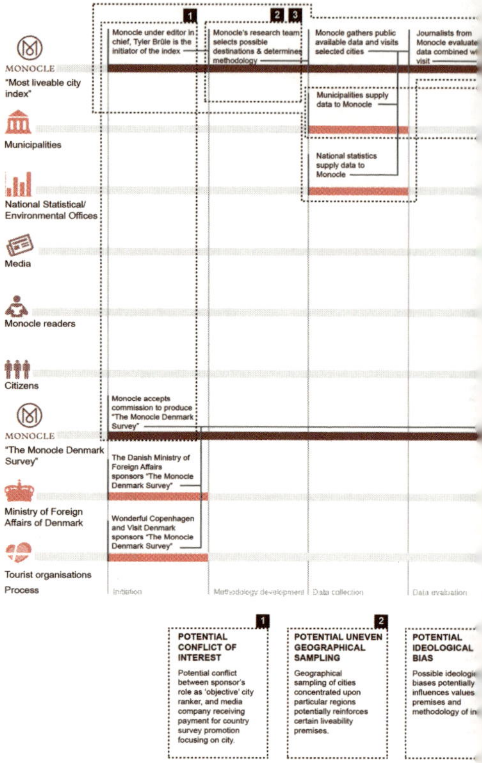

Fig. 2 Analyse af Monocle Most Liveable Cities Index. Illustration fra forskningspublikation *Atlas of the Copenhagens.*

hour' med gratis øl på Rådhuspladsen og med *Monocles* grundlægger og chefredaktør, Tyler Brûlé, som æresgæst.

KLW
Som når Ritt Bjerregaard skriver "Vi er nr. 1" på de sociale medier og linker til *Monocle*. Så skynder de københavnske firmaer sig selvfølgelig at indrykke annoncer i bladet – så det er en forretningsfidus?

DS
Præcis.

KLW
Og det havde de ikke gjort, hvis det havde været en fattig by.

DS
Nej, det er en anden interessant pointe. Siemens har et diagram, der viser byernes BNP i forhold til deres placering i indekset. De rige byer er placeret i toppen af indekset og de fattige i bunden. Det tydede for os at se på, at der er nogle bestemte holdninger og antagelser indbygget i indekserne, der vægter bestemte bæredygtighedsparametre fremfor andre.

Man kan også sætte spørgsmålstegn ved videnskabeligheden, objektiviteten og transparensen af den proces, der ligger til grund for indekser som *Monocles*. *Monocle* indrømmer, at deres indeks til dels bygger på subjektive vurderinger, men der er også komplicerede aspekter ved magasinets forretningsmodel, som får én til at tvivle på objektiviteten. Bladet giver nemlig de enkelte lande mulighed for selv at betale for udgivelsen af særnumre, der kan fremme landets turisme og erhvervsliv. Et eksempel på det er *The Monocle Denmark Survey* fra 2012, der blev udgivet med støtte fra det danske udenrigsministerium, Wonderful Copenhagen og Visit Denmark. Vi spurgte os selv, om det bidrag mon kan have været en medvirkende årsag til Københavns topplacering i *Monocles* indekser i 2013 og 2014.

Det mest ekstreme og tvivlsomme eksempel på en forretningsmodel er måske den, som ligger bag Mercers livskvalitets- og liveability-indeks. Mercers indeks henvender sig primært til udstationerede forretningsfolk, der har behov for en kalkyle til at beregne deres løntakst, når de arbejder rundt

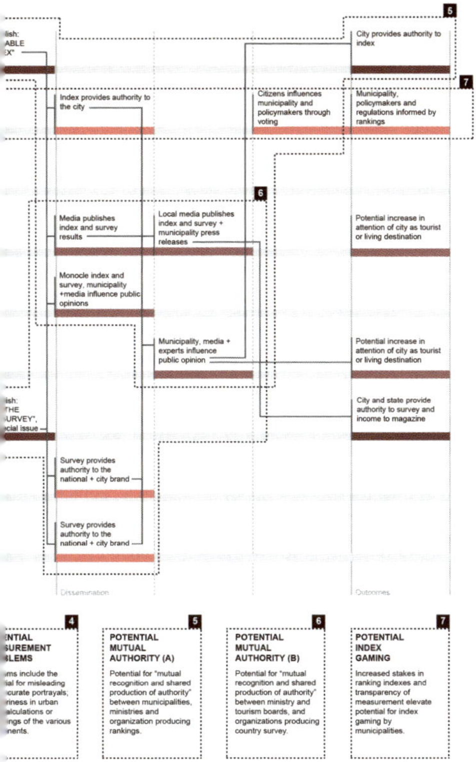

Fig. 2 Analysis of Monocle Most Liveable Cities Index. Illustration from the research publication *Atlas of the Copenhagens*.

liveability competition. Related to this, Stöber describes the mechanisms of mutual authority implicit in index production and circulation. While the city gains authority through it top ranking, which is celebrated by the city and communicated through the media, *Monocle* in this case gains considerable authority from the reference to its index by the municipality and its presence in the wider media. This loop of mutual authority is made explicit in images of the celebrations of Copenhagen's top ranking in the first *Monocle* liveability rankings in 2008 when the former Lord Mayor Ritt Bjerregaard hosted a 'happy hour' with free beer at the City Hall Square with *Monocle's* founder and editor, Tyler Brûlé, as the most important guest.

KLW
Like Ritt Bjerregaard posting on social media 'We are no. 1' and linking to *Monocle*. And of course, Copenhagen businesses will place ads in this magazine and stuff, so it's a business model?

DS
Exactly.

KLW
And they won't do that with poor cities.

DS
Actually, that's another interesting topic. The Siemens Index report includes a graph charting GDP per capita in comparison to the city's position on the index – with a clear correlation between affluent cities and high rankings at one end, and poorer cities with low rankings at the other end. From the discussion in the report around this correlation, it suggested to us that certain assumptions and biases were built into the metrics and methods that articulate particular conceptions of sustainability over others.

There were also issues around the scientific, objective and transparent nature of the metrics for indexes such as *Monocle's*. While *Monocle* admits the partially subjective character of their rankings assessments, there are complicating factors influencing objectivity related to the business model of the magazine. *Monocle* allows for entities to pay for special supplement issues dedicated to promoting countries for tourism and business. One

omkring i verden. I dette tilfælde går forretningsmodellen ud på, at Mercer sælger sine egne services til de konkurrerende byer for at hjælpe dem med at forbedre deres position i indekset. Det er da en ualmindelig snedig – og problematisk – forretningsmodel.

KLW
Det er fascinerende det her med, at byen i sig selv er en forbrugsvare. I hvert fald rejser det spørgsmålet om, hvem der skal bestemme over byen og hvorfor. Hvor skal idealerne hentes fra?

DS
Ja, absolut. Københavns nuværende overborgmester har endda udtalt, at liveability er omdrejningspunktet for enhver beslutning i udviklingen af byen. Så jeg tror godt, man kan sige, at liveability er gået hen og blevet det paradigme, som byen bliver udviklet efter. Dermed kommer det til at blive bestemmende for alle vigtige beslutninger om byens rumlige, fysiske udformning. Det sker nok primært ud fra en mere almen og vag forestilling om liveability, men også med skelen til de opnåede placeringer i byindekserne.

KLW
Brugte borgmesteren ordet 'liveability' eller et dansk ord?

DS
Det var et interview i *The Guardian*, så det var på engelsk.

KLW
For vi har vel ikke rigtig noget dansk ord for det, vel? Eller kunne det være 'velfærd'?

DS
Sådan som jeg forstår det, bruger man mest det engelske ord i den danske debat. Men man kan godt sige, at det er beslægtet med 'velfærdsbegrebet' – i og med at liveability på mange måder beskriver byens evne til at levere 'det gode liv'. Det samme kan man sige om 'bæredygtighed', der er forbundet med en slags ansvar for at bevare og værne om vores fælles fremtidige velfærd. Men jeg tror, udtrykket 'liveable city' – ligesom 'sustainable city' og 'smart city' – er mere brugt end 'welfare city'. Og der er afgørende forskelle på begreberne.

Liveability er jo et omdiskuteret begreb, som det ses af forskellen på indeksernes kategorier og prioriteter, der fremhæver visse aspekter og nedtoner andre. Liveability-indekser fokuserer typisk på faktorer som byernes sikkerhed, infrastruktur, uddannelsestilbud og sundhedsvæsen, nærhed til parker og rekreative områder, boligstandard, økonomi, kulturtilbud, fællesskaber, jobmarked osv. Som sådan er det svært at være uenig i principperne bag de enkelte komponenter. Men den effekt, de har, når man lægger dem sammen, og ikke mindst de til- og fravalg, de foretager, og hvordan det så er med til at påvirke gentrificeringen, gør dem problematiske. Det er klart, at liveability-begrebet og den måde, det bruges på, er knyttet til tidens forestilling om den konkurrencedygtige by eller byregion, der konkurrerer med andre byregioner om at tiltrække strømmen af globale turister, globale investeringer og globale virksomheder, foruden de specialiserede videnarbejdere. Der er ingen tvivl om, at liveability-indekserne spiller en central rolle i fremstillingen af København som en attraktiv destination for denne strøm – og ikke mindst for det 21. århundredes videnarbejder, som er målet for en stor del af denne branding.

example was *The Monocle Denmark Survey* in 2012 paid for with support of the Danish Ministry of Foreign Affairs, Wonderful Copenhagen and Visit Denmark. We wondered if such an investment could have influenced Copenhagen's top positioning in the *Monocle's* index in 2013 and 2014?

Perhaps the most extreme and questionable of the city-ranking business models involves the *Mercer* quality of life and liveability indexes – which are directed largely toward a corporate audience to support the calculation of reimbursement packages for international expat workers around the world. In this case, the business model involves *Mercer* selling its own services to those cities that it ranks, to help them improve their ranking on its own indexes. Let's say that that is an extraordinarily cunning – and problematic – business model.

KLW
But it is fascinating this thing of the city being a commodity in itself. Or at least, it counters some ideas of who should be governing the city and why. What should the ideals of the city evolve from?

DS
Yes. The current Lord Mayor recently stated that liveability is at the centre of every decision in the development of the city. So I think you can say that liveability has become a dominant paradigm by which the city is being developed – by which important decisions regarding spatial transformation in the city are being driven. I would argue that this operates largely in terms of a general fuzzy concept of liveability, but also in terms of the influence of the actual hard performance outcomes of the city rankings themselves.

KLW
Did he use the word 'liveability' or a Danish word?

DS
He was quoted in the international press using the English word – the instance I am referring to was in an interview in the British newspaper *The Guardian*.

KLW
Because we really don't have a Danish concept for it, do we? Or would that be welfare?

DS
To my knowledge, the English term 'liveability' is used predominantly in the Danish discussion. Although it is possible to argue that the concept is not entirely unrelated to aspects of the term 'welfare' – in the sense that *liveability* may define, to a certain extent, the propensity of the city to deliver 'the good life'. It would be possible to argue similar relations to the notion of *sustainability* – which might represent some form of concept of responsibility to the maintenance and protection of our future collective *welfare*. But I would argue that the terms 'liveable city', as well as the 'sustainable city' and 'smart city', have in the last decade been used more extensively than the 'welfare city'. And there are important distinctions that we could draw between them.

The concept of liveability is obviously a contested one, and this is reflected in differences between the components and weightings of the various ranking metrics – which foreground certain aspects and background others. Liveability rankings commonly address components such as urban safety, infrastructure, access to education and healthcare, environmental quality, including access to

KLW
De seneste to årtier har vi jo oplevet et meget dramatisk skift i vores grundlæggende opfattelse af, hvad byen er for en størrelse. Det er en ændret opfattelse af byen som investeringsobjekt, som handelsvare?

DS
Det er et skift væk fra visionen om velfærdsbyen, som byggede på lighedsprincippet og blev realiseret ved hjælp af overordnet planlægning. Selv om man kan argumentere for, at liveability som begreb er beslægtet med forestillingen om velfærd, i og med at det, som jeg nævnte før, beskriver byens evne til at levere 'det gode liv', bygger den nyere byudvikling snarere på visionen om den konkurrencedygtige, driftige by – en vision, som primært henvender sig til en bestemt del af befolkningen. Det går op for én, når man studerer indekserne. Ikke kun, fordi man får øje på de bagvedliggende antagelser og kriterier, men også pga. den måde, hvorpå indekserne bliver bliver brugt både af byen og af udgiveren selv – den måde, hvorpå de får deres eget liv efter udarbejdelsen.

Jeg interesserer mig for indekssernes rolle i forhold til dette overordnede skift i byens projekt. Jeg interesserer mig for, hvordan liveability-indekserne bliver brugt i reklamekampagner som Medicon Valley – en kampagne, der skaber en anderledes konstruktion af byen, som ikke er baseret på kommunen eller den indre by, men derimod er en større, globalt konkurrencedygtig, industrielt defineret størrelse. Her går byens projekt ud på at klare sig godt som en regional spiller på det biomedicinske marked, i konkurrence med andre regioner som Basel-området eller Randstad i Holland.

KLW
Og den rumlige gestalt – hvordan vil du beskrive den?

DS
Der er flere aspekter, men et af de vigtigste er, at det handler om at opnå en vis størrelse. De politikere og økonomer, der går ind for den her model, taler om, at man er nødt til at være mindst fire-fem millioner for at være konkurrencedygtige. For at kunne klare sig i den internationale konkurrence med andre regioner, der også har specialiseret sig inden for bestemte sektorer. Det mærkelige er, at der er en slags skisma eller uoverensstemmelse mellem den her idé om regionen – i det her tilfælde Øresundsregionen – som en spiller i den internationale konkurrence og så den meget mindre skala, der kendetegner den centrale by, som byindekserne fokuserer på. Medicon Valley-kampagnen f.eks. tegner et meget specifikt billede af den sidste (symboliseret ved den unge familie, der kommer kørende på Christiania-cykler mellem MVRDV's silo og den nye cykelbro), men baseret på den førstnævntes økonomiske og industrielle logik.

En af de ting, vi har diskuteret i Atlas-projektet, er det, vi kalder måleproblemet. Det skyldes, at mange af byens topplaceringer i forskellige indekser er baseret på målinger af selve kommunen, men den udgør kun 20-25% af det store, økonomisk sammenhængende byområde – Øresundsregionen. Så det er meget afgørende, hvordan man definerer byen som måleobjekt; ikke mindst når man sammenligner med andre byer, hvor kommunen danner en langt større del af det bymæssige område – Berlin f.eks.

parks and recreational space, housing quality and affordability, economic vitality, cultural vitality, sense of community, employment opportunities and so forth. In a way, it is difficult to disagree with the principles behind the individual components of these metrics. But the effects they have when they add up, and in particular what they exclude and include, and how they influence gentrification processes, raise certain concerns. Obviously, the notion of liveability, and the way it is used, is aligned to the contemporary notion of the competitive city or metropolitan region – one in competition with other metropolitan areas to attract flows of global tourists, global capital investment and corporate businesses and as well to attract advanced knowledge workers. Clearly, the liveability ranking indexes play a central role in the presentation of Copenhagen as an attractive destination for these flows – and in particular for the knowledge worker of the 21st century, who is the target of much of this branding.

KLW
We've seen, of course, a dramatic shift in the past two decades in our basic understanding of what the city is. A major shift towards regarding the city as an investment object, as a commodity.

DS
This discussion is linked to a shift away from the previous vision and spatial framework of the welfare city, which was centred upon (re-)distributive egalitarian ideals and delivered through managerial planning logics. Although it is possible to argue that liveability as a concept may be linked to the notion of welfare, inasmuch as liveability defines the city's ability to deliver 'the good life', as I mentioned before, the more recent urban development logics are framed according to the logics of the competitive, entrepreneurial city. Which are disproportionally directed toward specific segments of the population. When exploring the indexes in more detail, this becomes clear – not only from their internal assumptions and criteria but also in terms of how the indexes are used both by the city and by the ranking organizations themselves. In other words, the way that those indexes take on a life of their own after they are decided.

I am interested in the role of the indexes in this broad shift in the project of the city that you refer to. I am interested in how the liveability indexes are used in the advertising campaign for the Medicon Valley, for example – a campaign that constructs an alternate spatial figure for the city, not according to the municipality or the urban core but as a larger, globally competitive, industrially specified object. Here the project of the city is orchestrated in terms of its performance as a regional competitor in the life-science industries, in competition with other regions such as the Basel area or the Randstad in the Netherlands.

KLW
And the spatial production related to that – how would you describe that?

DS
There are several aspects. But perhaps the most important one relates to spatial scale. Economists and politicians promoting this model talk about the need for bigness in the urban system – arguing that it should have at least four or five million to allow it to compete internationally as a metropolitan region specialized in certain industrial sectors. What is notable

10 MEDICON VALLEY / 2011

A PERFECT WORK/ LIFE BALANCE

In Medicon Valley, combining work and family life is easy – and highly appealing to expatriates. Companies offer flexible working hours so you can balance a successful career with a rich, fulfilling family life.

AN ATTRACTIVE PLACE TO LIVE

Free schools, free healthcare, easy access to childcare, a safe, healthy environment with a low crime rate and good leisure facilities – these are just some of the benefits of living and working in Medicon Valley.

With a rich heritage and modern facilities, the region's principal cities, Copenhagen and Malmö, offer unique cultural experiences and plenty of opportunities for outdoor activities. What's more, forests and beaches are never more than half an hour's drive away.

International, trendsetting magazine Monocle recently declared Copenhagen the world's second most attractive city to live in. Monocle's 2010 survey, which assessed 40 major cities on criteria such as public transport, education, ease of doing business and hours of sunshine, commended Copenhagen for its compact town planning, good regional transport network and clean, safe environment.

Fig. 3 "Den perfekte balance mellem arbejde og familieliv". Kilde: Copenhagen Capacity/ Invest in Skåne, Medicon Valley, 2011

is the schism in scales between the grand scale of the competitive metropolitan region, on the one hand – in this case the functional economic territory of the Øresund Region – and, on the other hand, the much smaller scale of the compact urban core that is represented in the 'liveable city' indexes. The Medicon Valley campaign, for instance, provides imagery of the latter (a young family on a Christiania bike between the MVRDV Silo housing project and a new cycling bridge) but based on the economic and industrial logics of the former.

One of the things we discuss in the Atlas project is what we call the 'city measurement problem'. That involves the situation where many of the city's accomplished positions in the indexes are based on the area of the municipality – which actually represents around 20–25 per cent of the larger functioning urbanized area of this economic system – the Øresund Region. So the question of where the city, as an object of measurement, is bounded is of considerable importance – particularly when compared with other cities in which the core municipality constitutes a much higher proportion of the urbanized area, such as Berlin for example.

KLW
The egalitarian welfare urbanism tries to improve the quality of life through architecture and urban planning. Is it possible to reintroduce the concept of liveability in the urbanistic discourse as something powerful, or something important?

DS
While it originates in the desire to shift urban success criteria away from quantitative (economic) performance toward that of qualitative (life quality-related) criteria – I think there is a problematic dimension to the concept of and indexes measuring urban liveabilty. One aspect of the terminology is its focus on the individual – and his or her relation to the city as an object of consumption. It frames the city in part in terms of (middle-class) experience economy and partly as a facilitator of comfort. To measure this notion of comfort is, of course, problematic, and it begs the question: comfort for whom? The answer to this has an obvious exclusionary dimension to it. The research that I've been doing addresses how liveability is a component of social sorting processes in the city, which to a certain extent relates to sorting out what doesn't fit into the logics of the so-called attractive city.

The intensification of spatial sorting and spatial segregation is very significant in Copenhagen in recent years – emphasized in reports by the former Ministry of Housing, Urban and Rural Affairs, in research by the sociologist Roberta Cucca and in recent work by Copenhagen Economics. This is evident in the concentration of deprived residential areas and in the general sorting tendency between affluent and non-affluent groups in space. And it is obviously the former that is represented in the *Monocle* framework, rather than the latter. There we don't see homeless people; instead we see a certain kind of very tightly framed urban subject, one who is less citizen than consumer of urban

Fig. 3 'The perfect balance between work and family life'. Source: Copenhagen Capacity/ Invest in Skåne, Medicon Valley, 2011

KLW

Den lighedsbaserede velfærdsurbanisme søger at forbedre livskvaliteten ved hjælp af arkitektur og planlægning. Kan vi genintroducere begrebet liveability som et stærkt og betydningsfuldt begreb i diskussionen om byen?

DS

Begrebet udsprang oprindeligt af et ønske om at ændre succeskriterierne fra at handle om kvantitative (økonomiske) værdier til de mere kvalitative værdier (livskvalitet m.m.), men der er alligevel noget problematisk ved liveability og de indekser, der måler det. For det første fokuserer det på individet og hans eller hendes forhold til byen som forbrugsobjekt. Det opfatter byen dels ud fra en (middelklasse-) oplevelsesøkonomisk synsvinkel og dels som en kilde til komfort. Og graden af komfort er selvfølgelig svær at måle, for det kræver, at man stiller spørgsmålet: Komfort for hvem? Svaret på det spørgsmål kan ikke undgå at lyde ekskluderende. Min forskning ser netop på, hvordan liveability også er blevet et redskab til at sortere byen og frasortere det, der ikke passer til forestillingen om den såkaldt attraktive by.

Der er sket en meget intens rumlig sortering og segregering i København i de senere år – som man også kan se af rapporter fra det tidligere Ministerium for By, Bolig og Landdistrikter, af sociolologen Roberta Cuccas forskning og af nyere materiale fra Copenhagen Economics. Det afspejler sig i koncentrationen af udsatte boligområder og den rumlige opdeling i velhavende og mindre velhavende befolkningsgrupper. Det er helt klart de første, og ikke de sidste, som *Monocle* henvender sig til. Her er der ikke nogen hjemløse – i stedet ser vi et bestemt, stramt defineret befolkningsudnit, der ikke så meget er borgere, men derimod forbrugere af byens oplevelser. Dermed er der en fare for, at der sker en fragmentering af samfundet. Journalisten Lars Olsen peger på det samme, når han spørger: "Kan vi have en social kontrakt i velfærdssamfundet uden social kontakt i hverdagen?" Københavns Kommune er opmærksomme på problemet og forsøger at gøre noget ved det, bl.a. med den sammenhængende bystrategi, med kravet om 25% almene boliger, som de har været varme fortalere for, med kvarterløft-projekterne og med at investere i udsatte boligområder, men deres værktøjer er ret begrænsede.

Efter min mening er hele diskussionen om 'velfærdsbyen' og ambitionen om fælles goder, lige adgang til alle og social lighed stærkt udfordret af liveability-agendaen. Selv om nogle indekser nævner det sociale sikkerhedsnet, og et par af dem også begrebet 'lighed', er hovedparten af indekserne, heriblandt *Monocles*, ikke gearet til at håndtere dette aspekt. Der er heller ikke åbenhed omkring vægtningen af de enkelte elementer. Her forbeholder redaktørerne sig ret til at være subjektive og intuitive. Når man tænker på, hvor stor en indflydelse indekserne har på kommunalpolitikken og byudviklingen, synes jeg, det er dybt problematisk.

KLW

Noget af det, der gør diskussionen så svær, er, at der ikke er nogen

Fig. 4 Biotech/medicinal-industrien i Medicon Valley. Kilde: Copenhagen Capacity/ Invest in Skåne, Medicon Valley, 2011

Fig. 4 Biotech/pharmaceutical industry in Medicon Valley. Source: Copenhagen Capacity/ Invest in Skåne, Medicon Valley, 2011

experience. This highlights the danger of the increasing fragmentation of society that this picture supports. The journalist Lars Olsen also points to this when he asks: 'how can we have a social contract in the welfare society without social contact in everyday life?' The municipality of Copenhagen is aware of these problems and they are attempting to do something about it, for example in their Coherent City urban strategy, in the recent instrument allowing up to 25% social housing that they lobbied hard for, in the neighbourhood lift programmes and in steering investments into deprived housing areas. But the instruments they have at their disposal are somewhat limited.

I believe that the whole discussion of the city – the 'welfare city' as a structure to support universal access, universal invitation and social equity – has been hugely compromised by the dominance of the liveability agenda. While some of the indexes refer to social services, and to a limited extent even the term 'equity', the majority of the indexes such as *Monocle* have quite limited parameters for addressing these themes. Nor are the weightings between elements made explicit. There is a more subjective and intuitive role of measurement claimed by the editors. From my perspective, when combined with the considerable influence that these indexes have on urban policy and governance, this is deeply problematic.

KLW
One of the things that makes this discussion difficult is what you see in the city of Copenhagen; there is no doubt that it performs when it comes to bicycles, when it comes to urban space and cleaning up the harbour. But from a strictly

tvivl om, at København klarer sig godt, når det gælder cykler, byens rum, vandet i havnen osv. Men set fra et strukturelt, bymæssigt, arkitektonisk perspektiv er der noget, der halter. Hvordan kan vi udvikle en kritisk holdning på det her felt? Hvordan kan vi udtænke nogle andre rumlige modeller og samtidig gentænke velfærden som et stærkere og mere substantielt begreb i forhold til byudviklingens værdier og ideologi?

DS
Én måde kunne være at finde andre succeskriterier for byens performance. Vores studerende har f.eks. arbejdet med 'brugsværdi' som et muligt kriterie. Andre muligheder kunne være at se på, hvor tilgængelig byen er, eller hvorvidt den har 'kant'. Jeg synes stadig velfærd er et meget centralt begreb, som man godt kunne redefinere og bruge i diskussionen om, hvem der har 'retten til byen' – men også ved at overveje, hvad der har ændret sig siden 1990'erne eller er gået tabt i vores ambitioner for byen. Her kan man skele til David Harvey og Steven Graham, som netop beskæftiger sig med de strukturelle konsekvenser af de neoliberale udviklingsmodeller. Der er naturligvis andre former for velfærd, der leveres af andre sektorer i en dansk sammenhæng, men når vi taler om boligmarkedet i byen, så er det stærkt præget af en neoliberal struktur.

Udbuddet af billige boliger og byens prisniveau i øvrigt er et aspekt, som stort set ikke optræder i indekserne – selv om *Monocle* faktisk introducerede boligpriser som et af deres parametre i 2015, hvad der fik København til at dale fra en topplacering ned på en tiendeplads. Når prisniveauet ikke regnes med, svarer billedet ikke til den almindelige borgers virkelighed. Det oplever man endnu tydeligere i byer som London, hvor boligmarkedet er helt ekstremt. Markedsmekanismerne driver boligpriserne i vejret, med det resultat at der sker en større og større grad af social sanering, samtidig med at de tilhørende faciliteter, infrastruktur og offentlige rum ofte bliver udviklet derefter. Det hænger selvfølgelig sammen med den gentrificeringsproces, der sorterer befolkningen og tvinger mange beboere til at flytte, som jeg nævnte tidligere. Selv om byen investerer i byrum af høj kvalitet – noget, der almindeligvis regnes for et vigtigt middel til at sikre tilgængelighed og trivsel – er byrummene i virkeligheden ikke altid rummelige og indbydende for alle befolkningsgrupper.

KLW
Det er jo det rene vanvid, at prisen på et hus, der for 35 år siden var middelklasse-standard med middelklasse-store rum og en almindelig grund, nu er tidoblet og pludselig er i luksusklassen. Hvordan i alverden kan det ske?

DS
Ja, det skyldes jo flere faktorer – bl.a. øget efterspørgsel og pres på boligerne i den 'attraktive' bykerne. Det får mig til at tænke på noget andet, som jeg også interesserer mig for, nemlig ideen om en boligkarriere, og hvordan den boligkarriere også er under forvandling. Ideen om boligkarrieren bygger på videnskabelige studier af den enkeltes livsstatus, og hvordan den livsstatus afspejler sig i forventningerne til vores boligforhold. I perioden fra anden verdenskrig og frem til for et par årtier siden var det typiske forløb, at man flyttede fra lejlighed og ud i forstæderne, når man var blevet gift eller havde fået børn, men det har

spatial, urbanistic, architectural perspective, something is being squeezed out of this equation of liveability. How do you develop a critical attitude in this field? How do you produce different kinds of spatial models, relating to maybe a reinterpretation of welfare as a more powerful and substantial concept, when talking about these urban values and ideologies of the urban development?

DS

One suggestion would be to question this particular framing of the performance of cities with other concepts. One that our students have been investigating is 'usability', others could be 'accessibility' or 'radicality', for example. I believe that the term 'welfare' is still an extremely important one, and actually a term that should be reframed and redeployed in this discussion – one that might speak much more to the notion of 'the right to the city' – but also to potentially support a refocusing on what has been reframed or lost in the ambitions of the city since the 1990s. This would relate to recent arguments by David Harvey or Steven Graham who address the spatial implications of neo-liberalized development models. There are, of course, layers of welfare that are delivered by other sectors in a Danish context, but when one speaks about housing in the city, this is heavily influenced by a neo-liberal framework.

Related to this, the notion of affordability of housing and the whole discussion of the city through the lens of cheapness is one of the aspects that's very much left out of the indexes – although *Monocle* did introduce housing affordability as one of their parameters in 2015 – which saw Copenhagen drop from the top of the list to 10th position. When affordability is not included this tends to exclude the considerations of the everyday life of everyday citizens. We see this in an even more exaggerated form in places like London where the real estate market is particularly extreme. Market mechanisms drive the housing prices higher; the local population becomes increasingly sorted; the local amenities, infrastructure and public spaces are often developed to the 'corresponding level' etc. Of course, it's an integral part of the gentrification process, which involves displacing and sorting, which I mentioned earlier. While cities invest in high-quality public space, which is generally understood to be one of the mechanisms for providing universal access and well-being for citizens, these spaces are not always inviting or including to citizens of all groups.

KLW

It's pure insanity that you have a house that 35 years ago would be simple middle-class proportions, middle-class scale rooms, everything about plot-size, and now it has ten-doubled the price and is luxury – so what happened?

DS

Yes. This is the function of several factors, including increased demand and heightened pressure on limited housing supply in the 'attractive' city centres. To a certain extent, it has to do with something that I am also interested in, namely the notion of the housing career, and how it is undergoing a process of transformation. This is linked to social scientific studies of the individual's life phases and how these life phases correspond to ambitions for one's living conditions. During the period after World War II and until recent decades, the dominant tendency involved moving from inner city apartments to suburban detached

ændret sig, fordi byen har haft held med at skabe attraktive forhold og gøre noget for de unge familier – i et bevidst forsøg på at holde på de gode skatteydere.

Kommunen har også gjort meget for at tiltrække velhavende og veluddannede borgere ved hjælp af forskellige tiltag og programmer. En anden faktor er den økonomiske krise i 2007-08, hvor de borgere, som havde købt deres lejlighed, mens boligboblen var på sit højeste, blev tvunget til at blive i lejligheden for ikke at komme ud af handelen med et kæmpe tab. Og der er mange andre faktorer. Men det er interessant, at boligkarrieren tilsyneladende har et andet forløb i dag, hvor vi ser, at der kommer mere og mere pres på den indre by – den del af byen, der kan karakteriseres som liveable – fordi den repræsenterer en mere attraktiv model for de mange, der ikke længere er så interesserede, som de kunne have været, i at flytte ud i forstæderne eller omegnen på det relevante tidspunkt i deres boligkarriere. Dette øgede pres på den populære bykerne er altså med til at skabe dens – delvist selvforskyldte – problemer.

KLW
For mig er det mest fascinerende ved det her måske, at de strukturelle modeller – og det er selvfølgelig et meget ideologisk synspunkt – dybest set handler om modsatrettede interesser. Vi må revidere vores opfattelse af, hvad det vil sige at have forskellige interesser i byen. Den her oplevelse af at føle sig fremmedgjort midt i verdens mest fantastiske by er jo absurd?

DS
Den nuværende boligsektor præges af nogle bestemte markedsmekanismer, aktører og dagsordener. Charles Bessard har med sin forskning prøvet at kortlægge nogle af markedsmekanismerne, og hvordan de suger penge ud af markedet, og hvor skadeligt det er. I den forskning, vi har lavet sammen med de studerende, har vi kigget nærmere på nogle alternative tilgange, der kan modstå det her markedspres, og i det hele taget interesseret os for kommercialiseringen af byen. Andelsboliger står for mange som et mere overkommeligt alternativ til ejerboligerne, men der er ikke mange af dem, og de er svære at komme i nærheden af, hvis man ikke har de rette forbindelser. Det er også en model, som ikke er så meget brugt i udviklingen af nye byområder. Selvfølgelig er den bestemmelse, der blev indført i 2015, om at kommunen kan kræve op til 25% almene boliger, et vigtigt redskab. Så stor en andel har ellers været svær at realisere, fordi de høje grundpriser har gjort det næsten umuligt at opføre alment boligbyggeri.

Det er jo kedeligt i betragtning af den danske boligbevægelses stolte tradition som en måde at forene byggeindustriens og arbejdernes interesser på. Hvis vi ser på værktøjet med de 25% almene boliger og dets anvendelse i byudviklingen, er det oplagt at overveje, om det nu også er nok til at dæmme op for gentrificeringsprocessen og påvirke befolkningssammensætningen i byen. Kan det forhindre tendensen til, at de mindre velhavende befolkningsgrupper ekskluderes fra den 'attraktive' by, simpelthen fordi de ikke har råd til at bo der? At dømme efter de nyeste byudviklingsområder er byen udfordret, hvis den skal leve op til den humanistiske idé om storbyen som et inkluderende rum og fristed, hvor der er plads til alle befolkningsgrupper og mennesketyper.

houses upon marriage or the arrival of children. But this has been challenged somewhat as the city has been more focused and successful in creating attractive conditions for retaining young families. This is related to a conscious attempt to hold on to better taxpayers.

The municipality has also actively attracted affluent and educated residents to the city through different policies and programmes. Other tendencies include the fall out of the 2007–8 financial crisis, when some residents who had purchased apartments near the height of the real estate bubble were forced to remain in those apartments for fear of large losses that would be incurred as a result of the collapse in real estate value. There are many other factors at play. But it is interesting, as you mentioned, that it suggests a different spatialization of the housing career where we see more and more pressure placed on the urban core – the 'liveable city' – because it represents a more attractive model for many who are not as interested as they would have been to move into suburban or peri-urban areas at those relevant moments of their housing careers. With this increased pressure on the urban core, we see the success of the liveable city contributing further to its own, partly self-inflicted problems.

KLW
To me, maybe the most intriguing or fascinating thing about this is that these spatial models are basically – and that's of course a very ideological standpoint – about interests. Interests between different people, between different groups, between generations. Now we have to reinvent our understanding of what it means to have opposing interests in the city. So this idea of being alienated in the most fantastic city in the world is a completely absurd figure, right?

DS
The current housing sector is dominated by certain market logics, actors and agendas. Charles Bessard's recent research has been trying to unfold some of these market development logics and their specific frameworks for economic extraction and exploring their resulting unaffordability. In the research work we have been doing with our students, we have been interested in approaches that may resist these current market pressures as well as the commodification of the city itself. While offering for many a heightened level of affordability in comparison to the owner market, the cooperative (*andelsbolig*) market is one of these relevant models, but one characterized by a limited supply that for many is inaccessible without strong networks, and one that is less commonly used in the new development areas of the city. Of course, the post-2015 instrument to allow municipalities to require up to 25 per cent social housing in new developments is an important tool. In recent years such large amounts of social housing have not been possible because of the high cost of land making new social housing almost impossible to realize.

It is relevant to reflect on that condition in relation to the history of the Danish housing movement and its positioning at the intersection of industry's interests and the workers' interests. When one explores this 25 per cent social housing instrument and its application to new housing areas, it may be relevant to ask whether this is sufficient to reverse the gentrification process and impact the overall composition of the city. Can this reverse the tendency of the less affluent to be largely excluded from the

KLW
Billedet af byen som et fristed har ændret sig og på en måde reduceret middelklassen til sociale klienter i diskussionen om tilgængelighed og billige boliger. Men det handler jo slet ikke om socialt boligbyggeri. Det handler om *boliger*. Vi taler i virkeligheden om en meget stor del af befolkningen.

DS
Det er rigtigt. Hvad angår mulige alternativer, kan man f.eks. pege på Wien, hvor andelen af statsejede boliger er så stor (mere end halvdelen af den samlede boligmasse), at det resulterer i en mere blandet by, både strukturelt og socialt. De henvender sig samtidig til et meget bredere udsnit af befolkningen, herunder middelklassen, og er ikke stigmatiseret på samme måde som i Danmark.

Det giver også mening at se på mere radikale tilgange, der kan være med til at løse de forskellige problemer – hvis vi ser i øjnene, at 20-25-procentskravet ikke er nok, når der nu er mange, der ikke er kvalificeret til at få en social bolig.

I et nyt forskningsstudie fra arkitektskolen har vi set nærmere på nogle alternative økonomiske og organisatoriske modeller for udviklingen af billige boliger – bl.a. ved at undersøge, hvorfor flere af de modeller, der fungerer godt i andre steder i verden, ikke kan lade sig gøre i en dansk sammenhæng. Her giver det god mening at se på svaghederne ved de udviklingsmodeller, der er brugt i områder som Nordhavn, og sammenligne dem med mere fleksible modeller som HafenCity Hamburg, hvor infrastruktur og salg af byggegrunde og byggeretter kombineres i en samlet non-profit-løsning. Eller man kan se på de franske ZAC-zoner og den store fleksibilitet, der er forbundet med dem. Andre interessante modeller kunne f.eks. være 'Nightingale' eller offentlige fonde, der også giver nogle gode muligheder for at bygge billige boliger.

Og mere overordnet, hvordan kan vi omorganisere de aktører og systemer, der producerer boligerne, så vi får billigere, mere forskelligartede boligtyper og mere blandede boligkvarterer ud af det? Måske kan vi genindføre nogle af de strategier, man har brugt tidligere, som f.eks. kommunale byggefonde – selv om det i nogle tilfælde vil kræve, at der sker en ændring i lovgivningen. Det virker måske nostalgisk, men jeg tror, det er vigtigt for os at lære af den slags løsninger. Simpelthen fordi det nuværende system mangler værktøjerne til at løse det her kæmpe problem.

KLW
Har der været en grundlæggende mangel på nytænkning eller kreativitet, når det gælder finansieringen og udviklingen af rumlige modeller?

DS
Jeg tror, det er nødvendigt at udforske en række forskellige alternativer, ikke mindst i forhold til myten om, at markedet er den bedste drivkraft for innovation. Når det gælder boligsektoren, er markedet generelt meget konservativt og bange for at tage chancer – især mht. den indflydelse, som developerne, byggeindustrien og den finansielle sektor har på boligbyggeriets sammensætning og karakter. Spørgsmålet er, hvordan vi lærer de forskellige parter i og uden for markedet at se mulighederne i de alternative organiserings- og finansieringsmodeller, som kan være med til at give os de billige boliger. Og her er det så, som du nævner, at vi har brug for et moderne svar på

'liveable city' due to the simple impossibility of them affording to live in it?

As evident in the most recently completed new urban development areas, it appears that the city is challenged in enacting a return to the positive humanist notion of the city as an inclusive space inviting different groups of people and providing a sense of refuge for all types of citizens.

KLW
The notion of the city as a refuge has changed fundamentally and sort of reduced the middle class to social clients in the discussion about accessibility and affordable housing. But this is *not* about social housing. It's about *housing.* We're talking about a major part of the population.

DS
I agree. When we talk about possible alternatives, there is a range of different models we can look to. One could point to the Vienna model, for example, where the volume of state-owned housing (more than half of the housing stock) is so large that it produces a more blended city, both spatially and socially. It houses a much wider section of the population, including the middle class, and is not stigmatized in the same way that it is in Denmark.

It would be relevant to encourage discussions on more radical approaches addressing the range of challenges – if we realize that the 20–25 per cent instrument does not fully address the problem of affordability for those not able to access social housing.

In a recent study at KADK, we have been exploring alternate financial and organizational models for producing affordable housing – asking why a number of those that are successful in other contexts are not possible in a Danish context. It may be relevant to look at the limitations of current development models in areas such as Nordhavn, compared to more flexible organizations such as HafenCity Hamburg, where infrastructure and sales of land and development are combined without profit motivation. We could look to the advantages of flexibility that come with the French ZAC instrument, for example. There are a number of other interesting models such as the 'Nightingale' or community land trusts that could offer possibilities for greater affordability.

In general, how could the reorganization of the actors and systems that produce housing be facilitated toward the delivery of more affordable and more diverse homes and more socially diverse neighbourhood structures? It could be relevant to rediscover historical strategies such as municipal land banks, for example – although some of these aspects of course would require changes in the legal framework of the municipalities. While in some cases they might have nostalgic tones to them, I think that there are important lessons to learn from these various approaches. Simply because the current system lacks the tools to address this huge problem.

KLW
Is there a stagnation of innovation or creative values when it comes to funding, when it comes to producing spatial models?

DS
This necessity to explore a variety of alternative approaches is heightened particularly in relation to the myth that the market is the best innovation driver. When it comes to the housing sector, the market is conservative and risk-adverse to a large extent

boligbevægelsen. Hvordan kunne en ny boligbevægelse se ud? Det er efter min mening et helt centralt spørgsmål. Hvordan gentænker vi fordelingen og organiseringen af de aktører og systemer, der producerer boligerne – og hvordan kan dét så være med til at give os et mere overkommeligt og varieret boligudbud og nogle mere mangfoldige bydele?

Måske kan det føre til en gentænkning af den måde, vi designer boliger på. Det var der nogle interessante eksempler på i den britiske pavillon på Venedig-biennalen. Den så boligspørgsmålet i lyset af den aktuelle markedssituation og spurgte, hvordan et badeværelse f.eks. kan tage sig ud med de vilkår. Så der er mange mulige tilgange. Noget, som er interessant ved den tilgang, er, at den forsøger at gentænke kvaliteten i vores leveomstændigheder – ikke som den måles i indekserne, men ved at se på, om det kan give nogle andre rumligheder at bo på mindre plads, og måske give nogle andre stemninger eller en anden æstetik. Det er en vigtigt problematik, som man kunne udforske nærmere: Hvis vi accepterer markedets betingelser, så kommer vi til at bygge mindre og billigere – men kan vi så få noget positivt ud af den her japanisering af boligsituationen?

Jeg er også interesseret i mere grundlæggende spørgsmål om, hvordan vi ellers kan udvikle byen, når nu det står klart, at de her mekanismer skaber store problemer. Som jeg har været inde på før, vil det indebære, at man må se nærmere på selve konstruktionen og begrænsningerne i de nuværende udviklingsmodeller – f.eks., der kendetegner By & Havn/Metroselskabet.

Noget andet, der kunne være interessant at undersøge, er, hvordan systemet reagerer i krisesituationer. I 2007-08 var der en stor krise. Den blev efterfulgt af en periode med mange interessante og frugtbare overvejelser om, hvad man skal stille op med det her utilfredsstillende og på mange måder dysfunktionelle system. Hvad kan vi sætte i stedet, som ikke har de samme svagheder? På en eller anden måde vendte tingene hurtigt tilbage til det normale, og kurven begyndte at pege opad igen. Samtidig kan vi se, at uligheden igen bliver større. Det får mig til at tænke på, hvornår den næste krise kommer, og om den kortvarige ustabilitet måske kan bruges til at skabe et anderledes paradigme med mere inkluderende strukturer og dagsordener i byudviklingen.

Deane Simpson er arkitekt og professor på Institut for Bygningskunst, By og Landskab på Det Kongelige Danske Kunstakademis Skoler for Arkitektur, Design og Konservering.

Interviewet er oversat fra engelsk.

– particularly in terms of the role that developers, the industry, and the financial sector play in influencing the organizational set-up and character of housing construction. In response to that condition, how does one educate market and non-market actors in the possibility to engage in these alternate organizational and funding models that could offer cheapness? And this relates to the notion you mentioned of the possibility of a new form of housing movement. What could be a new housing movement today? I think this is a fundamentally relevant question. How can one rethink the organization and disposition of the actors and systems that produce housing, and how could this facilitate the provision of more affordable and more diverse housing opportunities, as well as more socially diverse neighbourhood structures?

On the one hand, this might address how approaches to housing could be rethought at the level of design? There are some interesting potential answers to this in the questions being asked by the British Pavilion at the Venice Biennale. The one that deals with questions of housing in a contemporary market situation, and which actually tries to explore what a bathroom could be in that context and so on. So there are different approaches. One thing that I think is interesting about that approach is the attempt to rethink quality in the context of living conditions – not in the way it is measured in the indexes, but more in terms of how you can deliver certain spatial possibilities through living in less space, or how this could offer different atmospheric conditions or aesthetic textures. That would be one major area of exploration, saying: if we accept the pressure from the market, we will build smaller and cheaper, but can we find potential in the Japanization of the problem of living in the city?

But what I am interested in as well is other kinds of more fundamental questioning as to what another way of developing the city could be, when it is clear that these pressures are producing severe problems. As I have hinted at, this might involve looking again at the constitutional structures and limitations of the current development models such as CPH City & Port Development/Metroselskabet.

Additionally, what I think could be interesting to explore is the role of crisis in this whole system. In 2007–8 a huge event took place. This was followed by a period of extremely interesting and fruitful speculation on what would replace this sub-optimal and to a large extent dysfunctional system. What could be offered in its place that could address some of the failures of it. Somehow things quickly returned to a kind of normal again and we could see the curve return to its upward orientation. We similarly see a further increase in inequality as a result. This would beg the question when the next crisis occurs: could it be used as a moment of instability to pave the way for another paradigm of more inclusive structures and agendas in urban development?

Deane Simpson is an architect and professor at the Institute of Architecture, Urbanism and Landscape at the Royal Danish Academy of Fine Arts Schools of Architecture, Design and Conservation.

Af PETER SCHULTZ JØRGENSEN

Byen uden skygger

Nu skinner solen igen over København. Fortovene er brede og fyldt med folk og udeservering. På cykelstierne strømmer sværme af citybikes i overhalingshumør, ladcykler med rollinger og Amsterdam-cykler med fyldte kurve. Indimellem kåde kinesere på de hvide bycykler. Det er nemt at komme rundt i København, fra den ene pladsperle til den anden, hvor københavnerne rålever og danner fællesskaber om alt muligt. I kommunens *Bylivsregnskab 2015* kan vi læse, at "87 % af københavnerne er tilfredse eller meget tilfredse med muligheden for at deltage i bylivet".[1]

Uomtvisteligt er København blevet et bedre sted at bo, være i og færdes i end for 20 år siden. Men under rullegræsset, pop-up-stranden og taghavernes rødder virker stærke understrømme drevet af ideologier om konkurrencestat og konkurrencekommune samt et finansialiseret ejendoms- og kreditmarked.

Forhistorien er *den neoliberale vending* af København. I 1990 erklærede den konservative statsminister Poul Schlüter, at hovedstaden skal "tage konkurrencen op med andre storbyer i Vesteuropa". Det var et udtryk for et stop for velfærdsstaten, der skulle slankes og snarere afvikles end udvikles og raffineres. Begreber som *bykonkurrence*, *lokomotiv* og *metropol* blev det styrende perspektiv for København.

I dag bliver det udtrykt følsomt i kommuneplanen: "Københavnsk *liveability* er et stærkt kort i den internationale konkurrence" og med social filtrering som en sideeffekt.[2] Byens

By PETER SCHULTZ JØRGENSEN

City Without Shadows

The sun is shining on Copenhagen again. The pavements are wide and full of people and café tables. On the bicycle paths, there are swarms of city bikes going at a brisk clip, cargo bikes ferrying toddlers and kids, Amsterdam bicycles with full baskets. Occasionally cheerful Chinese tourists on white rental bicycles. It is easy to get around in Copenhagen, from one attractive urban location to the next, where the Copenhageners are living life to the full, forming communities about all sorts of things. The municipal *Urban Life Account 2015* informs us that '87% of Copenhageners were satisfied or very satisfied with their opportunities for taking part in urban life.'[1]

Indisputably, Copenhagen has become a better place to live, be and get around in than it was 20 years ago. But underneath the roll turf, the pop-up beach and the roots of the roof gardens, there are powerful undercurrents driven by ideologies of the competition state and the competition municipality and financialized real-estate and credit markets.

Leading up to this was *the neo-liberal turn* in Copenhagen. In 1990, the conservative prime minister, Poul Schlüter, declared that the capital needed to 'take up the competition with other cities in Western Europe.' This statement represented a stop to the welfare state, which was to be slimmed down and rolled back rather than developed and refined. Concepts such as *inter-urban competition*, *locomotive* and *metropolis* described the main perspective for Copenhagen.

Fig. 1 Vesterbro, København. Foto: Peter Schultz Jørgensen

bløde image bliver omsat i hård valuta. Set fra den socialdemokratiske overborgmesters vinduer er København blevet *byen uden skygger.*

Vi er derfor nødt til at bryde ud af den common sense, der har afgrænset byudviklingen i København i et reducerende perspektiv. Med afsæt i København og Sjælland tager jeg fat på nogle af de neoliberale greb og enkelte eksempler på reaktioner på dem.

PRIVATISERING AF DE FÆLLES GODER

Privatisering af fælles goder er et neoliberalt hovedgreb. De første år af 1990'erne blev fatale for borgerne i København. Kommunen blev sat under administration af staten, Ørestadsselskabet blev etableret, og byens boliger blev solgt.

Kommunens økonomi var i bund med store truende budgetunderskud, mens statens ambitioner på byens vegne voksede og kostede skjorten. For at nedskrive gælden blev kommunen tvunget til at afhænde arvesølvet. 234 kommunale ejendomme med 19.300 lejligheder skulle sælges. Salget fandt sted, mens priserne var i bund. Forventningen var en indtægt på 3,3 mia. kr., men salget indbragte kun ca. 2 mia. kr.[3] Rundt regnet var det en gennemsnitspris på 100.000 kr. pr. lejlighed. Dengang var der billige boliger. Brandudsalget betød, at en portefølje

Today, the same view is expressed more delicately in the municipal plan: 'Copenhagen's "liveability" is a strong suit in the international competition', with social filtering as a side effect.[2] The city's soft image is monetized. In the view from the Social Democratic Lord Mayor's windows, Copenhagen has become a *city without shadows.*

Therefore we have to depart from the common-sense view that has restricted urban development in Copenhagen with its reductive perspective. Using Copenhagen and the island of Zealand as examples, I address some of the neo-liberal approaches and a few reactions to them.

PRIVATIZATION OF THE COMMON GOODS

Privatization of the common goods is a main neo-liberal manoeuvre. The earliest years of the 1990s were fatal to the citizens of Copenhagen. The city was put under administration by the state, the Ørestad Development Corporation was established, and municipally owned residential property was sold.

Fig. 1 Vesterbro, Copenhagen. Photo: Peter Schultz Jørgensen

The municipal economy was in the red with large looming deficits, while the state's ambitions for the city grew and were pushing it to the limit. To reduce the debt, the city was forced to sell out the family silver, and 234 municipal properties with a total of 19,300 flats were put on the market. These were sold while the market was bottoming out. The expected revenue was DKK 3.3 billion, but the sale only brought in about DKK 2 billion.[3] Roughly DKK 100,000 per flat on average. That was a time when you could find low-cost housing. In this fire sale a portfolio of affordable flats was squandered. The municipality lost a key resource and was stripped of the possibility of pursuing a social housing policy, which is sorely needed today. Today, flats are sold at prices that are 30–50 times higher. A huge untaxed increase in value.

Many of the properties that were sold were later renovated with substantial state subsidies. Most have been turned into co-ops. The deregulation of co-op prices and the access to mortgage loans accounting for up to 80% of the value of the co-op share were a severe blow to the original co-op concept. The temptation proved too big for many co-op associations, which cashed in on the private housing market, capitalizing on the City's fire sale and state grants for urban renovation.

A more veiled form of privatization was signing urban development over to a *development corporation*, of which the municipality

af billige boliger var sat over styr. Kommunen blev frataget en vigtig ressource og strippet for muligheder for at føre en social boligpolitik, der er hårdt brug for i dag. Boligerne sælges i dag til en pris, der måske er 30-50 gange højere. Det er en enorm ubeskattet værdistigning.

Mange af de solgte boliger blev byfornyet med solide statstilskud. De fleste er blevet til andelsboliger. Liberaliseringen med frigivelsen af andelskronen og med mulighed for optagelse af lån af op til 80% af andelsværdien gav den gamle andelstanke et skud for boven. Det var for stor en fristelse for mange andelsforeninger, der koblede sig på prisfesten på det private boligmarked og kapitaliserede både kommunens udsalg og statens byfornyelsesmidler.

En mere sløret form for privatisering var at lægge byudvikling i et *udviklingsselskab*, hvor kommunen i dag ejer 95%. Ørestadsselskabet I/S – i dag By & Havn – blev oprettet i 1993. Selskabet blev født med gæld, fordi der blev overført kapital til Metroselskabet, der skulle bygge metroer finansieret via salget af de offentligt ejede grunde. Kommunens andel af By & Havns langfristede gæld var i 2018 på 17,523 mia. kr.[4]

Et andet neoliberalt værktøj er at lægge byudviklingen i et *udviklingsselskab* med en udpeget bestyrelse, der har ansvar for et selskab 'der drives som en forretning'.[5] Developere, By & Havn og kommunen får en fælles økonomisk interesse i at udnytte grundene. Det giver et andet fokus end at udvikle bysamfundet, som er en mere kompleks proces med mange facetter inkl. 'det besværlige demokrati'. Når By & Havn står for omkring 40% af boligudbygningen samt en stor del af erhvervsbyggeriet i kommunen, er det et problem.

Slaget om Amager Fælled viser det dilemma, kommunen er havnet i. Borgerprostesterne pressede Borgerrepræsentationen til at droppe byggeriet af 2.400 boliger på fælledens strandenge. Det manglende grundsalg efterlod et hul i kassen på 1,3 mia. kr. I stedet støvsugede Økonomiforvaltningen byen for grunde, hvor der kan sælges jord og bygges som kompensation. Byudviklingen bliver et produkt af By & Havns og kommunens bundlinjer i budgettet.

Ambitiøse og løfterige planer bliver nemt skrællet ned, når budgettet er under pres. 'En by med kant' bliver til 'vandkant' og 'vand sælger'. Ved at lægge en stor del af København – havnene og dele af fælleden – i et udviklingsselskab sker der også en demokratisk afkobling af borgerne på to niveauer: Beslutninger på byniveau bliver delvist truffet uden for Borgerrepræsentationen, der i mange spørgsmål bliver en indirekte beslutningstager og hermed mister muligheden for at bringe alle dimensioner i bysamfundets udvikling i spil. På det lokale niveau i kvartererne er borgernes muligheder for at gribe ind i byudviklingen begrænsede af svage nærdemokratiske strukturer. Borgerne er efterladt med høringsfaser og bylivsaktiviteter tilsat kunstprojekter.

now owns 95%. The Ørestad Development Corporation – now CPH City & Port Development – was founded in 1993. It came into the world burdened with debt, because funds were transferred to Metroselskabet, which was to build the Copenhagen Metro with funds from the sale of the publicly owned land. In 2018, the City of Copenhagen's share of CPH City & Port Development's long-term debt was DKK 17.523 billion.[4]

Another neo-liberal device is to assign urban development to a *development corporation* with an appointed board of directors responsible for a company 'that is run like a business'.[5] This gives developers, CPH City & Port Development and the City of Copenhagen a shared interest in using the land. That gives a different focus than developing the urban community, which is a more complex process with multiple facets, including the 'cumbersome' democracy. With CPH City & Port Development in charge of about 40% of the construction of new housing and much of the commercial construction in the city, that is a problem.

The dispute over Amager Fælled (Amager Common) reveals the dilemma the municipality finds itself in. Public protests pushed the City Council to give up the construction of 2,400 flats on the beach meadows of the Common, thus forfeiting a projected revenue of DKK 1.3 billion from the sale of land. To make up for this loss the Finance Administration scoured the city for plots suitable for sale or development. Urban development thus becomes a product of CPH City & Port Development's and the municipality's bottom lines.

Ambitious plans are easily scaled down when the budget comes under pressure. '*A city with edge*' becomes '*the water's edge*' and '*water sells*'. Entrusting much of Copenhagen – the port areas and parts of the common – to a development corporation also cuts citizens off from democratic influence on two levels: urban-wide decisions are made in part outside the City Council, which becomes an indirect decision-maker on many issues, thus losing the ability to bring all dimensions of urban community development into play. At the local neighbourhood level, the ability of local citizens to have their say in urban development is limited by weak local-democracy structures. The citizens are left with public hearings and urban-life activities with added art projects.

With a heavy debt, an approach to urban development that is paralysed by bottom-line thinking and a future in pawn, CPH City & Port Development and the corporate construction itself are on a collision course with the city of the Copenhageners.

The fire sale of municipal properties, the sale of the harbour-front plots and the deregulation of the co-op market represented a disposal of the Copenhageners' common goods created continually through many years of production and reproduction. Public investments in infrastructure such as roads and bicycle paths, cosy urban environments, urban renewal and urban regeneration,

Med en snærende gæld, en bundlinjeparalyseret byudvikling og en pantsat fremtid er By & Havn og selve selskabskonstruktionen på kollisionskurs med københavnernes by.

Brandudsalget af kommunens ejendomme, salget af havnearealerne og liberaliseringen af andelsmarkedet var en afhændelse af københavnernes fælles goder skabt gennem mange års produktion og reproduktion i en fortløbende proces. Offentlige investeringer i infrastruktur som veje og cykelstier, hyggelige bymiljøer, byfornyelse og kvarterløft, kultur samt 'natur i byen', sundkik og titlen som 'verdens bedste by' øger værdien af grunde og ejendomme. Værdierne bliver kapitaliseret af den finansielle sektor via ejendoms- og kreditmarkedet. De samfundsskabte værdier bliver tilegnet privat.

Geografen David Harvey udtrykker det på denne måde: "Urbanisering er en fortløbende produktion af byen som fællesskab (...) og de private interessers fortløbende tilegnelse og destruktion af dette". Han mener, at de samfundsmæssige værdier, og "retten til at bruge dette fælles må tildeles alle dem, som har deltaget i produktionen af byen. Dette må naturligvis være grundlaget for kravet om *retten til byen* på vegne af de kollektive arbejdere, der har skabt den".[6]

Dette er et essentielt demokratisk spørgsmål: "Retten til byen er derfor langt mere end individets eller gruppens frie adgang til byens ressourcer. Det er en ret til at ændre byen og genopfinde den nøjagtigt, som vi ønsker det. Det er derudover en kollektiv snarere end en individuel rettighed, idet genskabelsen af byen uundgåeligt afhænger af udøvelsen af en kollektiv magt over urbaniseringsprocesserne. ...".[7]

Retten til byen og regionen har i forskellige varianter været afsæt for en del urbane sociale bevægelser i Sydeuropa, Latinamerika og USA. Da gældsboblen brast i 2008, var der næsten 3,5 mio. tomme boliger i Spanien. Siden er henved 600.000 husstande, der ikke kunne betale for deres boliger, sat på gaden af bankerne. Som en reaktion opstod der overalt borgerinitiativer med *Platform for ofre for boliglån* (PAH) som hovedkraft.[8] Det var en kamp for borgernes ret til brugsværdien af det, de selv havde bygget via kollektivt arbejde.[9]

Parallelt med PAH opstod M15-bevægelsen, der under paroler som "Ægte demokrati nu!" besatte og forvandlede pladser til *demokratiske rum med byforsamlinger*.[10] Også Plaza de Cataluña i Barcelona blev fyldt. Op til kommunalvalgene i maj 2015 dannede bevægelserne egne valgplatforme i flere byer, der mere eller mindre udtalt tog afsæt i *retten til byen*. De vandt bystyrerne i Madrid, Valencia, La Coruña, Santiago de Compostela, Cádiz samt i Barcelona på platformen *Barcelona en Comú (Barcelona i fællesskab)*. PAH's talskvinde, Ada Colau, blev valgt som Barcelonas borgmester.

culture and 'urban nature', views of the water and the title as 'the world's best city' increase the value of land and properties. These values are capitalized by the financial sector via the real estate and credit markets. The values created by the community are privatized.

In the words of geographer David Harvey, 'Urbanization is about the perpetual production of an urban commons (...) and its perpetual appropriation and destruction by private interests.' He argues that common values and '(t)he right to use that common must surely then be accorded to all those who have had a part in producing it. This is, of course, the basis for the claim to the right to the city on the part of the collective laborers who have made it.'[6]

This is a core democratic issue: 'The right to the city is, therefore, far more than a right of individual or group access to the resources that the city embodies: it is a right to change and reinvent the city more after our hearts' desire. It is, moreover, a collective rather than an individual right, since reinventing the city inevitably depends upon the exercise of a collective power over the processes of urbanization.'[7]

The right to the city and the region has, in varying forms, been the basis of several urban social movements in Southern Europe, Latin America and the United States. When the debt bubble burst in 2008, there were almost 3.5 million vacant homes in Spain. Since then, close to 600,000 households unable to pay their mortgages have been put out on the street by the banks. In response, grassroots initiatives emerged, spearheaded by PAH, People Affected by the Mortgage Crisis,[8] in a struggle for the citizens' right to the use-value of the fruits of their collective labour.[9]

Concurrently with PAH, the 15-M movement arose. Under slogans such as 'true democracy now!', 15-M occupied and transformed city squares into *democratic spaces with city assemblies.*[10] Plaza de Cataluña in Barcelona was also filled to capacity. During the time leading up to the municipal election in May 2015, the movements formed their own election platforms in several cities, which were more or less explicitly based on *the right to the city.* They won a majority in Madrid, Valencia, La Coruña, Santiago de Compostela and Cádiz. In Barcelona, they won a majority with the platform *Barcelona en Comú* or *BComú* (*Barcelona in Common*), and PAH's spokeswoman, Ada Colau, was elected mayor of Barcelona.

One of the primary initiatives was a change in the way the municipality works. The neighbourhood movements and BComú's work on the city council aim for a radical democratization on every level in the city. As BComú puts it, 'instead of redistributing resources our goal is to redistribute power.'

Other efforts to hand the city back to the citizens: promoting social equality, developing the neighbourhoods' own economy with cooperative structures and other features, re-communalizing water and electricity, abolishing Airbnb rentals and putting a stop to the construction of new hotels in the city centre, giving priority

En af de primære indsatser har været en ændring af den måde, kommunen fungerer på. Bevægelserne på kvartersplan og BComú i bystyret arbejder for en radikal demokratisering på alle niveauer i byen. For som Barcelona en Comú udtrykker det: "i stedet for at omfordele ressourcer ønsker vi at omfordele magten."

Andre indsatser for at give byen tilbage til borgerne: fremme af social lighed, udvikling af kvarterernes egen økonomi med bl.a. kooperative strukturer, re-kommunalisering af vand og energi, afvikling af Airbnb-lejligheder og stop for hotelbyggerier i byens centrum samt opprioritering af familiernes behov i forhold til byrum og bydesign. En del af vejarealet i Barcelonas berømte grid bliver omdannet til fællesarealer for beboerne.

Fig. 2 **"Platform for ofre for boliglån" (PAH) aktionerer ved BBVA-bank i Spanien. Foto: Peter Schultz Jørgensen**

BComú arbejder med 'feminisering af politikken'. Det er et brud med den patriarkalske macho-logik, der trives i de hierarkiske strukturer, og som fører til en politik baseret på magtkampe og konflikter. Feminiseringen derimod sætter folk og deres bekymringer og drømme i centrum i den institutionelle politik. Og som Ada Colau sagde på FN's Habitat III-konference i Quito i oktober 2016: "Jeg tror ikke du kan tale om en retfærdig, bæredygtig og inkluderende by, hvis du ikke taler om retten til byen".[11] Ada Colau er som borgmester aktiv i udviklingen af samarbejder mellem progressive byer om modtagelse af flygtninge, boligpolitik, miljø og kommunalt demokrati, som de kalder *municipalisme*.

DESTILLATIONSAPPARATET

Et andet neoliberalt greb er at *ændre byens sociogeografiske struktur* i en kombination af akkumulation af kapital og social destillation (accumulation by dispossession, som David Harvey udtrykker det).

København havde, som mange andre byer, tabt befolkning pga. afindustrialiseringen og byspredning. Kommunen tabte 303.300 borgere – fire ud af ti – fra toppunktet i 1950 med 768.100 borgere til lavpunktet i 1992 med 464.770 borgere. De mest velstillede forlod kommunen og efterlod problemer, der ikke kunne løses med det udhulede skattegrundlag.

Fig. 2 'People Affected by the Mortgage Crisis' (PAH) demonstrate in front of a BBVA bank in Spain. Photo: Peter Schultz Jørgensen

to families' needs in regard to urban spaces and urban design. Part of the road space in Barcelona's famous grid structure is converted into common areas for the locals.

BComú aims to 'feminize politics' in a departure from the patriarchal macho-logic that thrives in the hierarchic structures, and which leads to politics based on power struggles and conflicts. Feminization, by contrast, puts people and their concerns and dreams at the centre of institutional policies. And as Ada Colau said at the United Nations' Habitat III conference in Quito in October 2016: 'I believe you can't talk about a just, sustainable, equitable or inclusive city if you don't speak about the right to the city.'[11] As mayor, Ada Colau is active in the development of partnerships between progressive cities concerning the reception of refugees, housing policies, environmental issues and municipality democracy, which they call *municipalism*.

DISTILLATION

Another neo-liberal move is to *alter the city's socio-geographic structure* in a combination of accumulation of capital and social distillation (*accumulation by dispossession*, as David Harvey puts it).

Like many other cities, Copenhagen had seen a population loss due to deindustrialization and urban sprawl. The city lost 303,300 citizens – four in ten – from the peak in 1950, of 768,100 citizens, to the low point in 1992, of 464,770 citizens. The most affluent moved out of the city, leaving behind problems that could not be solved with the shrinking tax base.

In 1994, an agreement with the government required the municipality to present a housing policy proposal that would enable it

Regeringen krævede i en aftale fra 1994, at kommunen fremlagde et boligpolitisk oplæg, der ville sikre, at kommunen fremover ville *tiltrække borgere, som ville bidrage positivt til kommunens økonomi*. Operationen lykkedes. Befolkningsvæksten var dog længe om at komme i gang igen. På trods af mange nybyggede boliger i 00'erne voksede befolkningen alligevel kun lidt. Tilvæksten tog først til, da krisen ramte i 2007-08. Mange, der havde købt en lejlighed, blev teknisk insolvente og måtte blive boende. Samtidig var der ophobet mange tomme lejligheder, som developere lejede ud i stedet for at sælge. Københavnerne rykkede sammen.

Fig. 3 "Platform for ofre for boliglån" (PAH) aktionerer ved BBVA-bank i Spanien. Foto: Peter Schultz Jørgensen

I dag er den glade fortælling, at 10.000 nye borgere om året flytter til København. Den primære kilde til denne vækst er dog et fødselsoverskud, der udgør ca. halvdelen. Den anden halvdel er indvandring fra udlandet. I forhold til andre kommuner er balancen stort set gået i nul. Fortællingen om, at folk strømmer til storbyen, er altså ikke sand.

Bag nettotallene fra befolkningsudviklingen gemmer der sig ca. 60.000 til- og fraflyttere i forhold til andre kommuner. Strømmene er reguleret af boligmarkedet, der fremmer social segregation på flere niveauer. Mange er ramt af klemmen mellem løn og boligudgift.[12] I perioden 1995 til 2006 steg boligpriserne (indeks 100 til 450) i København ni gange så meget som lønningerne (indeks 100 til 150). I 2015 skulle en husstand med to voksne og to børn have en årlig indkomst på 733.000 kr. for at kunne købe en bolig på 86 m^2. Kun 17,4% af de københavnske husstande havde råd til det.[13] Med en københavners gennemsnitlige timeløn på 248 kr. vil lejligheden kræve 2.955 timers arbejde. I Nordhavn kræver en lejlighed en indkomst på henved 1,5 mio. kr. Gennemsnitsprisen pr. kvadratmeter bolig i Nordhavn er 55.000 kr. – heraf en grundpris på 10.000 kr. pr. etagemeter byggeret, der afspejler en byudvikling på en omkostningstung lokalitet med mange følgeinvesteringer.[14]

I sommeren 2016 var ca. en tredjedel af alle boliger under opførelse projektsalg.[15] Boligerne er ca. en femtedel dyrere end normale ejerlejligheder. Et andet spekulativt fænomen fremgår af, at hver tiende af de 7.341 ejerlejligheder, der blev opført i

Fig. 3 'People Affected by the Mortgage Crisis' (PAH) demonstrate in front of a BBVA bank in Spain. Photo: Peter Schultz Jørgensen

to *attract citizens who would make a positive contribution to the municipal economy*. Although the operation was successful, it took a while to restart the population growth. Despite the many residential newbuilds during the 2000s, the population growth remained modest. It only took off once the crisis struck in 2007–8. Many new homeowners had negative equity and were unable to relocate. At the same time, there was a surfeit of unsold flats, which developers chose to rent out. The Copenhageners moved closer together.

Today, the good news is that 10,000 new citizens annually move to Copenhagen. The primary source of this growth, however, is a surplus of births, which accounts for about half. The other half stems from immigration from abroad. The net influx from other municipalities is close to zero. Thus, the narrative about a mass migration from country to city is not true.

Behind the net population changes, there are about 60,000 people who move to or from other municipalities. The flow is regulated by the housing market, which drives social segregation on several levels. Many are squeezed out by the gap between income and housing costs.[12] From 1995 to 2006, housing prices (index 100 to 450) in Copenhagen grew nine times as much as salaries (index 100 to 150). By 2015, a household with two adults and two children needed an average annual income of DKK 733,000 to buy an 86-m^2 flat. Only 17.4% of Copenhagen households could afford that.[13] With a Copenhagener's average hourly pay of DKK 248 the flat requires 2,955 annual working hours. In Copenhagen's Nordhavn (North Harbour) district a flat requires an annual income of close to DKK 1.5 million. The average price per m^2 in Nordhavn is DKK 55,000 – including a land price of DKK 10,000 per m^2 of permitted floor space; this reflects that the

København i perioden 2000-2014, er registreret som ubeboet, brugt til korte ophold, feriebolig eller spekulation. 4% af ejerboligerne i Indre By og på Amager Vest omkring havnen bliver brugt til andet end helårsbeboelse. I hele kommunen er det 2.700 boliger.[16]

Kommunens *Lighedsudredning 2016* viser, at indkomstforskellene mellem bydedelene vokser.[17] Boligmarkedets opdrift og turbulens destillerer polariseringen i geografien. Nogle bliver skubbet rundt til de, endnu, relativt billige bydele. For andre er lavprissjælland en mulig flugtvej. Mellem København og områder i Sjælland kan forskellen i boligudgiften være 1 til 10 eller mere. Folk 'i hus til halsen' ude på Sjælland, der ikke har opdrift i friværdierne, er næsten stavnsbundne i en form for omvendt gentrificering. Dem, der har været med på priselevatoren i København, kan afhænde den dyre bolig og i stedet flytte ud på Sjælland, købe en markant større bolig og samtidig realisere en betragtelig friværdi.

Ifølge befolkningsprognose 2017-2031 vil folketallet vokse med 123.000. Kommunen åbner for 45.000 nye boliger. Kommunens mål er nu, at hver femte bolig, der bygges frem til 2025, skal være en almen bolig, i alt 8.300. Vil det løse boligproblemet? For det første kan man spørge: Når en ny almen bolig koster omkring 10.000 kr. i leje om måneden, hvem er den så billig for? Og samtidig med at disse boliger bliver bygget, vil mange lejligheder, andelsboliger eller ejerlejligheder, der i dag hører til i den billige ende, blive dyrere og falde ud af kategorien 'billige boliger'. Summen bliver nok færre og ikke flere billige boliger.

I kommuneplanen står, at "Boliger nok til alle dæmper prisstigninger". Det er et løfte, der er svært at indfri. Investorer går ikke under det normale profitniveau, som afhænger af en vis mangel på boliger. Kun i en situation, hvor krisen rammer, og markedet falder, vil boligpriserne falde. Derfor vil presset på de almene boliger vokse, og flere vil forlade kommunen.

Kalder dette ikke på nye love for en by- og boligpolitik, der giver kommunen probate midler? Spørgsmålet om jorden som et fælles gode trænger sig på for at kunne skifte til byudvikling baseret på *brugsværdiens* perspektiv, frem for som nu, hvor *matrikulære bytteværdier*, der kan købes og sælges, blokerer og deformerer byen og bylivet. Offentligt eje af jord er i sig selv ikke en garanti for, at jorden er et fælles gode. Amsterdam by ejer 80% af jorden, som bliver lejet ud. Alligevel florerer ejendomsspekulationen. For at trække jorden ud af markedet, så den reelt kan være et fælles gode, er det nødvendigt med politiske løsninger og en demokratisering af byen. Det vil åbne langsigtede handlemuligheder og give frihed i forhold til smidige bymiljøer og blandede funktioner.

Fælleseje af jord og boliger kan trække den private spekulation, turbulens og stivhed ud af boligmarkedet. Og måske

new district is developed in a costly location that requires many additional investments.[14]

In the summer of 2016, about a third of all housing construction was based on pre-build sales.[15] They are about one fifth more expensive than normal individually owned flats. Another speculative phenomenon is that one in ten of the 7,341 flats that were built in Copenhagen from 2000 to 2014 are registered as uninhabited, used for short stays, as holiday homes or as investment objects. Four per cent of individually owned homes in central Copenhagen and on western Amager near the harbour are not for permanent use. Throughout the municipality, that amounts to 2,700 homes.[16]

The City of Copenhagen's *Lighedsudredning 2016* (Equality Report 2016) shows that the income disparity between the different neighbourhoods is growing.[17] The rising prices and turbulence in the housing market are distilling the geographic polarization. Some people are pushed out to the, as yet, relatively cheap areas of the city. For others, more affordable areas on the island of Zealand are an option. The difference in housing costs between Copenhagen and certain areas on Zealand can be 10 to 1 or more. People with negative equity in rural Zealand, whose houses have not risen in price, are virtually stuck in a kind of reverse gentrification. Homeowners who have ridden the price escalator in Copenhagen can trade in their expensive home for a much larger property outside the city and still walk away with a nice cash sum.

According to population projections for 2017–31, the population is going to grow by 123,000. The municipality is planning for 45,000 new homes. It aims to ensure that every fifth new home built between now and 2025 is non-profit, a total of 8,300. Is that going to solve the housing shortage? The first question might be: when the monthly rent for a new non-profit flat is about DKK 10,000, to whom is it affordable? And while these non-profit flats are being built, many rental, co-op or individually owned flats that are affordable today are going to go up in price and drop out of the 'affordable' category. The likely net result is less, rather than more, affordable housing.

The municipal plan states that 'Enough housing for everyone puts a damper on soaring prices.' That is a hard promise to keep. Investors will not accept anything less than the normal return on investment, which depends on a certain housing shortage. Only in a crisis, where the bottom drops out of the market, will housing prices come down. Hence, the pressure on non-profit housing will continue to grow, and more people are going to move out of the city.

Does that not call for new laws and an urban and housing policy that gives the municipality more effective powers? The issue of land as a common good seems a condition for being able to switch to an urban development based on a *use-value* perspective, in contrast to the current situation, where *site-based exchange values*, which can be bought and sold, block and

Fig. 4 Downtown Brooklyn. Foto: Peter Schultz Jørgensen

deform the city and urban life. Public ownership of land is not in itself a guarantee that land is a common good. The City of Amsterdam owns 80% of the land in the city, which is leased out. Still, property speculation is rampant. To take the land off the market and make it an actual common good requires political solutions and a democratization of the city. That will enable long-term planning and freedom to develop flexible urban settings and mixed functions.

Communally owned land and housing can eliminate private speculation, turbulence and rigidity from the housing market. And maybe cut housing costs in half? If the state provides the legislation, the municipalities can refine the tried and tested models of cooperative housing associations, municipal buildings and non-profit housing and co-ops without an element of speculation. More flexible usage forms, for example inspired by the looser approach to ownership brought about by the Internet and the sharing economy, is a quality that could be incorporated into new solutions.

Among the citizens there is a growing awareness of the importance of neighbourhood, site, community and place. As David Madden and Peter Marcuse write, 'Housing is the precondition both for work and for leisure. Controlling one's housing is a way to control one's labor as well as one's free time, which is why struggles over housing are always, in part, struggles over autonomy. More than any other item of consumption, housing structures the way that individuals interact with others, with communities, and with wider collectives. (...) No other modern commodity is as important for organizing citizenship, work, identities, solidarities, and politics. It is this side of housing – its lived, universally necessary, social dimension, and its identity as home – that needs defending.'[18]

This defensive action is being taken in many cities. I mentioned Barcelona earlier, and I also encountered it in New York in several variants. In Chinatown, a large number of organizations joined forces in the Chinatown Working Group (CWG) to develop their own community plan, '*Preserving Affordability & Authenticity*', in part with the purpose of limiting the gentrification of Chinatown and the construction of speculative mega-projects.[19]

Throughout the city, local citizens are taking direct action to protest the consequences of rezoning plans.[20] That has happened in Chinatown, Harlem, East Harlem and Inwood on Manhattan, along Jerome Avenue, Hunts Point and Mott Haven in the Bronx, in East New York, in Brooklyn and other places. They react to City Council rezoning plans that will lead to rising land prices as the floor area ratio goes up. This will result in price increases

Fig. 4 Downtown Brooklyn. Photo: Peter Schultz Jørgensen

halvere boligudgiften? Hvis staten giver lovene, kan kommunerne raffinere de historisk prøvede modeller med kooperative boligforeninger, kommunalt byggeri samt almene boliger og andelsboliger uden spekulation. Mere fleksible brugsformer, f.eks. inspireret af den opblødning i opfattelsen af ejerskab, som internettet og deleøkonomien har skabt, er en kvalitet, der kan trækkes med ind i løsningerne.

Blandt borgerne er der en voksende erkendelse af kvarterets, 'stedets', 'det næres' og 'community'ets' betydning. Som David Madden og Peter Marcuse skriver: "At bo er forudsætningen for både arbejde og fritid. At have kontrol over sin boligsituation er også en måde at kontrollere sin arbejdskraft såvel som sin frie tid på. Derfor er kampene om boliger altid, i et vist omfang, kampe om autonomi. Mere end nogen anden forbrugsgenstand strukturerer boliger den måde, individer interagerer på indbyrdes, med lokalsamfundet og i mere omfattende fællesskaber. (...) Ingen anden nutidig vare er så vigtig for organisering af medborgerskab, arbejde, identiteter, solidaritet og politisk aktivitet. Det er denne dimension i bosætning – dens levede, universelt nødvendige sociale dimension, og dens identitet som et hjem – der har behov for at blive forsvaret."[18]

Fig. 5 New York. Foto: Adrian Täckman

Denne forsvarskamp bliver ført i mange byer. Jeg har nævnt Barcelona og mødt den i New York i flere former. I Chinatown gik et stort antal organisationer sammen i Chinatown Working Group (CWG) for at lave deres egen community-plan (en helhedsplan for et byområde), 'Preserving Affordability & Authenticity', bl.a. for at begrænse gentrificeringen af Chinatown og opførelsen af spekulative megaprojekter.[19]

Rundt om i byen skyder beboeraktioner op i protest mod følgerne af rezoningsplanerne.[20] Det er sket i Chinatown, Harlem, East Harlem, Inwood, East Harlem på Manhattan, langs Jerome Avenue, i Hunts Point og Mott Haven i Bronx i East New York i Brooklyn m.v. De reagerer mod bystyres planer, som vil føre til stigende jordpriser, der følger med rezoningsplanernes øgning af byggeretten. Konsekvensen vil være generelle prisstigninger, der presser folk ud af deres kvarter pga. høje huslejer.[21] De oprørte communities kræver, at det er dem, der laver planerne, definerer, hvad problemerne er, og hvad løsningerne skal være.

Flere organisationer har sat en fastfrysning af huslejer på dagsordenen. I stigende grad organiserer de sig på byplan via *the Alliance for Tenant Power*, *Real Affordability for All* og *the Right to the City Alliance*. Det lykkedes i 2015 og 2016, omend i en kort periode, at få den årlige regulering af lejen for en million lejestabiliserede lejligheder holdt i ro. De kæmper også for 100% betalelige boliger.

Fig. 5 New York. Photo: Adrian Täckman

across the board that are going to drive people out of their local neighbourhood due to rising rent.[21] The disgruntled communities demand a say in developing the plans, defining the problems and shaping the solutions.

Several organizations have a rent freeze on the agenda. They are increasingly organizing on a city level via *the Alliance for Tenant Power*, *Real Affordability for All* and *the Right to the City Alliance*. In 2015 and 2016, they succeeded, if only temporarily, to suspend the annual rent regulation for a million rent-controlled flats. They are also fighting for fully affordable homes.

Another type of affordable-housing movement promotes Community Land Trusts (CLT). One of these organizations is Picture the Homeless. The goal is to acquire land and place it in the ownership of a trust or, perhaps, the city council. A CLT has an elected board that can provide a democratic framework for multiple projects in the area, anchored in the local community. For example, a housing association could build low-rent housing, commercial spaces, community gardens and so forth. These homes are not on the market, and any potential increase in value will remain in the CLT.[22]

HOT-AIR PUMP

A third consequence of neo-liberalization, or perhaps even its purpose, is the *centralization of the economic power and the*

Fig. 6 Harlem. Foto: Peter Schultz Jørgensen

En anden type bevægelse for billige boliger arbejder for Community Land Trusts (CLT). En af organisationerne er hjemløseorganisationen Picture the Homeless. Hvis man kan få fat i jorden, er ideen, at den skal ejes af en fond eller måske kommunen. En CLT har en valgt bestyrelse, der kan fungere som en demokratisk ramme for flere projekter i området, der er forankret lokalsamfundet. F.eks. kan en boligforening opføre boliger med lave huslejer, lokaler til virksomheder, community gardens m.v. Boligerne er uden for markedet, og eventuelle værdistigninger bliver i CLT.[22]

VARMLUFTPUMPE

Et tredje følge af neoliberaliseringen, eller ligefrem dens formål, er en *centralisering af den økonomiske magt og finansialisering af samfundet*. Engang var boligøkonomien et relativt lukket og stabilt system baseret på lån i fællesejede kreditforeninger. I 1989 blev realkreditsektoren liberaliseret, så kreditforeninger kunne omdannes til aktieselskaber, og banker kunne danne realkreditinstitutioner. Det, der engang var et simpelt forhold mellem låntager og långiver, er blevet en del af det globale finansmarked, hvor lån bliver klippet op og pakket om for igen at blive solgt og købt med forventning om en fremtidig værdistigning. Det er et pyramidespil og 'den usynlig byplanlægger'.

financialization of society. Once, the housing economy was a fairly stable, closed system based on loans from communal mortgage-credit associations. In 1989, the mortgage sector was deregulated, so that credit associations could be transformed into joint-stock companies, and banks could form mortgage-credit institutions. What was once a simple relationship between the borrower and the lender has become part of the global financial market, where a loan is cut up and repackaged to be sold and bought, with the expectation of a future value increase. It is a pyramid scheme and 'the invisible city planner'.

Deregulation is a global phenomenon, with the expansion of the private market, free cash flows, supranational financial institutions and new rules for the interaction between debt, credit and money and so forth. Debt as a fluid commodity is a key factor on the land and real-estate market.

David Harvey describes this state of affairs as a fever. It results from dried-up investment opportunities for a capital that is growing exponentially – with compound interest – and which has now reached a point where the curve gets really steep, at the same time as investment options for this capital are becoming fewer or

Fig. 6 Harlem. Photo: Peter Schultz Jørgensen

less attractive. Cities are increasingly becoming an investment venue for this capital, not least due to the monopolized nature of land. 'Capitalism is perpetually producing the surplus product that urbanization requires. The reverse relation also holds. Capitalism needs urbanization to absorb the surplus products it perpetually produces. In this way an inner connection emerges between the development of capitalism and urbanization.'[23] Thus, the city is a venue for both the investment and the destruction of capital in a crisis. In 2015, the World Economic Forum estimated a global annual need to invest USD 4 billion in infrastructure alone.[24]

In relation to this point, Harvey calls urban development a spatio-temporal fix that allows major capital investments via credits that 'create' fictive values of a continuous expansion of flows of fictive capital and the fetish-like belief that capital can automatically attribute value. The growth in the financial assets exceeds real economic growth and pulls investments out of the productive sector.

In recent decades, the run-away credit market, according to an OECD study, has created a situation where 'demand pressures stemming from financial deregulation may have translated into increases in house prices by some 30% in an average OECD country.'[25]

In Denmark, the Fogh administration boosted the housing bubble in 2003 by introducing both a property tax freeze and housing loans with no repayment required for a number of years.

Dereguleringen er et globalt fænomen med udvidelse af det private marked, frie pengestrømme, overstatslige finansielle institutioner og nye regler for samspil mellem gæld, kredit og penge m.v. Gæld som en flydende vare er en hovednøgle på jord- og ejendomsmarkedet.

David Harvey beskriver dette som en febertilstand. Den er opstået af udtørrede investeringsmuligheder for en kapital, der vokser eksponentielt – som renters rente – og nu har nået et punkt på kurven, hvor den bliver virkelig stejl, netop som mulighederne for investering af denne kapital bliver færre eller mindre attraktive. Byerne er i stigende grad, ikke mindst pga. jordens monopolkarakter, blevet steder for investering af denne kapital. "Kapitalismen producerer hele tiden merværdi, som urbaniseringen har brug for. Det modsatte gør sig også gældende. Kapitalismen har brug for urbanisering til at absorbere den merværdi, den hele tiden producerer. På den måde opstår en indre sammenhæng mellem udviklingen af kapitalismen og urbanisering".[23] Byen er på den måde både stedet for investering og for destruktion af kapital under kriser. World Economic Forum anslog i 2015, at der er et globalt årligt behov for at investere 4 billioner $ alene i infrastruktur.[24]

Harvey kalder i denne sammenhæng byudvikling for et rumligt, midlertidigt fix, som giver kapital mulighed for store investeringer via kreditter, der kan 'skabe' fiktive værdier af en kontinuerlig ekspansion af strømme af fiktiv kapital, og den fetichistiske tro på, at kapital automatisk kan tilføre værdi af egen kraft. Væksten i de finansielle aktiver er større end den reale økonomi og trækker investeringer ud af den produktive sektor.

I løbet af de sidste tiår har det løbske lånemarked, ifølge et studie fra OECD, skabt et "efterspørgselspres, der stammer fra finansiel deregulering, og som har sat sig igennem i stigninger i huspriserne med omkring 30% i gennemsnit i OECD-landene".[25]

Fogh-regeringen forstærkede boligbobleøkonomien med boligskattestop og afdragsfrie lån i 2003. Fra 2005 til 2008 gav Nationalbanken bankerne lov til at udbygge deres låneunderskud fra ca. 100 mia. kr. til 550 milliarder kroner. En stor del endte i byggerier, der kostede flere banker livet, staten mange penge og borgerne høje bidragssatser. Boligmarkedet blev hovedleverandør af varm luft til den gældsdrevne økonomi.

Højere priser på boliger skaber friværdi, der kan forvandles til lån. Bankerne forvandler lånernes gæld til penge, der flyder ud i samfundet. Mens banker tidligere lånte penge ud, de havde, låner de i dag penge ud, de ikke har. Flere penge = større ejendomsværdi = flere nye penge osv. Ifølge foreningen Gode Penge var der i Danmark i 2017 for 71 mia. kr. mønter og sedler. Det er de penge, Nationalbanken laver, og som står for 6% af den totale pengemængde. Oveni har bankerne lavet kontopenge for 1.185 mia. kr., som står på konti – hvem ved hvor?[26] Det er en

From 2005 to 2008, Denmark's national bank allowed the banks to expand their credit deficit from approx. DKK 100 billion to DKK 550 billion. Much of this wound up in construction projects that caused several banks to collapse, cost the state substantial sums and led to high contribution rates for homeowners with a mortgage. The housing market became the leading supplier of hot air for the debt-driven economy.

Growing housing prices generate equity, which in turn is transformed into cash loans. The banks turn the borrowers' debt into money that flows into society. While banks used to lend out the money they had, they are now lending money they do not. More money = rising property values = more new money and so on. According to the association Gode Penge (Good Money), Denmark had DKK 71 billion in banknotes and coins in 2017. That is the money the national bank issues, and which accounts for 6% of the total amount of money. In addition to that, the banks have generated DKK 1,185 billion in account funds placed in accounts – God knows where.[26] That is an inflation with an uneven geographic distribution which impacts the housing market and the stock market prices.

The growing volume and higher transaction frequency have given the banks a steady source of income. In interests and fees alone, the Danes paid the banks DKK 200 billion in 2014 after paying for several bailouts and feeling the effects of public budget cuts.[27] Interest payments and fees account for 10% of GNP. The healthcare sector, which allegedly is threatening the national economy, annually costs the state DKK 150 billion. Does that not call for a communal bank?

Increasingly, the housing market is taken over by capital from big actors. That is a global phenomenon. Saskia Sassen points to several disturbing trends. One is 'that worldwide real estate assets amount to US$217 trillion, according to Savill (one of the leading expert firms on real estate). This represents 60% of the value of all global assets, including equities, bonds and gold. And let's not forget that when a piece of real estate becomes an asset, it has been financialized – which opens up all kinds of possibilities to raise the property's value'.[28]

In 2012 the British investment fund Avignon Capital sold the building on 2 Amagertorv in Copenhagen for DKK 125 million. In spring 2016, the four-storey, 785-m^2 building was sold to a German investor with a price tag of DKK 200 million.[29] Sadolin & Albæk estimate that companies outside Denmark account for 50% of property investments in Copenhagen.[30]

Another disturbing indication Sassen mentions is that 'the top 100 cities – as ranked by level of property investment – account for 10 per cent of the world population, but 30 per cent of the world's GDP (its overall economic output) and 76 per cent of the world's property investment. So wealth is clearly being concentrated into a select group of urban areas.'[31]

ulige geografisk fordelt inflation, der slår ud på boligmarkedet og i aktiekurser.

Det voksende volumen og de hyppigere transaktioner har givet bankerne en sikker indtægtskilde. Alene i renter og gebyrer betalte danskerne i 2014 200 mia. kr. til bankerne, efter at de havde betalt for en stabel bankhjælpepakker og døjet med nedskæringer i de offentlige budgetter.[27] Renter og gebyrer svarer til 10% af BNP. Sundhedsvæsnet, som angiveligt er ved at vælte hele økonomien, koster årligt staten 150 mia. kr. Kalder det ikke på en samfundsbank?

Boligmarkedet bliver i stigende grad overtaget af de store aktørers kapital. Det er et globalt fænomen. Saskia Sassen peger på flere foruroligende tendenser. En er, at "globalt udgør fast ejendom 217 billioner dollars ifølge Savill (en af de førende virksomheder inden for rådgivning i handel med fast ejendom). Dette udgør 60% af værdien af alle globale aktiver, herunder aktier, obligationer og guld. Og lad os ikke glemme, at når en fast ejendom bliver et aktiv, er den blevet finansialiseret – hvilket åbner for alle muligheder for at øge ejendommens værdi."[28]

Fig. 7 FUREE i Downtown Brooklyn. I New York skyder beboerorganisationer op for at sikre beboernes ret til byen og undgå gentrificering. Foto: FUREE

I 2012 købte den engelske kapitalfond Avignon Capital Amagertorv 2 for 125 mil. kr. I foråret 2016 blev de 785 m^2 fordelt på fire etager solgt til en tysk investor for 200 mio. kr.[29] Sadolin & Albæk skønner, at udenlandske selskaber står for halvdelen af investeringerne i ejendomme i København.[30]

Et andet foruroligende tegn, Sassen nævner, er, at "top 100-byerne, rangeret efter investeringer i ejendomme, rummer 10% af verdens befolkning, men har 30% af verdens BNP og 76% af verdens investeringer i ejendomme. Formuer bliver klart koncentreret på en udvalgt gruppe af byer."[31]

Sassen taler om, at der bliver skabt en øget bymasse uden urbanitet. Megaprojekter "øger byens tæthed, men faktisk de-urbaniserer de byen – og fremhæver dermed den kendsgerning, der nemt kan overses i mange kommentarer om byer, tæthed er ikke nok for at have en by."[32]

Det er nye træk. Hendes konklusion er vigtig: "det nuværende omfang af tilegnelse af ejendomme udgør en systemisk omdannelse af mønstret for ejerskabet af byerne, der samtidig ændrer den historiske mening med byen. Sådanne forandringer har dybe og tydelige konsekvenser for retfærdigheden, demokratiet og rettighederne."[33]

Den globaliserede økonomiske magt og finansialiseringen af ejendoms- og kreditmarkedet har på en ny måde rejst

Fig. 7 FUREE in Downtown Brooklyn. In New York local community organizations are being formed to secure the rights of local residents and prevent gentrification. Photo: FUREE

Sassen talks about a growing amount of urban areas without urbanity. Mega-projects 'raise the density of the city, but they actually de-urbanize it – and thereby bring to the fore the fact, easily overlooked in much commentary about cities, that density is not enough to have a city.'[32]

These are novel features. Her conclusion is important: 'at the current scale of acquisitions, we are seeing a systemic transformation in the pattern of land ownership in cities: one that alters the historic meaning of the city. Such a transformation has deep and significant implications for equity, democracy and rights.'[33]

In a new way, the globalized economic power and the financialization of the property and credit markets have raised the issue of *power over territory* or the *democratic power of place* on a neighbourhood-, municipal and regional level.

During the 1960s, Bologna established a local democracy, where local neighbourhood councils were allocated resources and staff from the municipality. In 2013, under the headline 'The City as a Commons', the city council passed a 'Regulation on collaboration between citizens and the city for the care and regeneration of urban commons.'[34]

In Bologna, this is regarded as a radical shift in the perception of the city, from something that should be administrated by politicians and city officials to something that is full of resources in the

Fig. 8 Bronx Coalition for a Community Visions protest mod bystyrets rezoning plan for området langs Jerome Avenue i 2017. Beboerne og små virksomheder kæmper for en en helhedsløsning, hvor de selv har formuleret problemer og løsninger. Foto: CASA

spørgsmålet om *magten over territoriet* eller *stedets demokratiske magt* på kvarter-, kommune- og regionalt niveau.

Bologna etablerede i 1960'erne et lokalt demokrati, hvor kvarterråd fik tildelt allokerede ressourcer og personale fra kommune. I 2013 vedtog bystyret under mottoet "Bologna er samarbejde" et *Charter for samarbejde mellem borgerne og byen for omsorg og genopbygning af de urbane fælles gode.*[34]

I Bologna ser de det som et radikalt skifte i opfattelsen af byen, fra noget, der skal administreres af politikere og embedsmænd, til at forstå byen som fuld af ressourcer i form af økosystemer af borgere samt dens kulturelle og materielle historie.[35] Sheila Foster fra Fordham University i NYC samt Christian Iaione fra LabGov i Rom, der har inspireret initiativet, taler for et paradigmeskift, hvor "Impulsen bag opfattelsen af *byen som fælles* retter sig mod at ændre byens demokratiske og økonomiske måde at fungere på. Denne forandring er nødvendig, ikke blot for at skabe en by, der virker bedre i forhold til alle borgernes behov, men for at imødekomme tendensen i retning af en massiv urbanisering og den realitet, at byer er ved at blive centret for det politiske liv."[36]

Forenklet sagt: Borgerne kan agere i polycentriske demokratiske strukturer af by-rettigheder. Politikerne ændrer deres rolle fra at være 'borgernes repræsentant' til at være managers af samarbejdende institutionelle økosystemer, og embedsmænd

form of ecosystems of citizens and of cultural and material history.[35] Sheila Foster from Fordham University in New York and Christian Iaione from LabGov in Rome, who inspired this initiative, speak of a *paradigm shift*, where 'The core impetus to conceive of the city as a commons aims at changing the democratic and economic functioning of the city. This change is necessary not only to create a city that better functions according to the needs of all of its citizens, but also to acknowledge the trend towards massive urbanization and the reality that cities are becoming the center of political life.'[36]

More simply put: citizens can act in polycentric democratic structures of city rights, politicians go from being 'representatives of the citizens' to being managers of cooperating institutional ecosystems, and officials become urban gardeners and the assistants to the citizens in a process that generates new concepts for the care and development of the city as common property. As Christian Iaione and Sheila Foster write, this 'implies that citizens are willing to act for the general interest – to be *a city-maker* rather than just *a city-user*.'[37]

The City of Copenhagen has 12 local committees with minimal resources and a limited mandate. Why not form neighbourhood

Fig. 8 Bronx Coalition for a Community Vision's protest against the City Council's rezoning plan for the area along Jerome Avenue in 2017. Local residents and businesses advocate a holistic solution based on their own articulation of problems and solutions. Photo: CASA

councils with decision-making power, a budget and a staff to take charge of neighbourhood development? There are many experiences from the, sadly, far too short-term urban regeneration initiatives that can be translated into a permanent local-democracy condition where the citizens can get involved in the long-term perspective rather than being participants in a short-term process.

The neighbourhoods are where the city is concrete, and the city is where society is concrete. When citizens bring their knowledge and creativity into play, it becomes possible to generate other solutions and priorities, based on the possibilities and needs in the context. A neighbourhood-based organization of the municipality's many activities, administrations and professions will be more agile and sensitive in relation to priorities and the use of municipal resources.

Dormant potentials can be realized if the conditions are right. In the local neighbourhoods they are able to organize and come together in new ways as actors in a rolling local planning process that combines action, resources and needs. Constantly generating and meeting new needs in a democratic culture. In Barcelona, the *collective intelligence* is an essential factor in the development of solutions. The sum will be a cumulative process that can be supported but not generated politically in a single centre.

The communally created local values must remain communal property rather than being capitalized via the real estate market.

bliver byens gartnere og borgernes medhjælpere i en proces, der skaber nye koncepter for udvikling og pleje af byen som fælles ejendom. Som Christian Iaione og Sheila Foster skriver, "forudsætter det, at borgerne er villige til at agere for de generelle interesser som *by-skabere* fremfor blot *by-brugere*."[37]

Københavns Kommune har 12 lokaludvalg med minimale ressourcer og lille kompetence. Hvorfor ikke danne kvarterråd med beslutningskraft, økonomi og personale, der kan stå for kvarterernes udvikling? Der er mange erfaringer fra de desværre alt for tidsbegrænsede kvarterløft, der kan overføres til en permanent nærdemokratisk tilstand, hvor borgerne kan investere sig i det lange perspektiv frem for at være deltagere i et afgrænset, midlertidigt forløb.

Det er i kvartererne, at byen er konkret, og det er i byen, at samfundet er konkret. Ved at borgerne bringer deres viden og skaberglæde i spil, kan der laves andre løsninger og prioriteringer ud fra kontekstens muligheder og behov. En kvarterbaseret organisering af kommunens mange aktiviteter, forvaltninger og fag vil være mere smidig og mere følsom i forhold til prioriteringer og udnyttelsen af de kommunale ressourcer.

De slumrende potentialer kan udfolde sig, hvis betingelserne er der. I kvartererne kan de organisere sig og samle sig på nye måder som aktører i en rullende kvarterplanlægning, der forener handling, ressourcer og behov. Hele tiden nye behov, der dannes og opfyldes i en demokratisk kultur. I Barcelona er *den kollektive intelligens* essentiel i udviklingen af løsninger. Summen vil være en akkumulerende proces, der kan understøtte, men ikke skabes politisk i ét center.

Kvarterernes samfundsskabte værdier må forblive fælles ejendom, frem for at blive kapitaliseret via ejendomsmarkedet. Staten må give love, så kommunen kan beskatte realiserede værdistigninger eller måske købssummen ved handel. Et andet træk ville være at give kommunerne retten til at udskrive skatter på flere felter og i et omfang, som bystyret kan beslutte, hvis borgeren ønsker flere fælles løsninger. Hvorfor skal staten bestemme det? Siden 2016 har f.eks. Vancouver beskattet udenlandske opkøb af boliger med 15%.

ENTRECÔTEN

Et fjerde neoliberalt greb er *ikke-planlægning*. Det lykkedes for Schlüterregeringerne at afvikle helhedsplanlægningen af hovedstadsregionen. Hovedstadsrådet (HR) var oprettet i 1974 for at tage sig af udviklingen af hovedstadsregionen, der bestod af Københavns og Frederiksberg Kommuner samt Københavns, Frederiksborg og Roskilde Amt. HR stod for regionplanlægning, kollektiv trafik, miljø, forsyning og landbrug m.v. Det var en relativt stærk organisation med svagheder. En af dem var, at medlemmerne kun var indirekte valgt. En anden, at rådet ikke selv kunne udskrive skatter.

The state needs to legislate to allow the city to tax realized value increases or perhaps the purchase sum when property is traded. Another possibility would be to give the municipality the right to levy taxes in additional areas, thus leaving it up to the discretion of the City Council if the citizens want more communal solutions. Why should that be up to the state? Since 2016, for example, Vancouver has added a 15% tax when foreigners buy flats or houses in the city.

THE ENTRECÔTE

A fourth neo-liberal move is *non-planning.* In Denmark, the Schlüter administrations succeeded in abolishing holistic planning for the greater Copenhagen region. Hovedstadsrådet (HR, the Greater Copenhagen Council) was founded in 1974 and charged with the development of the region consisting of the Cities of Copenhagen and Frederiksberg and the Counties of Copenhagen, Frederiksborg and Roskilde. HR was in charge of regional planning, public transport, environment, utilities, agriculture and so forth. It was a fairly strong organization, although it had its weaknesses. One weakness was that the members were only elected indirectly. Another was that the council could not levy its own taxes.

In 1989, the Schlüter administration closed down the HR. In political and planning terms, the City of Copenhagen was carved out of the regional context, like an entrecôte. The region was split into three counties and the Cities of Copenhagen and Frederiksberg. That gave the state freer reins to reshape central Copenhagen to be ready for the interregional competition with Hamburg, Berlin and Stockholm. The centre of power had shifted.

The idea of achieving coherence via planning was not a neo-liberal brainchild. In the United Kingdom, the Conservative Margaret Thatcher administration passed the white book *Streamlining the Cities* in 1983, which lead to the abolition of the Greater London Council in 1986. There was a fundamental dislike of planning. As Thatcher put it in her typical style: 'We must take away the burden of planning'. Planning was seen as interfering with free enterprise. To quote Prime Minister Thatcher again: 'There is no such thing as society'. The new virtues were an international trend that hit the Copenhagen region in the form of *fragmentation and strategies for* '*better conditions for companies*', '*branding*' and '*urban competition*'.

A new regional council, the Greater Copenhagen Authority (HUR), was established in 2000 at the initiative of the new Social Democratic administration. This council too, which lasted for a brief period, consisted of politically appointed members who were responsible for coordinated regional and traffic planning, public transport, business development, tourism and culture.

With the municipal reform in 2007, the Fogh administration dismantled HUR. Instead the country was now divided into five

I 1989 nedlagde Schlüter-regeringen Hovedstadsrådet. Københavns Kommune blev politisk og planlægningsmæssigt skåret ud af den regionale sammenhæng som en entrecôte. Regionen blev splittet op i tre amter samt Københavns og Frederiksbergs Kommuner. Staten havde nu friere hænder til at omskabe det centrale København til den interregionale konkurrence med Hamborg, Berlin og Stockholm. Magtcentret var flyttet.

Ideen om at skabe sammenhæng via planlægning var jo heller ikke groet i den neoliberale have. I Storbritannien vedtog den konservative Margaret Thatcher-regering i 1983 hvidbogen *Streamlining the Cities*, som førte til, at Greater London Council blev nedlagt i 1986. Fundamentalt var man imod planlægning. Som Thatcher typisk udtrykte det: "We must take away the burden of planning". Planlægning blev set som et indgreb i det frie initiativ, for som hun sagde: "There is no such thing as society". De nye dyder var en international trend, der ramte hovedstadsregionen som *fragmentering og strategier for bedre rammevilkår for virksomheder*, *branding* og *bykonkurrence*.

Et nyt hovedstadsråd genopstod i 2000 for en kort periode som Hovedstadens Udviklingsråd (HUR) på initiativ af den socialdemokratiske regering. Også dette råd bestod af politisk udpegede medlemmer med ansvar for den koordinerende region- og trafikplanlægning, kollektiv trafik, erhvervsudvikling, turisme og kultur.

Med kommunalreformen i 2007 nedlagde Fogh-regeringen HUR. I stedet blev landet nu delt i fem regioner med folkevalgte regionsråd, der reelt ikke tager sig af byudvikling på det regionale niveau, men sygehuse og sundhed. Den demokratiske dimension blev styrket, mens beslutningsmagten – det, der kunne besluttes – blev meget begrænset. Frygten for én dominerende Region Sjælland førte til en kunstig deling af Sjælland i en Region Sjælland og en Region Hovedstaden.

Region Hovedstaden med 34 kommuner (inkl. Bornholm samt seks kommuner fra Region Sjælland) fik en speciel ordning i forhold til det øvrige land. Her tog staten selv ansvaret for 'helhedsplanlægningen' af det mest komplekse og intense byområde i Danmark. I dette planlette rum konkurrerer kommunerne indbyrdes om investeringer og forhandler hver især deres ønsker om mere byzoneudlæg med ministeriet. Det er ikke en proces i et demokratisk forum.

Nu står Erhvervs- og Vækstministeriet for Fingerplanen. Som et ekko af Thatcher sagde daværende minister, Troels Lund Poulsen, i 2016 ved igangsætningen af den næste revision: "En ny analyse skal se på, hvad der står i vejen for vækst og udvikling."

Den seneste Fingerplan 2013, der blev udarbejdet i Miljøministeriet, er et landsplandirektiv, som primært er en zoneplan med by- og fritidsområder. Selvom intentionen i fingerplanen hidtil har været, at erhverv skal lokaliseres ud fra princippet om stationsnærhed, er under halvdelen af alt nyt erhvervsbyggeri opført stationsnært. I omegnskommunerne er det under en

regions with popularly elected Regional Councils, which do not really deal with urban development at a regional level but with hospitals and healthcare. The democratic dimension was strengthened, while the mandate became very limited. The fear of one dominant Region Zealand led to an artificial break-up of Zealand into a Region Zealand and the Capital Region of Denmark.

The Capital Region of Denmark, which includes 34 municipalities (incl. the island of Bornholm and six municipalities from Region Zealand), was given a special status in comparison with the rest of Denmark. Here, the state took charge of the overall planning of the most complex and intense urban area in Denmark. In this area, with its bare-bones planning structure, the municipalities compete for investments, and they each negotiate their desires for additional urban zones with the ministry. This is not a process unfolding in a democratic forum.

Now, the Ministry of Industry, Business and Financial Affairs is in charge of the Finger Plan. Echoing Mrs. Thatcher, the then minister Troels Lund Poulsen said in 2016, when the next revision was initiated, 'The new analysis is to identify the barriers to growth and development.'

The latest Finger Plan, which was drawn up by the Ministry of Environment in 2013, is a National Planning Directive, which is primarily a zoning plan defining urban and recreational areas. Although the intention of the Finger Plan so far has been to localize businesses based on the principle of proximity to train and light-rail stations, less than half of new commercial construction is in fact close to stations. In the outer-ring boroughs, it is less than a third. And while new buildings keep going up, the existing commercial areas in the Capital Region have about 1.8 million m^2 vacant commercial space.[38] The consequence of urban sprawl away from rail stations is more car-based commuting.

'*Non-planning*' or anti-planning has also been a popular mantra among young urban planners and developers, who prefer the fluid state and boldly declare that *the master plan is dead*! Given the experiences from technocratic and formal planning processes, that is an understandable slogan. The problem with anti-planning – even if it does allow for a more dynamic urban development process and charming little pop-ups – is that it gives developers greater latitude, and that the democratic holistic development of urban areas and communities is weakened or abandoned.

This fragmentation drives up exchange values in the market of urban development and architecture. By contrast, planning and democratization as deliberate processes with well-organized citizen groups can promote societal use-values.

The dismantling of large-scale planning and democratic forums has left Zealand and Copenhagen's western suburbs as areas with weak democratic power. Since Zealand has been defined as a single urbanized territory with one labour market, one housing

tredjedel. Og samtidig med at der bygges nyt, er der i de eksisterende erhvervsområder i Region Hovedstaden 1,8 mio. m^2 ledige lokaler til erhverv.[38] Konsekvensen af den stationsløse byspredning er mere bilbaseret pendling.

Ikke-planlægning eller anti-planlægning, har også været et populært mantra blandt unge planlæggere og byudviklere, der foretrækker den flydende tilstand og bramfrit erklærer: Masterplanen er død! Med erfaringerne fra den teknokratiske og formelle planlægning er det for så vidt et forståeligt slogan. Problemet med anti-planlægningen – selvom det kan åbne for en mere dynamisk byudviklingsproces og små sjove pop-ups – er, at der bliver mere frit spil for developere, samtidig med at den demokratiske, helhedsorienterede udvikling af bysamfundet bliver svækket eller helt går tabt.

Fragmenteringen fremmer bytteværdier på byudviklingen og arkitekturens marked. Planlægning og demokratisering som bevidste processer kan, med velorganiserede borgere, derimod fremme de samfundsmæssige brugsværdier.

Afmonteringen af den store skala i planlægning og de demokratiske fora har efterladt Sjælland og Københavns vestegn som demokratisk set magtsvage rum. Når nu Sjælland er ét sammenhængende, urbaniseret territorium med ét arbejdsmarked, ét boligmarked og én infrastruktur i et landskab af sammenhængende økosystemer, kan vi også tale om *Byen Sjælland.*

Kalder netop de systemiske udfordringer med ulighed, ujævn geografisk udvikling, landbrug i krise, social ulighed, strukturelle problemer, pressede økosystemer, havstigninger m.v. ikke på en 'Plan Sjælland'? En plan, der bliver udarbejdet i demokratiske fora med et holistisk blik på Byen Sjælland, og som kan udskrive skatter, allokere ressourcer og fordele magt.

CENTRALITET OG ØKOURBANISERING

Endelig som et femte fænomen: Både *center og periferi bliver fragmenteret og gjort til vedhæng til den globale økonomi og arbejdsdeling.* Det meste er periferi. Og hvilket center referer periferien til?

Nu går København i højden, udad i sundet og indad som fortætning. Hidtil har højhuse været undtagelsen i København. Nu melder den globale skyline sig. I foråret 2016 var der 44 højhuse på vej. Flere af dem er allerede bygget. I Bohrs Tårn, 'Byens nye vartegn' i Carlsberg Byen, kan den nyindflyttede sky-pioner fra sin 16 mio. kroners penthouse i 'kvarteret med sjæl' se ned på de

Fig. 9 Bohrs Tårn, Carlsberg Byen, København. Foto: Ramblersen/Wikimedia

Fig. 9 Bohr's Tower, Carlsberg, Copenhagen. Photo: Ramblersen/Wikimedia

arme sjæle på gårdtur i Vestre Fængsel, eftertænksomt betragte blomsterlæggerne på Vestre Kirkegaard eller lutre sin egen sjæl ved synet af de legende dyr i Zoologisk Have.

En begrundelse for højhusene er, at der mangler plads. Sådan ser det ud set fra Københavns Kommune. Men i den store skala er der masser af plads på Vestegnen og det øvrige Sjælland. En satsning af de samme ressourcer på udviklingen af en ny bystruktur her ville løfte en større helhed.

Statens centralistiske satsning på København er sket i skyggen af en tragisk version af 'lad falde, hvad ikke kan stå', der har ramt Vestsjælland og Lolland-Falster – også kaldet Udkantsdanmark og Vandkantsdanmark. Skæbnen vil, at kanten også vil ramme København selv. Stormfloder rammer jævnligt kysterne. Nogle gange er de voldsomme. I november 1872 steg vandet i Østersøen med 3,3 meter og forvandlede dele af Lolland-Falster, Sjælland og Amager til sunkne samfund. Det var en såkaldt tusindårsstorm, som der har været otte af siden år 1000 med en vandstigning på over 2,9 meter.

En gruppe tunge klimaforskere anser det for sandsynligt, at vandstanden i havene vil stige med flere meter inden for 100 til 150 år.[39] Og det vil fortsætte. I august 2018 offentliggjorde en anden gruppe forskere en artikel i tidsskriftet *Proceedings of the National Academy of Sciences* med et voldsommere scenarie, hvor havvandet kunne stige med 10-60 meter i løbet af nogle hundrede år. Når klodens temperatur stiger med to grader, vil der begynde en dominoeffekt. Vi ved ikke, hvor meget eller hvor hurtigt havvandet vil stige, men vi ved, at det vil ske. Byudvikling i den skala, det foregår nu i det lave København, må have en tidshorisont på flere hundrede år. Hvorfor planlægges der så kun med et tidsperspektiv frem til 2117?

Når vandet stiger, og digerne bliver højere og højere, hvordan vil ejendomsmæglernes slogan 'vand sælger' så komme til at lyde? Hvor bygger smart cities? COWI har for Realdania beregnet følgeskaderne ved en vandstigning på 0,9 meter frem til 2117 i 48 kystbyer med over 10.000 indbyggere. Den årlige risiko vil være 43 mia. kr.[40] En havstigning på 1,3 meter vil mere end fordoble risikoen.

Det store spørgsmål er, hvordan agerer vi i forhold til en så stor usikkerhed? Hvis vi håndhæver forsigtighedsprincippet, melder spørgsmålene sig: Hvorfor byudvikle på Aarhus havn og andre havnearealer i Danmark? Skal Nordhavn gives tilbage til havet? I tide må vi begynde at tale om *byafvikling*.

Et andet argument for den hurtige udfyldning af Københavns Kommune er nødvendigheden af ét stærkt center, *centralitet* som *centralisme*, som en forudsætning for byen som *vækstlokomotiv* og den *kritiske masse*. Men ophobningen i byen i de sidste par hundrede år har ikke været drevet af subtile ønsker om tæthed og 'kritisk masse' for at skabe bylivsrelationer.

market and one infrastructure in a landscape of interconnected ecosystems, we may speak of the *City of Zealand.*

Do the systemic challenges of inequality, geographically uneven development, agriculture in crisis, social inequality, structural problems, ecosystems under pressure, seawater rising and so forth not call for a 'Zealand Plan'? A plan developed in democratic forums with a holistic take on the City of Zealand, with the mandate to levy taxes, allocate resources and distribute power.

CENTRALITY AND ECO-URBANIZATION

A fifth and final phenomenon: *both centre and periphery are fragmented and turned into appendages to the global economy and division of labour.* The periphery is the biggest part. And what centre does the periphery refer to?

Now Copenhagen is climbing upwards, outwards into the sound and inwards in the form of densification. Until now, high-rise architecture has been the exception in Copenhagen. Now, the global skyline is emerging. By spring 2016, 44 high-rises were in the pipeline. Several have already been built. In Bohr's Tower, 'the city's new landmark' in Carlsberg Byen (Carlsberg Town), the sky pioneers who recently moved into their DKK 16 million penthouse in this 'neighbourhood with soul' can look down upon the poor souls out for exercise in Vestre Fængsel (Western Prison), reflectively gaze on the plantings on Vestre Kirkegaard (Western Cemetery) or feel their spirits lifted by looking at animals at play in the Copenhagen Zoo.

One justification for the high-rises is that Copenhagen needs space. That is the view at City Hall. But on a larger scale, there is plenty of room in the western suburbs and on the rest of Zealand. An allocation of similar resources to the development of a new urban structure here would have elevated the greater whole.

The state's centralist focus on Copenhagen is accompanied by a tragic decision to abandon the rural areas of western Zealand and the islands of Lolland-Falster, marginalized communities at the water's edge. But Copenhagen too is close to the edge and exposed to recurring floods. Sometimes powerful ones. In November 1872, the water level in the Baltic Sea rose by 3.3 m, putting parts of Lolland-Falster, Zealand and Amager under water. The event was a so-called thousand-year storm, with more than 2.9-metre rise in water levels, of which there have been eight since the year 1000.

A group of leading climate scientists consider it likely that sea levels are going to rise by several metres within the next 100 to 150 years.[39] And that development is going to continue. In August 2018, another group of scientists published an article in *Proceedings of the National Academy of Sciences* with an even more devastating scenario, with sea levels rising by 10–60 metres over a few hundred years. A two-degree Celsius rise in global temperatures will trigger a domino effect. We do not know by how

Drivkraften bag den kritiske masse var drevet af investorer, der spekulerede i, at centreret og intensiv udnyttelse giver de højeste jordrenter til kapital investeret i ejendomme. Den første bølge var brokvartererne i 1800-tallet og 1900-tallets begyndelse. I 1960-70'erne fulgte den næste kapitalindsprøjtning med byspredning ud over forstæderne. Tredje bølge surfer vi på nu igennem Københavns Havn og ud over Amager Fælled på inddæmmede og opfyldte arealer samt gamle lossepladser. Planlæggere, arkitekter og byudviklere har formgivet denne ideelle 'tætte urbanitet' og har raffineret den som form, æstetik, kultur, ideologi og løfter om liveability.

Et brud med centralismen trænger sig på sammen med et paradigmeskift i opfattelsen af *menneske–urbanisering–natur* og deres indbyrdes relationer baseret på en indsigt i samfund/natur som en integreret relation.

Fingerplan 1947's centralistiske form matcher ikke længere de faktiske regionale bystrukturer, hvor centraliseringen af politisk, økonomisk og symbolsk magt i København fortsætter sammen med byspredningen udenfor. Det modsatte af *centralisme* er centralitet. Som geografen Andy Merrifield udtrykker det: "Centralitet må sprænge centralisering i stykker".[41] Centralitet betyder ikke et center af ting, men er en tilstand. Merrifield mener, at centralitet skal "opfattes som et sted af handlinger, der tiltrækker og afviser, som strukturerer og organiserer et socialt rum, der definerer det urbane". Centralitet er aldrig stationær, men befinder sig i en tilstand af konstant mobilitet, omgruppering og forhandling som samtidige og forbundne globale og lokale net. Denne form for centralitet kan "frembringe en ny demokratisk logik og strategi".

Der er brug for en *sammensyning af helheden og denne form for centralitet frem for fragmentering af oplandet og centralisme.* Vi kan forstå et urbaniseret Sjælland som ét økourbant net vævet sammen af eksisterende bysamfund, infrastruktur og landskaber. Det vil være et brud med de gamle delinger by/land, by/landzone og center/periferi.

Vestegnens og det øvrige Sjælland kan blive revitaliseret som et økourbant landskab via planlægning, investeringer og demokratiske strukturer. Man kan godt se det for sig. Et relativt fintmasket økourbant væv af biotoper – forskelligt tonede af bosættelser, produktion, skov, søer og dyrkning – fra Storebælts kyst ud over Sjælland, igennem Vestegnen og til andre biotoper på Amager. Hvor Øresund møder København, kunne der opstå kantbiotoper af byen og sundets økosystemer, frirum for københavnerne, rekreation, produktion af føde samt natur i sin egen ret.

Ebenezer Howards garden city – 'den sociale by' – var et forsøg på at tænke byen som noget tredje ved at ophæve den tætte by og landet, og tage det bedste fra begge verdener. Det er

much or how fast sea levels are going to rise, but we know that it is going to happen. Urban development on the scale we are currently seeing in low-lying Copenhagen has to have a horizon of several hundred years. Why, then, do the plans only go to 2117?

When water levels rise, and dykes get higher and higher, how is the real estate agents' slogan of '*water sells*' going to sound? Where do smart cities build? In a study commissioned by Realdania, COWI calculated the consequential damages of a 0.9-metre rise in water level by 2117 in 48 coastal cities with more than 10,000 inhabitants. The annual risk amounts to approximately DKK 43 billion.[40] A sea level increase of 1.3 m more than doubles that risk.

The big question is how to deal with this level of uncertainty? If we opt for a cautious approach, we have to ask, why place urban development in Aarhus harbour and other harbour-front areas in Denmark? Should we give Nordhavn back to the sea? While there is still time, we need to talk about *urban dismantling*.

Another argument for the rapid population build-up of Copenhagen is the need for a single, powerful centre, *centrality* as in *centralism*, as a condition for the city's role as a *growth engine* with *critical mass*. But the build-up of the city over the past couple of centuries has not been driven by subtle ambitions of density and *critical mass* as means of creating urban life relations.

The driving force behind the 'critical mass' was investors who speculated that centralized and intensive usage would provide the biggest returns on investments in land and property. The first wave was the areas just outside the city walls from the mid-18th century into the early 20th century. During the 1960s and 70s came the next infusion of venture capital, and the urban sprawl continued into the suburbs. The third wave is the one we are currently riding, as it moves through Copenhagen Harbour and into Amager Fælled on reclamation ground and former dumping grounds. Planners, architects and urban developers have designed this ideal 'dense urbanity' and refined it in terms of form, aesthetics, culture, ideology and promises of liveability.

A departure from centralism is becoming more urgent along with a shift in paradigm in the perception of *man–urbanization–nature* and their mutual relations, based on insight into society/nature as an integrated relationship.

The centralist form of the 1947 Finger Plan no longer matches the actual regional urban structures, where the centralization of political, economic and symbolic power in Copenhagen continues along with the urban sprawl outside the city. The opposite of centralization is centrality. To quote the geographer Andy Merrifield, 'Centrality must blow centralization asunder'.[41] Centrality does not mean the centre of things but a state or condition. Merrifield argues that centrality 'should be thought of as a locus of actions that attract and repel, that structure and organize a social space,

også værd, med kritisk sans, at følge de fodspor, Patrick Geddes, Robert E. Parks, Louis Wirth og Lewis Mumford satte, idet de udvidede byernes analyseperspektiv med flora og fauna, stofskiftesystemer, demokratisk samkvem, teknologiske platforme og innovation, der kalder på økologer, håndværkere, gartnere, energiingeniører, kunstnere og alle de andre kompetencer, der er omkring os, og satte dem i spil.

Et eksempel: Trods den store interesse for mad og produktionen af den findes ord som 'føde', 'dyrkning' eller 'mad' ikke i Fingerplan 2013, hvis ene hæfte ellers hedder *En plan med grønne fingre*. Produktionen af føde var et tema i Fingerplan 1947. Planlæggerne konstaterede, at "Ikke mindre end 80% af hovedstadens forbrug af grønt er leveret fra gartnerier i byens nærmeste omegn. Egnsplankontoret har taget ansvar for at belyse de særlige hensyn, der kunne være at tage til denne produktionsgren, og som ikke hidtil har været placeret i byplanlægningen."[42]

Hvorfor ikke gribe denne bold med en målsætning om, at i 2030 skal 70% af al den føde, der bliver konsumeret i Byen Sjælland, også være produceret her? Sådan et mål kan katalysere en tiltrængt dyb omstrukturering af landbruget og bidrage til udvikling af nye produktions- og bystrukturer samt generere nye behov, værdier og meninger. Sjællands socioøkologiske samfund kan året rundt sætte fisk, skaldyr, gulerødder, æbler, bøffer, bær og oste på vores daglige borde.

Dette er ikke en opfordring til, at vi skal 'tilbage til landet', men som Lefebvre formulerer det: *en stræben mod det urbane samfunds horisont.*

***

De vilkår og understrømme, jeg har skitseret, spiller sammen og forstærker hinanden. Opdriften i jord- og boligpriserne fremmer segregation samt presser både samfundets og borgernes økonomi. Den fraværende planlægning af hovedstadsregionen og Sjælland fremmer ujævn udvikling og øger presset på København samt fastholder en forældet centralistisk bystruktur. Byudvikling i udviklingsselskaber som By & Havn og Carlsberg Byen samt den tiltagende finansialisering af byerne afkobler borgerne demokratisk på flere niveauer. Matcher den måde, by- og samfundsudvikling foregår på, udfordringen fra den globale finansielle sektors kræfter og værdier?

Det er en ny situation, der radikalt har ændret spillet om byudviklingen, uden at staten og kommunerne har ændret deres spilleregler. Statens stramme styring af kommunernes økonomi og handlingsrum i konkurrencestatens perspektiv samt den globale koncentration af økonomisk magt har efterladt kommunerne i et relativt magttomt rum. Som jeg konkluderer i bogen *Byer i Opbrud*: "Magten siver ud af byernes og kommunernes

that define the urban.' Centrality is never stationary but exists in a state of constant mobility, regrouping and negotiation, as contemporaneous and interconnected global and local nets. This form of centrality may 'give birth to a new democratic logic and strategy.'

We need a *stitching together of the larger whole and this form of centrality rather than centralization and the resulting fragmentation of the surrounding area.* We may understand an urbanized Zealand as a single eco-urban net woven of existing urban communities, infrastructure and landscapes. It would mark a departure from the old distinctions of urban/rural, city/agricultural zone and centre/periphery.

The western suburbs around Copenhagen and the rest of Zealand may be revitalized as an eco-urban landscape via planning, investments and democratic structures. That paints an image. A fairly fine eco-urban weave of biotopes – with a varying distribution of settlements, production, woodlands, lakes and farmland – from the Great Belt coast across Zealand, across the western suburbs and on to other biotopes on the island of Amager. Where Copenhagen meets the Sound, edge biotopes could emerge, between urban and marine ecosystems, open space for the Copenhageners, recreation, food production and nature in its own right.

Ebenezer Howard's garden city – 'the social city' – was an attempt at creating a third urban form by dismantling the dense city and the countryside and taking the best from both worlds. While maintaining a critical eye, it is also worthwhile to follow in the footprints that Patric Geddes, Robert E. Parks, Louis Wirths and Lewis Mumford left behind as they expanded the analytical urban perspective with flora and fauna, metabolic systems, democratic interactions, technological platforms and innovation, calling for ecologists, artisans, builders, gardeners, energy engineers, artists and all the other competences around us and put them into play.

An example: despite the keen interest in food and its production, words like *food* or *growing* do not figure in the 2013 Finger Plan, even though one of the sections is titled '*En plan med grønne fingre*' (literally, 'A plan with green fingers'). Food production was a topic in the 1947 Finger Plan. The planners concluded that 'No less than 80% of Copenhagen's consumption of greens comes from market gardens in the city's immediate environs. The regional planning office has taken it upon itself to examine the special consideration it would be relevant to give to this branch of production, which has not so far been included in city planning.'[42]

Why not seize this idea with an ambition that by 2030, 70% of all the food consumed in the City of Zealand is also produced here? That sort of goal may act as a catalyst for a much-needed deep restructuring of agriculture, contribute to the development of new production and urban structures and generate new needs, values and meanings. All year round, Zealand's socio-ecological community has the capacity to put fish, shellfish, carrots, apples, steaks, berries and cheese on our daily dinner table.

demokratiske rum i en situation, hvor netop behovet for borgernes selvbestemmelse over deres territorium nok aldrig har været større."[43]

Nogle af de essentielle spørgsmål, der er på bordet – som en reaktion på markedsøkonomiens dominans og neoliberaliseringen – er: *retten til byen*, *retten til det samfundsskabte*, *retten til jorden*, *retten og magten over stedet*, *retten til brugsværdibaseret planlægning* samt til *økourbanisering og centralitet.*

Peter Schultz Jørgensen er uddannet arkitekt og byplanlægger og skriver om byer og urbane bevægelser.

This is not a call for a 'return to the countryside' but rather, as described by Lefebvre, *a striving towards the horizon of the urban society.*

***

The conditions and undercurrents I have outlined interact and reinforce each other. The rise in land and housing prices promotes segregation and acts as an economic pressure on society at large as well as the individual citizens. The lack of planning of the capital region and Zealand promotes uneven development, adds to the pressure on Copenhagen and preserves an obsolete centralist urban structure. Urban development in development corporations such as CPH City & Port Development and in Carlsberg Byen as well as the growing financialization of the cities disenfranchises the citizens' democratic influence on several levels. Does the current urban and societal development process match the challenge of the global financial sector's forces and values?

We find ourselves in a new situation that has radically altered the conditions of urban development, without the state and the municipalities altering their rules. The state maintains tight control over the municipalities' economic conditions and their latitude in the competition state and this, combined with the global concentration of economic power, has left the municipalities in something close to a power vacuum. As I conclude in the book *Byer i Opbrud* (Changing cities): 'The power is seeping out of the cities' and the municipalities' democratic scope in a situation where the need for citizens' self-determination of their territory has probably never been greater.'[43]

Some of the essential questions we are facing – as a reaction to the dominance of the market economy and neo-liberalism – are *the right to the city, the right to what is created communally, the right to the land, the right to the place, the right to planning based on utility value* and *eco-urbanization and centrality.*

Peter Schultz Jørgensen trained as an architect and urban planner and writes about cities and urban movements.

The article is translated from Danish.

1 Københavns Kommune: *Bylivsregnskab 2015.*
2 Københavns Kommuneplan 2015 – Den Sammenhængende By. Side 66 og 67.
3 Rigsrevisionen (1997). Beretning om oprettelsen og driften af Ejendomsselskabet TOR I/S. http://webarkiv.ft.dk/BAGGRUND/statsrev/1596.htm#IV
4 Københavns Kommune – Årsrapport 2017.
5 http://www.byoghavn.dk/ombyoghavn/vision+og+-mission/grundlag.aspx
6 David Harvey (2012): *Rebel Cities*. Verso. Side 80 og 78.
7 David Harvey (2012): *Rebel Cities*. Verso. Side 4.
8 Plataforma de Afectados por la Hipoteca. https://pahbarcelona.org/
9 I min bog *Byer i Opbrud – om det anti-fælles, det fælles og det næste samfund*, forlaget Bogværket 2017, bliver udviklingen i Barcelona beskrevet mere udførligt i et selvstændigt kapitel.
10 15-M Bevægelsen (Movimiento 15-M) fik sit navn efter de første besættelser af pladser i Spanien 15. maj 2011.
11 www.theguardian.com/cities/2016/oct/20/habitat-3-right-city-concrete-policies-ada-colau
12 Boligøkonomisk Videncenter www.bvc.dk
13 Faktaark fra Københavns Statistik. Husstande efter bruttoindkomst bydele. Samt *Berlingske*, 30. december 2015. Nu er hovedstaden lukket for almindelige indkomster. Beregningerne foretaget af Arbejdernes Landsbank, der forudsætter det normale bankkrav til rådighedsbeløb.
14 Salgsprisen er oplyst af By & Havn.
15 *Berlingske*, 14. juli 2016, "Andelen af projektsalg er eksploderet i København". Samt nye tal fra Københavns Kommune januar 2017.
16 Boligøkonomisk Videncenter www.bvc.dk
Nye lejligheder, hvor der ikke har været adresse før, er ikke omfattet af bopælspligt.
17 Københavns Kommune. Februar 2016. *Lighedsudredning for Københavns Kommune*. Udskiftningen af beboerne kommer til udtryk i flere med en lang videregående uddannelse – 29% i 2000 til 45% i 2013 – mens andelen med en erhvervsfaglig baggrund faldt fra 24% til 15%. Arbejderbevægelsens Erhvervsråd 18. juli 2016: Indkomsterne er fordoblet på Østerbro, mens Tingbjerg står i stampe. I de mest velstillede sogne er indkomsten steget med næsten 200.000 kr. på 30 år, svarende til en fordobling af indkomsten. I Tingbjerg er indkomsten steget med kun 8.500 svarende til en stigning på 6%.
I Nordvest og Brønshøj med ca. 30%.
18 Madden, D. & Marcuse, P. (2016) *In Defense of Housing*. Verso. Side 12.
19 www.chinatownworkinggroup.org/
20 Tom Angotti (2016): *Zoned Out! Race, Displacement, and City Planning in New York City*. Urban Research.
21 Udviklingen i New Vork City og organiseringen på community-plan er beskrevet i en række cases i min bog *New York og Kampen for Byen*, forlaget Frydenlund 2013. I en engelsksproget artikel 'The Working Class and the City as Political Platform in New York' i bogen *Politics of Precarity,* udgivet på forlaget Brill 2016, beskriver jeg bl.a. community-organiseringen i Chinatown Manhattan.
22 Picture the Homeless: http://picturethehomeless.org/home/whatwedo/homeless-housing/community-land-trusts-the-homeless/
23 David Harvey (2012): *Rebel Cities*. Verso. Side 5 og 47.
24 World Economic Forum. 2015. Infrastructure & Urban Development.
25 OECD 2011. Housing Markets and Structural Policies in OECD Countries.
26 Gode Penge (2017): "Bankerne pumper boligpriserne i vejret og koncentrerer ejerboliger på færre hænder".
27 Tune Revsgaard Nielsen, artikel på Modkraft. 11. marts 2016. "Stigende ulighed drives frem af pengesystemet".
28 The Conversation. 6. august. "Investment in urban land is on the rise – we need to know who owns our cities". Interview med Saskia Sassen. Hun er gået dybere i disse udviklinger i den glimrende bog *Expulsions – Brutality and Complexity in the Global Economy*. 2014. The Belknap Press of Harvard University Press.
29 Ejendomswatch 4. marts 2016. "Rig tysk familie køber strøgejendom for 200 mio. kr."
30 Sadolin & Albæk Newsletter 1. kvartal 2016.
31 Artikel af Saskia Sassen i *CityMetric*. "Who owns the city? How urban real estate became the corporate asset class of choice". 8. August 2016.
32 The Conversation. 6. august. "Investment in urban land is on the rise – we need to know who owns our cities". Interview med Saskia Sassen.
33 *The Guardian*. "Who owns our cities – and why this urban takeover should concern us all". 24. november 2015.
34 Regolamento sulla collaborazione tra cittadini e Amministrazione per la cura e la rigenerazione dei beni comuni.
35 I min bog *Byer i Opbrud – om det anti-fælles, det fælles og det næste samfund*, forlaget Bogværket 2017, bliver udviklingen i Bologna beskrevet mere udførligt i et selvstændigt kapitel.
36 Sheila R. Foster & Christian Iaione (2015): *The City as a Commons*. Yale Law & Policy Review. Side 335. Christian Iaione er en af hovedkræfterne bag Bologna-initiativet.
37 Sheila R. Foster & Christian Iaione (2015): *The City as a Commons*. Yale Law & Policy Review. Side 328.
38 *Ingeniøren* 2. september 2016. Lokalpatriotisme får Københavns trafik til at bryde sammen.
39 *The Guardian*. 22. marts 2016. Climate guru James Hansen warns of much worse than expected sea level rise. Blandt eksperterne er den tidligere NASA-specialist James Hansen.
40 August 2017. Byernes udfordringer med havvandsstigning og stormflod. Realdania. Juni 2015. Udredning om tilpasning til havvandsstigninger. Realdania.
41 Andy Merrifield: *The Politics of the Encounter: Urban Theory and Protest under Planetary Urbanization*. University of Georgia Press. Kindle Edition. Side 41-42.

1 City of Copenhagen. 2016. *Urban Life Account* 2015, p. 4
2 City of Copenhagen. 2016. *Municipal Plan 2015 – the Coherent City*, pp. 66 and 67.
3 Rigsrevisionen (The National Auditors). 1997. *Beretning om oprettelsen og driften af Ejendomsselskabet TOR I/S* (Report on the establishment and operation of the Property Partnership TOR). http://webarkiv.ft.dk/BAGGRUND/statsrev/1596.htm#IV
4 City of Copenhagen. 2018. *Årsrapport 2017* (Annual Report 2017).
5 http://www.byoghavn.dk/ombyoghavn/vision+og+mission/grundlag.aspx
6 David Harvey (2012), *Rebel Cities*. Verso, pp. 80 and 78.
7 David Harvey (2012), *Rebel Cities*. Verso, p. 4.
8 Plataforma de Afectados por la Hipoteca. *https://pahbarcelona.org/*
9 In my book *Byer i Opbrud – om det anti-fælles, det fælles og det næste samfund* (Changing Cities – About Anti-common, Common and the Next Society), published by Bogværket in 2017, the development in Barcelona is described in more detail in a separate chapter.
10 The 15-M Movement (Movimiento 15-M) was named after the first occupations of city squares in Spain on 15 May 2011.
11 https://www.theguardian.com/cities/2016/oct/20/habitat-3-right-city-concrete-policies-ada-colau
12 Knowledge Centre for Housing Economics http://www.bvc.dk
13 Fact sheet from Københavns Statistik (Copenhagen Statistics). Husstande efter bruttoindkomst bydele (Households by gross income, urban districts). And *Berlingske*, 30 December 2015. 'Nu er hovedstaden lukket for almindelige indkomster' (Now Copenhagen is off-limits to normal incomes). Calculations by the bank Arbejdernes Landsbank based on standard bank requirements to available income after fixed expenses.
14 Sales price stated by CPH City & Port Development.
15 *Berlingske* 14 July 2016. 'Andelen af projektsalg er eksploderet i København' (Explosive growth in the share of pre-build sales in Copenhagen). And new figures from the City of Copenhagen January 2017.
16 Knowledge Centre for Housing Economics http://www.bvc.dk. New flats on locations that were not previously residential do not require permanent occupancy.
17 City of Copenhagen. 2016. *Lighedsudredning for Københavns Kommune* (Equality report for the City of Copenhagen). The replacement of citizens is manifest in a growing number of inhabitants with a long tertiary education – 29% in 2000 versus 45% in 2013 – while the share of inhabitants with a vocational background fell, from 24% to 15%. Economic Council of the Labour Movement 18 July 2016: incomes have doubled in Copenhagen's Østerbro district, while Tingbjerg is unchanged. In the wealthiest areas, the average income has risen by almost DKK 200,000 in 30 years, corresponding to a doubling of the income. In Tingbjerg, it has gone up by DKK 8,500, corresponding to a six-per-cent increase. In Nordvest (North-West) and Brønshøj, it has gone up by approx. 30%.
18 D. Madden & P. Marcuse (2016), *In Defense of Housing*. Verso, p. 12.
19 http://www.chinatownworkinggroup.org/
20 Tom Angotti (2016), *Zoned Out! Race, Displacement, and City Planning in New York City*. Urban Research.
21 The development in New York City and the community-level organization are described in a number of cases in my book *New York og Kampen for Byen* (New York and the Struggle for the City), Frydenlund 2013. In 'The Working Class and the City as Political Platform in New York' included in *Politics of Precarity*, published by Brill in 2016, I describe community organization in Chinatown Manhattan, among other topics.
22 Picture the Homeless: http://picturethehomeless.org/home/whatwedo/homeless-housing/community-land-trusts-the-homeless/
23 David Harvey (2012), *Rebel Cities*. Verso, pp. 5 and 47.
24 World Economic Forum. 2015. *Infrastructure & Urban Development*.
25 OECD. 2011. *Housing Markets and Structural Policies in OECD Countries*.
26 Gode Penge. 2017. 'Bankerne pumper boligpriserne i vejret og koncentrerer ejerboliger på færre hænder' (The banks pump up the prices and concentrate individually owned homes on fewer hands).
27 Tune Revsgaard Nielsen, 'Stigende ulighed drives frem af pengesystemet' (Growing inequality is driven by the montary system). Modkraft, 11 March 2016.
28 *The Conversation*, 6 August. 'Investment in urban land is on the rise – we need to know who owns our cities.' Interview with Saskia Sassen. She elaborates on these developments in the excellent 2014 book *Expulsions – Brutality and Complexity in the Global Economy* published by The Belknap Press of Harvard University Press.
29 *Ejendomswatch* 4 March 2016. 'Rig tysk familie køber strøgejendom for 200 mio. kr.' (Rich German family buys main-street property for DKK 200 million).
30 Sadolin & Albæk Newsletter 1st quarter 2016.
31 Saskia Sassen. 2016. 'Who owns the city? How urban real estate became the corporate asset class of choice.' *CityMetric*, 8 August 2016.
32 *The Conversation*, 6 August. 'Investment in urban land is on the rise – we need to know who owns our cities.' Interview with Saskia Sassen.
33 'Who owns our cities – and why this urban takeover should concern us all.' *The Guardian*, 24 November.
34 Regolamento sulla collaborazione tra cittadini e Amministrazione per la cura e la rigenerazione dei beni comuni.
35 In my book *Byer i Opbrud – om det anti-fælles, det fælles og det næste samfund*, the development in Bologna is described in more detail in a separate chapter.

42 Udvalget til planlægning af Københavns-Egnen. 1951. Københavnsegnens Planlægning. Side 25.

43 Peter Schultz Jørgensen (2017): *Byer i Opbrud – om det anti-fælles, det fælles og det næste samfund.* Bogværket, side 19.

36 Sheila R. Foster & Christian Iaione (2015), The City as a Commons. *Yale Law & Policy Review*, 335. Christian Iaione is one of the principal figures behind the Bologna Initiative.

37 Sheila R. Foster & Christian Iaione (2015), The City as a Commons. *Yale Law & Policy Review*, 328.

38 2016. Lokalpatriotisme får Københavns trafik til at bryde sammen (Local patriotism causes Copenhagen traffic to break down). *Ingeniøren*, 2 September.

39 2016. Climate guru James Hansen warns of much worse than expected sea level rise. *The Guardian*, 22 March. Among the experts is the former NASA specialist James Hansen.

40 Realdania (2017), *Byernes udfordringer med havvandsstigning og stormflod* (Challenges Facing Cities Due to Rising Sea Waters and Floods.) Realdania (2015), *Udredning om tilpasning til havvandsstigninger* (Report on Adaptations to Rising Sea Waters).

41 Andy Merrifield, *The Politics of the Encounter: Urban Theory and Protest under Planetary Urbanization*. University of Georgia Press. Kindle Edition, pp. 41–42.

42 Udvalget til planlægning af Københavns-Egnen. 1951. Københavnsegnens Planlægning (The Planning of the Copenhagen Area), p. 25.

43 Peter Schultz Jørgensen (2017), *Byer i Opbrud – om det anti-fælles, det fælles og det næste samfund.* Bogværket, p. 19.

Af JENS KVORNING

Den sociale sorteringsmaskine

Adjektivet 'liveable' har gennem de sidste årtier bevæget sig fra en position i det engelske normalsprog, hvor det i bred forstand betegnede gode levevilkår, til at indgå i det internationale fagsprog i formen 'liveability', hvor det optræder som en tilsyneladende eksakt og målbar karakteristik af de forhold, som skaber den gode by. Et af de amerikanske liveability-indekser sammenfatter kriterierne på denne måde: "Et 'liveable' samfund er et, der er trygt og sikkert, og som byder på billige og passende boliger og transportmuligheder og et netværk af sociale ydelser og faciliteter. Når disse ressourcer er til stede, vil de understøtte den enkeltes uafhængighed, tillade borgerne at ældes uden at skulle behøve at flytte og fremme deres deltagelse i samfundets offentlige, økonomiske og sociale liv". Der er næppe mange, der vil være uenige i den sammenfattende beskrivelse af 'liveable cities' – sikkerhed og tryghed, huse, der kan betales af almindelige indkomster, veludviklede transportsystemer og god service på en række andre områder bør selvsagt være krav til den gode by.

MOD VELFÆRDSBYENS PROGRAM

Den amerikanske sociolog Louis Wirth bruger liveability-begrebet i en artikel fra 1938: "Urbanism as a way of life". Men han bruger det i den generelle, brede betydning, ikke som et begreb, der har nogen specifik rolle i udviklingen af en urban teori. Han lægger i

By JENS KVORNING

The Social Sorting Machine

Over the past few decades, the adjective 'liveable' has moved from being a term in common English usage referring broadly to good living conditions, to being part of international professional jargon in the noun form 'liveability', referring to a seemingly exact and measurable way of characterizing the conditions that shape the good city. One of the American liveability indexes summarizes the key criteria as follows: 'A livable community is one that is safe and secure, has affordable and appropriate housing and transportation options, and has supportive community features and services. Once in place, those resources enhance personal independence; allow residents to age in place; and foster residents' engagement in the community's civic, economic, and social life.' Few would disagree with this summary of 'liveable cities' – safety, security, homes that are affordable for average-income dwellers, efficient transportation systems and quality services in a range of other areas should be obvious requirements of the good city.

TOWARDS THE PROGRAMME OF THE WELFARE CITY

The American sociologist Louis Wirth uses the liveability concept in his 1938 article 'Urbanism as a way of life'. However, he uses it in a broad, general sense, not as a concept with a specific role to play in the development of an urban theory. In his effort to develop an understanding of the modern city, he emphasizes the specialization

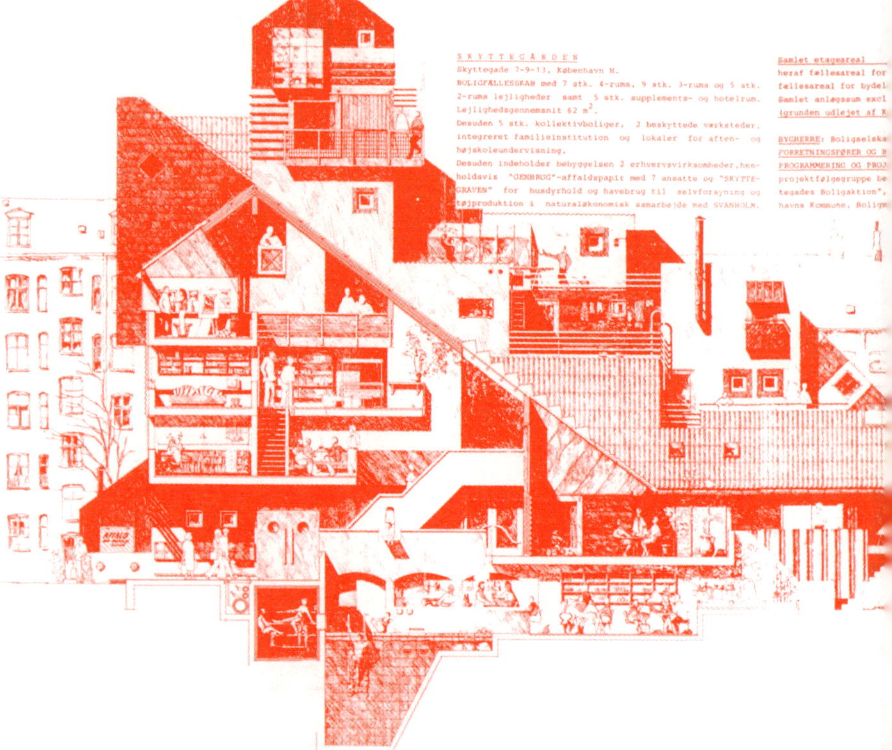

Fig. 1 Tegnestuen Vandkunstens boligvision for Nørrebro. Syv meter lang tegning udført af Jens Thomas Arnfred i midten af 1970'erne.

sit forsøg på at nå frem til en forståelse af den moderne by vægt på specialiseringen af arbejdet og de nye sociale delinger som det karakteriserende for den moderne by: "Overdragelsen af de arbejdsrelaterede, uddannelsesmæssige og rekreative aktiviteter til specialiserede institutioner uden for hjemmet har frataget familien nogle af dens mest karakteristiske traditionelle funktioner. Tendensen i byerne er, at mødrene er udearbejdende, logerende indgår som en del af husstanden, folk venter med at blive gift, og andelen af enlige og ugifte stiger". Og en af konsekvenserne af disse karakteristiske træk er ifølge Wirth: "Når mange mennesker skal deles om faciliteter og institutioner, kan man ikke tage hensyn til den enkelte, men må afpasse faciliteterne og institutionerne efter gennemsnittet". Selv om Wirth forsøger at udvikle en generel teori om byen – og altså ikke med den citerede artikel er ude på at definere den gode by som sådan – så er det oplagt, at han ser

Fig. 1 Vandkunsten Architects' housing vision for Nørrebro. Seven-metre-long drawing made by Jens Thomas Arnfred in the mid-1970s.

of work tasks and a new degree of social stratification as the characterizing features: The transfer of industrial, educational, and recreational activities to specialized institutions outside the home has deprived the family of some of its most characteristic historical functions. In cities mothers are more likely to be employed, lodgers are more frequently part of the household, marriage tends to be postponed, and the proportion of single and unattached people is greater.' According to Wirth, one of the consequences of these characteristics is that 'When large numbers have to make common use of facilities and institutions, an arrangement must be made to adjust the facilities and institutions to the needs of the average person rather than to those of particular individuals.' Although Wirth's aim is to develop a general urban theory – and thus not, in the quoted article, to define the good city as such – it is quite apparent that he considers the institutions devoted to childcare, education

institutionerne for børnepasning, uddannelse og sundhed og de rekreative muligheder som det bærende i den gode moderne by.

Vi er altså med Wirth på vej mod velfærdsbyens og velfærdsstatens program.

Derhen kommer vi for alvor, hvis vi henvender os til Lewis Mumford. Han havde i løbet af de sidste år i mellemkrigsperioden placeret sig som en kendt debattør af byer og bykultur i USA, og han blev under og efter anden verdenskrig en meget indflydelsesrig stemme, også i den europæiske debat om genopbygningen af byerne og etableringen af velfærdssamfundet.

Mumford insisterer på, at byen grundlæggende må forstås som et socialt fænomen og ikke primært noget fysisk. Byplanlægningen har længe interesseret sig for det tekniske og økonomiske, men må nu orientere sig mod det sociale og humane – belært af de katastrofer, som de autoritære styrer har forvoldt. Ikke desto mindre advokerer han i flere af sine artikler og bøger fra 1940'erne og 50'erne for den fysisk orienterede planlægningsmetodik, som udvikles og sætter sig igennem med de engelske New Towns. Han fremhæver denne tilgang, fordi han ser den som udtryk for en decentralisering og en søgen efter harmoni og nærhed, som han mener er de værdier, der må sættes i centrum efter de store kriges ødelæggelser. Det er en planlægningsmetodik, som anvender hierarkiet af offentlige institutioner til at skabe rammer om forskellige 'communities', og disse communities skaber så tilsammen den gode moderne by med et udviklet socialt liv. For Mumford er det gennem disse communities, at det fysiske og det sociale forbindes og skaber den gode by. Denne tilgang var også dominerende i opbygningen af de danske efterkrigsforstæder og indsætter altså det, vi i dag kalder velfærdsbyen som lede-billedet for den gode by.

DEN GODE BY

Den amerikanske planlægningsteoretiker John Friedmann skrev i 2000 en artikel, som han kaldte "Den gode by". Her diskuterer han bl.a. spørgsmålet om proces og resultat, som ofte skiller vandene i den aktuelle by- og planlægningsdebat, hvor nogen hævder, at man gennem planlægningen kun kan og skal sikre den gode proces. Friedmann, som i mange artikler og bøger har skrevet om emnet, fastslår, at begge sider er lige nødvendige og hinandens forudsætninger. Gode processer kan ikke opnå legitimitet, hvis de ikke fører til resultater, der bredt opfattes som gode. Og gode resultater kan ikke opnå legitimitet, hvis de ikke er forankret i gode processer. Friedmann hævder videre, at byen skal kunne levere gode bosætningsmuligheder for alle, et velfungerende sundhedsvæsen, et bredt udbud af arbejdsmuligheder og god social service. Men man når kun disse mål, hvis det ledsages af: "Begavet politisk lederskab, offentlig ansvarlighed, transparens og videndeling, rummelighed, lydhørhed og ikke-voldelig konflikthåndtering" – altså forhold, der har med processerne og det politiske at gøre.

and healthcare and the recreational possibilities they offer as the foundations of the good modern city.

Wirth thus puts us on the path towards the programme of the welfare city and the welfare state. Lewis Mumford offers to take us all the way. During the latter years of the interwar period he had positioned himself as a well-known contributor to the debate about cities and urban culture in the United States, and during and after the Second World War he became a highly influential voice, also in the European debate about urban reconstruction and the establishment of the welfare society.

Mumford insists that the city should fundamentally be understood as a social phenomenon, not primarily as a physical concern. Urban planning, which has long focused on technical and economic aspects, now needs to turn to social and humane qualities – in light of the disasters inflicted by authoritarian regimes. Nevertheless, several of his articles and books from the 1940s and 50s advocate for the physically oriented planning methodology that is developed and gains momentum with the New Towns in the United Kingdom. He highlights this approach because he sees it as reflecting a drive for decentralization and a quest for harmony and a human scale, which he considers central values following the destruction of two world wars. It is a planning methodology that uses the hierarchy of government institutions to create a framework for different 'communities'; in turn, these communities shape the good modern city with a well-developed social life. To Mumford, it is through these communities that the physical and social aspects connect to build the good city. This approach was also dominant in the construction of Danish post-war suburbs, thus introducing what we now call the welfare city as the very image of the good city.

THE GOOD CITY

In 2000, the American planning theorist John Friedmann wrote an article titled 'The Good City'. One of the topics he addresses here is the question of process versus outcomes, which often divides opinion in the current city and planning debate, where some are claiming that all planning can and should do is to ensure a good process. Friedmann, who has dealt with this issue in many articles and books, argues that both aspects are equally important and that they are each other's condition. Good processes cannot attain legitimacy if they do not produce results that are widely regarded as being good. And good results cannot attain legitimacy if they are not driven by good processes. Friedmann further argues that the city should be able to deliver good housing options for all, an efficient healthcare system, a wide selection of job opportunities and quality social services. However, these goals can only be achieved if the process is accompanied by 'inspired political leadership, public accountability, transparency and the right to information, inclusiveness, responsiveness and non-violent conflict

Og så genoptager han diskussionen om 'det fælles bedste', som i lange perioder har været udeladt eller skubbet i baggrunden i diskussionerne om offentlig planlægning. Hvis der ikke kan opnås en eller anden form for enighed om nogle fælles mål, kan den gode by aldrig blive en realitet, hævder Friedmann. Han insisterer på "muligheden for at finde frem til et fælles bedste via den politiske diskurs" som afgørende for, at det, han forstår ved 'den gode by', kan blive en realitet.

Det politiske, det fysiske og det sociale må altså ifølge Friedmann være ligeværdigt til stede i skabelsen af den gode by. Og der er særlige og udviklede krav til de politiske og demokratiske processer, hvis det skal lykkes. Han siger ikke noget direkte om de fysiske og rumlige strukturer, men han understreger igen og igen i sine artikler og bøger nødvendigheden af utopisk tænkning: Hvis vi kun fremskriver og viderefører, og undlader at forestille os noget andet, så bliver vi aldrig i stand til at skabe den gode by.

SAMHØRIGHED OG GENFORTRYLLELSE

By-geografen Ash Amin er en af de mest indflydelsesrige teoretikere og debattører på den angelsaksiske debatscene. Han skrev for nogle år siden også en artikel, han kaldte "Den gode by". Her ender han med at opstille fire kriterier for den gode by: *Repair, Relatedness, Rights, Re-enchantment*. *Repair* – vedligehold – ser han som noget helt grundlæggende: At der eksisterer apparater og procedurer, der kan sikre, at byen fungerer, dvs. sikrer funktionen af: "Den uoverskuelige mængde af forankrende objekter, hvis stille rytme spejler og regulerer alle aspekter af bylivet – både økonomiske, politiske, sociale og kulturelle".

Relatedness – samhørighed – beskriver Amin som noget, der er blevet mere afgørende med neoliberalismens og markedsgørelsens indtog i bypolitikken: "Man må forestille sig den gode by som en socialt retfærdig by, med stærke forpligtelser over for dem, der savner robusthed og livsindhold" ... "Der bliver mere og mere behov for en kohæsiv politik, ikke kun pga. de omkostninger og det spild, der er forbundet med manglende samhørighed, men også pga. den ødelæggende frygt, had og bekymring, som splittelsen og misundelsen bringer med sig".

Rights – retten til byen – som refererer til den franske sociolog Henri Lefebvres berømte statement, handler om retten eller adgangen for alle borgere til at kunne påvirke byen og deres livsbetingelser i byen: "Retten til at deltage forudsætter, at man har midler og fuldmagt til at kunne gøre det. Mange byboere har endnu ikke erhvervet denne ret." ... "I det globale nord oplever vi det i form af en tiltagende nedvurdering af og intolerance over for indvandrere, omrejsende, asylsøgere og unge, og den globale økonomis afsmitning på den urbane elite og byens centrale rum." ... "Lefebvres forestilling om bylivet som et produkt af alle

management' – that is, aspects related to processes and politics. He also reopens the discussion about 'the common good', which for long periods has been either ignored or pushed to the background in the debate about public planning. If it is not possible to reach some sort of consensus about common goals, the good city is unattainable, argues Friedmann. He insists on the 'possibility of discovering a "common good" through political discourse' as crucial for the attainability of what he considers 'the good city'.

Thus, according to Friedmann, political, physical and social considerations have to play equal roles in the creation of the good city. And success rests on particular and specific requirements to the political and democratic processes. He does not explicitly address the physical and spatial structures, but his writings repeatedly underscore the necessity of utopian thinking: if we merely extrapolate and extend, without envisioning alternatives, we will never be able to create the good city.

RELATEDNESS AND RE-ENCHANTMENT

Urban geographer Ash Amin is one of the most influential theorists and voices in the Anglo-Saxon debate. A few years ago, he too wrote an article titled 'The good city'. Here he proposes four criteria for the good city: repair, relatedness, rights, re-enchantment.

Repair is described as absolutely fundamental: the existence of systems and procedures to keep the city functioning, based on a 'bewildering array of objects-in-relation whose silent rhythm instantiates and regulates all aspects of urban life – economic, political, social and cultural.'

Relatedness is explained by Amin as a feature that is becoming even more crucial with the advent of neo-liberalism and market conditions in urban policies: '... the good city has to be imagined as the socially just city, with strong obligations towards those marginalised from the means of survival and human fulfilment.' '... a "politics of relatedness" is becoming increasingly necessary not only because of the cost and wastage associated with widespread disconnection, but also because of the damage wrought by the fear, hate and anxiety that feeds on division and envy in urban life.'

Rights, which refers to the French sociologist Henri Lefebvre's famous statement, addresses the right or access of all citizens to influence the city and their living conditions in it: 'The right to participate presumes having the means and the entitlement to do so. Many urban-dwellers have yet to acquire this right.' ... 'In the global North, we see it in the form of growing vilification and intolerance of immigrants, itinerants, asylum-seekers and youths, and in the gradual alignment of urban élites and central urban spaces ...' ... 'The Lefebvrian idea of urban life made through the creative impulses of all its dwellers has become redefined as a threat to urban order.'

Re-enchantment concerns the ability to see and understand the spaces and manifestations of life that are a source of joy and

Fig. 2 **Nedrivning af boligkarreer på Indre Nørrebro. Foto fra artikel i *Arkitekten* 1981: "'Det grønne Nørrebro' – kedsommelighedens triumf" af Kim Dirckinck-Holmfeld.**

borgernes kreative impulser er blevet forvandlet til en trussel mod byens orden."

Re-enchantment – genfortryllelse – handler om at kunne se og forstå de rum og livsytringer, der skaber glæden og solidariteten i byen: "Den gode by er en hyldest til de sider af bylivet, der er knyttet til det håb og den tilfredsstillelse, som udspringer af relationer og samvær" ... "De steder, jeg tænker på, er foreningerne, klubberne, loppemarkederne, restauranterne, friarealerne, fristederne, bibliotekerne, de formelle og uformelle mødesteder og alle de personlige kontakter, som byerne er så fulde af. Disse steder er en uundværlig del af den urbane kultur og et vigtigt argument for at se bylivet som et socialt fælles bedste."

Hvis vi tager Amin og Friedmann som eksponenter for den aktuelle tænkning om den gode by, så har ideerne bevæget sig mod det sociale og opmærksomheden på alles ret til byen, men også med et tydeligt blik på, at det sociale liv kræver fysiske rum for at kunne udfolde sig. Men der peges på andre og flere slags rum end dem, der oftest indgår i billederne af den gode by.

Vi kan så prøve at danne os et hurtigt overblik over, hvad der har været fokuseret på i den danske bydebat og byplanlægning i efterkrigstiden, og på den måde forhåbentlig antyde nogle lidt mere konkrete billeder af skiftende opfattelser af den gode by, som den har været repræsenteret og diskuteret hos os selv. Jeg vil overvejende tegne dette billede ved at se på

solidarity in the city: 'The good city celebrates the aspects of urban life from which spring the hopes and rewards of association and sociality.' ... 'The sites I have in mind are the associations, clubs, car-boot sales, restaurants, open spaces, bolt-holes, libraries, formal and informal gathering-places, and multitude of friendship circles that so fill cities ... These sites form an essential component of the urban public culture and are an important filter through which urban life is judged as a collective social good.'

If we view Amin and Friedmann as exponents of the current understanding of the good city, ideas have moved towards a greater emphasis on social qualities and everyone's right to the city but also towards a clear understanding that social life requires physical spaces to unfold. However, this understanding involves other and more kinds of spaces than the ones typically included in notions of the good city.

Now, we may try to develop a quick overview of what have been the key issues in the urban debate and urban planning in post-war Denmark, thus hopefully suggesting some slightly more concrete images of the varying concepts of the good city, as it has been represented and debated here. In outlining this

Fig. 2 Demolition of entire city blocks in central Nørrebro. Photo from article in *Arkitekten* 1981: '"Det Grønne Nørrebro" – Kedsommelighedens triumf' (The Green Nørrebro – the triumph of boredom), by Kim Dirckinck-Holmfeld.

image, I will focus largely on the Copenhagen region. Although this choice will obviously leave out certain trends and points, I nevertheless feel that it is relevant in the interest of highlighting some main points.

A CHANGING SOCIAL LANDSCAPE

After the Second World War, housing policies and housing supply became a key dimension of the establishment of the welfare state. This stemmed both from the post-war housing shortage and from the view of housing as an essential factor in ensuring social stability. The housing policy had a strong focus on quantity, on increasing the efficiency and productivity of the sector in order to end the housing shortage. In practice, this was also about increasing the share of home-ownership, which was viewed as a socially stabilizing factor, and it was about expanding the reach of planning to ensure the establishment and functionality of the new suburban areas that were the concrete manifestation of these strategies and policies.

Overall, the policy did have its internal contradictions; on the one hand, the production and spread of large pre-fab, non-profit housing settlements increased, and on the other, the tax code favoured home-ownership, in the form of the single-family house, thus encouraging many of the potential non-profit housing tenants to buy their own home. Consequently, many of the large non-profit

Københavnsregionen. Selv om der helt oplagt er tendenser og pointer, som dermed ikke kommer med i billedet, vil jeg alligevel mene, at det er relevant for at få nogle hovedpointer frem.

FORANDRINGER I DET SOCIALE LANDSKAB

Efter anden verdenskrig blev boligpolitikken og boligforsyningen en meget vigtig dimension i opbygningen af velfærdsstaten. Både fordi der efter krigen var stor boligmangel, og fordi boligen blev set som afgørende for at sikre den sociale stabilitet. Boligpolitikken kom i høj grad til at handle om kvantiteter, om at effektivisere og forøge boligproduktionen, så man kunne komme bolignøden til livs. Det handlede i praksis også om at øge andelen af ejerboliger, som blev set som en socialt stabiliserende faktor, og det handlede om gennem en udvidet planlægning at sikre opbygningen og funktionsdueligheden af de nye store forstadsområder, som var konkretiseringen af disse strategier og politikker.

Der var modsætninger i denne politik, fordi man på samme tid øgede produktionen og omfanget af store præfabrikerede, almennyttige boligbyer og gennem skattelovgivningen favoriserede ejerboligen i form af parcelhuset og dermed tilskyndede mange af de potentielle lejere i de almennyttige bebyggelser til at købe eget hus. En del af de store almennyttige bebyggelser fik som konsekvens af denne politik ret hurtigt en overvægt af svage familier, og det skabte både lokale problemer og store sociale forskelle i det nye forstandslandskab, som blev rullet ud gennem denne intense byggevirksomhed. Senere førte det til en kraftig kritik og stigmatisering af de store etageboligområder.

Men i 60'erne og 70'erne, hvor disse problemer endnu kun optrådte i kim-form, var der en bred opfattelse af, at det gode liv var at finde i de nye forstæder. Det gjaldt, hvad enten man blev beboer i et nyt almennyttigt byggeri, eller man kom til at bo i parcelhus.

At flytte til forstaden var både en social opstigning, og det betød, at man blev del af et moderne byliv, hvor det var lys, luft og frihed og et dagligliv organiseret omkring nye institutionstyper, som var det bærende. KAB's tidligere direktør Niels Salicath, der var centralt placeret i boligpolitikken og de sociale boligselskaber, har engang sagt, at der blev tænkt meget i kvantiteter, både når det gjaldt boligproduktionen, og når det gjaldt de servicefaciliteter, der hørte med til den moderne forstad. Succeskriterierne for denne politik fokuserede på, om der blev bygget mange boliger og mange af de institutioner, som skulle servicere og muliggøre det nye hverdagsliv. Det kvantitative – at overvinde bolignøden – blev også det kvalitative.

Det regionale landskab, der i slutningen af 1960'erne og gennem 70'erne opstod som konsekvens af disse politikker, fungerede i stigende grad som en sorteringsmaskine, som sendte de forskellige socialgrupper til forskellige egne i dette nye landskab.

developments soon had a disproportionate share of disadvantaged families, which led to local problems and severe social stratification in the new suburban landscape that was rolled out as a result of the construction boom. Later, this led to severe criticism and stigmatization of the large tower block developments.

In the 1960s and 70s, however, while these problems were still embryonic, it was widely held that the new suburbs held the key to the good life, both for residents of non-profit housing and home-owners.

A move to the suburbs was a step up the social ladder, offering modern urban living with access to sunlight, fresh air, freedom and an everyday life centred around new types of institutions that formed the supporting framework for the new communities. Niels Salicath, former director of the non-profit housing association KAB, who played a key role in housing policies and non-profit housing, once said that quantity was a key focus, both in housing production and with regard to the service facilities that were an aspect of the modern suburb. The success criteria for this policy focused on the production of homes and of the institutions needed to service and enable the new lifestyle. The quantitative goal – alleviating the housing shortage – also became the qualitative goal.

The regional landscape that emerged in the late 1960s and throughout the 70s as a result of these policies increasingly served as a sorting machine distributing the various social groups to the relevant locations in this new landscape.

The City of Copenhagen saw a growing influx of disadvantaged groups, because the homes in the old working-class neighbourhoods were the poorest and cheapest in the region and thus attracted low-income residents.

To address this issue, the City planned large new housing developments on western Amager and a new ring road, the City Ring, which would also trigger extensive urban renewal and demolition in the Copenhagen districts of Nørrebro and Vesterbro.

Although the plans were not realized, several fairly extensive non-profit housing developments were constructed, including Urbanplanen on central Amager and other new constructions in connection with less comprehensive redevelopments.

In any case, the new homes that went up in Copenhagen were the same type of pre-fab, pre-cast architecture that was also used in the large housing developments in the suburbs. Before long, the same kind of sorting occurred, and many of the new non-profit developments in Copenhagen became plagued by social problems.

URBAN RENEWAL STRATEGIES

In the second half the 1970s, what was being built, based on the new large-scale industrial production apparatus, did not match what most families wanted. This mismatch was reflected in a widespread rejection of housing block flats in favour of single-family

Københavns Kommune blev modtager af flere og flere svage indbyggere, fordi boligerne i de gamle arbejderkvarterer var de dårligste og de billigste i hele regionen og derfor dem, der tiltrak de svageste beboere.

Kommunen forsøgte at reagere på denne situation med planer om store nye byområder på Vestamager og med planer om en ny cityring, som samtidig skulle igangsætte meget omfattende saneringer på Nørrebro og Vesterbro.

De store planer blev ikke realiseret, men der blev alligevel bygget nogle forholdsvis store almennyttige bebyggelser som Urbanplanen på indre Amager og en del nybyggeri i forbindelse med mindre saneringer.

I alle tilfælde var det, der blev bygget i Købenavn, den samme type præfabrikeret elementbyggeri, som også blev brugt i de store bebyggelser i de nye forstadsområder. Og der skete også ret hurtigt den samme sociale sortering, hvor en del af de nye almennyttige områder i København hurtigt fik sociale problemer.

SANERINGSSTRATEGIER

Der tegnede sig i den sidste del af 1970'erne en konflikt mellem det, man byggede baseret på det nye store industrielle produktionsapparat, og det, de fleste familier efterspurgte. Det gav sig udtryk i et bredt fravalg af etagelejligheden til fordel for parcelhuset, men også i en stigende kritik af de monotone miljøer, der opstod i de nye, store præfabrikerede og standardiserede etageboligområder. Og der opstod en spirende bekymring i politiske kredse for de sociale – og kommunaløkonomiske – konsekvenser af de nye, store almennyttige bebyggelser.

I 1980 forsøgte København sig med en ny saneringsstrategi, hvor helhedsplanen for Indre Nørrebro skulle være den nye model for en helhedsorienteret indsats med større respekt for den byarkitektur og de rumtyper, som prægede de tætte områder i København, parret med et organisatorisk set-up, som skulle kunne håndtere de meget komplekse problemer, der optræder i et gammelt byområde. Der var klart tale om en mere ambitiøs tilgang til at arbejde med byen, end punktsaneringerne og bar mark-projekterne opviste. Men planen var ikke desto mindre baseret udelukkende på almennyttige boliger, opført som standardiseret elementbyggeri. Selv om der var kommet røde teglsten på facaderne, selv om de nye bygninger dannede klare gaderum, og selv om lejlighedsplanerne var meget bedre end tidligere, så stødte planen alligevel på kraftig kritik fra mange sider – også for sin arkitektoniske tilgang.

Men det, der især skabte konflikter, var det, der blev set som mangel på forståelse for, hvordan Nørrebro faktisk fungerede. Der var flyttet mange studerende og slumstormere ind i området – det var ikke længere overvejende dårligt stillede familier, der befolkede Indre Nørrebro. Og disse nye indbyggere havde et helt andet

homes but also in a growing criticism of the monotonous environments that emerged in the new pre-fab, standardized housing block developments. Politicians also began to be concerned about the social ramifications of the big non-profit estates – and their impact on municipal budgets.

In 1980, Copenhagen attempted an urban renewal strategy, intending to use the plan for central Nørrebro as the new model of a holistic effort with more respect for the urban architecture and the spatial types that were common in the dense areas of Copenhagen, coupled with an organizational set-up capable of handling the complex problems that old urban areas present. This clearly represented a more ambitious urban approach than the previous, isolated urban renewal projects and the construction of new developments on empty land. Still, the plan relied exclusively on non-profit housing in the form of standardized pre-fab architecture. Even if the facades had red-brick cladding, even if the new buildings formed well-defined street spaces, and even if the new floor plans were much better, the plan still attracted widespread and heavy criticism – also for its architectural approach.

The main source of conflict, however, was the perceived lack of understanding of what made Nørrebro tick. Many students and squatters had moved into the area – central Nørrebro was no longer the reserve of low-income families. And the new residents had very different ideas about what characterized the good city than the planners. In the plan, the good city was about good housing, good preschool facilities and good outdoor areas. The new residents had a different ideal, which revolved around diversity and contrasts, affordable homes, the ability to shape one's local area. Ideals that deviated sharply from the principles, founded in interwar modernism, that were shaping the new suburbs, and which had also been advocated by the social and intellectual movements of the inter-war years.

The plan for central Nørrebro can be viewed as a delayed realization of the strategy and ideals that had emerged during the inter-war years. If we look at *Vesterbro Boligaktion* (Vesterbro Housing Action) and all the other progressive city and housing movements during the post-war period, none of them had any doubt that in areas such as Vesterbro and Nørrebro, the answer was complete renewal, replacing the dense, unhealthy, working-class slum with the modern, open, healthy city. However, when Copenhagen finally, under Lord Mayor Weidekamp's leadership, got the instruments and the financial ability to realize this sort of plan, it no longer matched the image of the good city that the area's citizens steered by.

COMMUNITY CONFLICTS

The conflicts surrounding the urban renewal of central Nørrebro gave rise to government calls for a new urban development

billede af den gode by end det, der kendetegnede planen. Planen så den gode by som et spørgsmål om gode boliger, god institutionsdækning og gode udearealer. De nye indbyggere havde andre idealer, som handlede om sammensathed og kontraster, billige boliger, muligheder for selv at sætte sit præg på bydelen. Altså et ideal, som brød afgørende med de principper, funderet i mellemkrigstidens modernisme, som dannede grundlag for de nye forstæder, og som også var det billede, mellemkrigstidens sociale og intellektuelle bevægelser havde advokeret for.

Man kan se planen for Indre Nørrebro som en forsinket realisering af den strategi og de billeder, der var udviklet i mellemkrigstiden. Hvis man kigger på Vesterbros Boligaktion og alle de andre progressive by- og boligbevægelser i mellemkrigstiden, så var der for dem ingen tvivl om, at når man stod over for områder som Vesterbro og Nørrebro, så handlede det om totalsaneringer, om at lade den moderne, åbne og sunde by erstatte de tætte, usunde, spekulationstyngede arbejderkvarterer. Men da København så endelig under Weidekamps ledelse fik instrumenter og økonomi til at gennemføre planer af den type, så var de ikke længere i overensstemmelse med de billeder af den gode by, som dem, der nu beboede bydelen, var bærere af.

Fig. 3 'Den Sorte Firkant' bliver i slutningen af 1970'erne til Den Røde Firkant omkring Blågårds Plads med nyt elementbyggeri. Fotos fra artikel i *Arkitekten* 1981: "'Det grønne Nørrebro' – kedsommelighedens triumf" af Kim Dirckinck-Holmfeld.

BEBOERKONFLIKTER

Konflikterne omkring saneringen af Indre Nørrebro var medvirkende til, at der fremkom statslige krav om en ændret byfornyelsespolitik. Planerne om at sanere store dele af Vesterbro blev droppet, og i stedet blev bydelen fornyet som en istandsættelse og opgradering af den eksisterende bebyggelse – og det blev gennemført med meget færre konflikter end på Nørrebro. Nok var der stridigheder om graden af indflydelse på planerne og omfanget af forbedringer, og der var diskussioner om, hvorvidt byfornyelsen i virkeligheden handlede om en bortsanering af de svage beboere. Men i det store og hele forløb

policy. Plans to demolish and rebuild large swathes of Vesterbro were abandoned, and instead, renewal took the form of renovating and upgrading the existing buildings – and was carried out with far less conflict than in Nørrebro. Sure, there was disagreement about the residents' ability to influence the plans and the scope of the improvements, and there were discussions about whether urban renewal was really about clearing out low-income citizens. Overall, however, the process went fairly smoothly – in technical and political terms. Nevertheless, despite promises to the contrary, it did alter the make-up of the local population.

The urban renewal plans for Vesterbro did include support programmes to enable low-income residents to stay in their homes, but in practice, this initiative was overpowered by the interest in the renovated homes and areas from segments of the well-educated middle class. The co-occurrence of extensive, publicly subsidized physical improvements and changes in ownership, with co-ops as the most prevalent new model, transformed the social profile of Vesterbro – bringing younger, better-educated and higher-income groups.

With the Vesterbro renewal, the politicians and planners had learned – at least to some extent – to listen to the locals, and they had learned that the existing areas contain qualities that are difficult to attain in new-built areas, and which hold great appeal for some of the groups that the City of Copenhagen aims to attract.

The Vesterbro renewal thus also leads to a new dilemma: the dense city has become a sought-after place to live, and the regional sorting machine is beginning to operate in reverse of what it did 5–10 years ago. Copenhagen is no longer a magnet for disadvantaged groups; it is where the stronger segments – or, at least, some of them – want to be. With this, however, we are also beginning to see the contours of a new balancing issue that urban policies and planning need to address. As a result of the problems associated with large non-profit housing developments, Copenhagen has for some time now virtually suspended this type of construction. Now, however, we are beginning to see tendencies towards a more pronounced social sorting in Copenhagen, where weaker groups are pushed closer and closer together in the existing non-profit developments.

Fig. 3 In the late 1970s Copenhagen's so-called Black Square is redubbed the Red Block after the new modular housing blocks that are built surrounding Blågårds Plads. Photos from article in *Arkitekten* 1981: '"Det Grønne Nørrebro" – Kedsommelighedens triumf' (The Green Nørrebro – the triumph of boredom), by Kim Dirckinck-Holmfeld.

THE INVESTOR CITY

By the turn of this century, increasing prices and other developments have made it highly profitable to build new condominiums

fornyelsesprocessen – både teknisk og politisk – uden de store problemer. Men den havde på trods af alle løfter en klar effekt i retning af en ændret beboersammensætning.

Byfornyelsesplanerne for Vesterbro rummede værnende støtteordninger, som skulle gøre det muligt for svage beboere at blive boende, men disse muligheder blev i praksis overtrumfet af den interesse, som de fornyede boliger og bydele vakte hos dele af den veluddannede middelklasse. Samtidigheden mellem omfattende, offentligt støttede, fysiske forbedringer og ændret ejerskab, med andelsboligforeninger som den nye dominerende ejerform førte til, at Vesterbros sociale profil ændrede sig – både mod yngre aldersgrupper og mod højere uddannede og mere velhavende indbyggere.

Med Vesterbro-fornyelsen havde politikerne og planlæggerne lært – i hvert fald i en vis udstrækning – at lytte til beboerne, og de havde lært, at de eksisterende områder rummer en række kvaliteter, som er svære at opnå i nye områder, og som har stor appel til nogle af de grupper, som man gerne vil tiltrække i København.

Vesterbro-fornyelsen bliver dermed også antydningen til et nyt dilemma: Der er nu stor interesse for den tætte by, og den regionale sorteringsmaskine begynder at fungere omvendt af, hvad den gjorde 5-10 år tidligere. København er ikke længere der, hvor de svage søger hen, det er der, hvor de stærke – eller i hvert fald nogle af dem – gerne vil være. Men det betyder også, at der begynder at tegne sig konturerne af et nyt balanceproblem, som bypolitikken og byplanlægningen må tage vare på. Man har, som konsekvens af de problemer, der var med de store sociale byggerier, i en periode næsten haft et fuldstændigt stop for almennyttige byggerier i København. Men man kan nu begynde at se tendenser til en skærpet social sortering inden for kommunens grænser, hvor de svage presses mere og mere sammen i de eksisterende almennyttige boligområder.

INVESTOR-BYEN

Omkring århundredeskiftet bliver det pga. stigende priser særdeles profitabelt at bygge nye ejerboliger i København – først på de mest attraktive steder langs havnen og senere også lidt længere inde i de bagvedliggende kvarterer.

Samtidig har den politiske og faglige tilgang til bypolitik og byplanlægning for alvor accepteret markedet og globaliseringen som de afgørende parametre for en succesfuld bypolitik. Developerne og de velhavende beboere, som de kan hente til byen, bliver modtaget med stor entusiasme og imødekommenhed i København. Der bliver bygget mange nye bebyggelser og helt nye kvarterer, som kan trække på den eksisterende bys kvaliteter og service. Og lejlighederne kan sælges til meget høje priser, hvilket yderligere øger investorernes interesse for denne type byggeri og for at koncentrere deres investeringer i København. Samtidig bidrager

in Copenhagen – initially on the most attractive sites along the harbour front, and later also further inland. Meanwhile, the political and professional approach to urban policies and planning has fully embraced market conditions and globalization as key parameters for successful urban development. Developers, and the affluent residents they can bring to the city, get a warm and enthusiastic reception in Copenhagen. Many new projects and brand-new neighbourhoods are built, ready to tap into the qualities and services of the existing city. The flats sell at exorbitant prices, further increasing the investors' appetite for this type of construction and for concentrating their investments in Copenhagen. The new developments also contribute to the city's social and economic transformation in a way that is viewed as necessary for a municipality that ten years earlier was at the brink of bankruptcy.

It is not until the financial collapse in 2007–08 that the market-driven policy and its consequences are met with scepticism, stemming from the growing difficulty of lower-to-middle-income groups to find a home in Copenhagen. Then Lord Mayor Ritt Bjerregaard unsuccessfully attempts to push an initiative for affordable homes. Later, Lord Mayor Frank Jensen puts the issue back on the agenda with a call for a planning policy that secures more non-profit and affordable homes in Copenhagen.

The population pressure on Copenhagen illustrates that large groups have now embraced a notion of the good city based on the image of the classical, dense and functionally diverse city with an urban life shaped by multiple overlapping physical and cultural environments and many opportunities.

Whether the same groups in fact want a socially diverse city is less obvious. Søren Møller Christensen and Nicolai Carlberg aptly described the affluent new residents' ideal image of the city as 'a calm oasis in the middle of everything.' In other words, we like to be surrounded by a diverse urban life – but at a distance. We want to keep our own areas for ourselves. On the one hand, that image of the good city is, of course, a contradiction in terms, but on the other hand, it is a fairly precise description of what is happening. We are building new neighbourhoods that are purely upper-middle class, and the weaker groups are continually pushed out of the existing neighbourhoods – either out of the municipality entirely or to the new large-scale, non-profit developments.

THE REGIONAL CITY SURROUNDING THE DENSE CITY

This quick look at post-war notions of the city have focused on the Copenhagen area. Although the past 15 years have seen significantly increasing interest in the dense city as the most attractive setting for people's everyday life, that does not mean that the image of the good life in the suburbs has lost all currency. There continues to be considerable demand for the single-family house

disse nye områder til byens sociale og økonomiske omstilling på en måde, der bliver opfattet som nødvendig for en kommune, som 10 år tidligere var på fallittens rand.

Først da sammenbruddet kommer i 2007-08, melder der sig en vis skepsis over for den markedsdrevne politik og dens konsekvenser, affødt af, at de lavere mellemindkomster har stigende vanskeligheder med at finde boliger i København. Ritt Bjerregaard forsøger sig med et program for billige boliger uden at kunne komme igennem med sin strategi. Senere sætter Frank Jensen spørgsmålet på dagsordenen med krav om gennem planlægningen at kunne sikre flere almennyttige og økonomisk tilgængelige boliger i København.

Presset på København viser, at der nu hos store grupper er en forestilling om den gode by, som baserer sig på billedet af den klassiske, tætte og funktionelt sammensatte by med et byliv præget af mange overlappende fysiske og kulturelle miljøer og mange valgmuligheder.

Om der hos de samme grupper er et reelt ønske om den socialt sammensatte by, er nok ikke så tydeligt. Søren Møller Christensen og Nicolai Carlberg beskrev meget rammende de velhavende indflytteres ønsker til byen som: "en stille oase midt i alting". Oversat: Vi vil gerne være omgivet af et sammensat byliv – men på afstand. Vi vil have vores områder for os selv. Og det billede af den gode by er jo på den ene side selvmodsigende, men på den anden side er det i det store og hele det, der sker. Vi bygger nye kvarterer, som er rene øvre middelklassekvarterer, og de svageste grupper presses fortsat ud af de eksisterende kvarterer – enten uden for Københavns Kommune eller til de store almennyttige bebyggelser i kommunen.

DEN REGIONALE BY OM DEN TÆTTE BY

Dette hurtige blik på efterkrigstidens by-forestillinger har fokuseret på Københavnsområdet. Selv om der i de sidste 15 år har vist sig en markant øget interesse for den tætte by som den attraktive ramme om dagliglivet, betyder det ikke, at billedet af det gode liv i forstaden er blevet udraderet. Der er stadig en stor efterspørgsel efter parcelhuset og dermed de dagliglivsformer, som det er forbundet med. Der sker også store forandringer i mange af de gamle parcelhuskvarterer med nedrivning af huse fra den første efterkrigstid og erstatning med nye og større typehuse parret med indflytning af mere velhavende beboere. Men dagliglivet i forstaden er i dag et dagligliv, der fletter sig meget mere ind i den regionale by, end det gjorde for 30 år siden, og som inddrager den tætte by som leverandør af oplevelser, kulturtilbud og adspredelse. Man kan beskrive forstædernes nye dagligliv som en form for regional turisme: Som den traditionelle turist vælger mellem Tyrkiet eller Sydafrika, så vælger vi mellem forskellige dele af regionen og de aktiviteter og miljøer, der kan opleves der.

and the everyday lifestyle that it implies. At the same time, many of the old single-family home neighbourhoods are being transformed, as houses built during the first post-war era are torn down to be replaced by new and larger tract houses, and higher-income residents are moving in. However, an everyday suburban life today is much more intertwined with life in the regional city than it was 30 years ago, drawing on the dense city as a source of cultural and other experiences and recreation. In a sense, the new suburban lifestyle can be described as a form of regional tourism: just as a traditional tourist chooses between Turkey or South Africa, we may choose among different parts of the region and the activities and environments they have to offer.

The growing interest in the dense city should thus be seen more as affirmation that the concept of the good city has become far more differentiated among different groups than it was – or, at least, was perceived to be – during the early post-war period. This reflects both a more pronounced stratification along income lines and a differentiation due to changing demands and expectations among the groups who are free to choose where in the region they want to settle. Among the key factors changing are family types, age groups, spending power and lifestyles.

That takes us back to the discussion about the concept of the good city. During the critically minded 1970s, the immediate question would be: Good for whom? In practice, this implies a rejection of the very possibility of speaking of the good city, because the city that is good for one group invariably excludes or oppresses another.

However, if we turn to Friedmann and his demonstration of the need to have a common vision for civil society to even exist – and develop its cities – we have to take a second look at the concept and its implications.

THE POWER OF THE MIDDLE CLASS

If we look at the liveability concept and what it implies and expresses, it carries obvious importance. It is important to continue to maintain that the purpose of attempting to manage our cities is to make them appropriate settings for a rich everyday life for many different groups – not merely to make them economically successful, promote their growth or ensure the smooth flow of traffic. This makes liveability suited to serve as an important counter-concept or corrective to an increasingly dominant focus in urban policies on market conditions and growth.

Examining Copenhagen's historical slum clearance and urban renewal strategies, we see a shift between certain general ideals of the good city, which are incorporated into institutions and policies and enter the wider debate, and the everyday experiences that are continually harvested and generalized. The institutionalized ideals often show a certain sluggishness and inertia.

Den store interesse for den tætte by må derfor mere ses som en understregning af, at forestillingen om den gode by er blevet langt mere differentieret mellem forskellige grupper, end den var – eller i hvert fald blev opfattet – i den tidlige efterkrigstid. Det dækker både over en øget sortering efter indkomst og en differentiering, som har at gøre med en ændring i kravene og forventningerne hos de grupper, der frit kan vælge, hvor i regionen de vil bosætte sig. Det er ændringer i familietyper, i aldersgrupper, i økonomisk formåen og i livsstil, der spiller ind.

Det fører os tilbage til diskussionen om begrebet den gode by. I de kritiske 70'ere ville man straks spørge: God for hvem? og dermed i praksis afvise, at man kan tale om den gode by, fordi den by, som er god for nogle, udelukker eller undertrykker andre.

Men hvis vi så vender os til Friedmann og hans påpegning af nødvendigheden af en fælles vision for, at civilsamfundet overhovedet kan eksistere – og udvikle sine byer – så er vi jo nødt til at kigge på begrebet og dets implikationer en gang til.

MIDDELKLASSEMAGT

Hvis vi ser på liveability-begrebets indhold og signalværdi, så er begrebet åbenlyst vigtigt. Det er vigtigt, at vi hele tiden fastholder, at målet med at forsøge at styre vores byer er, at de kan danne rammer om et rigt dagligliv for mange forskellige grupper – og ikke bare, at byerne er økonomisk succesfulde, at de vokser, eller at trafikstrømmene forløber effektivt. Liveability kan således indtage pladsen som et vigtigt modbegreb eller et korrektiv til en mere og mere fremherskende markeds- og vækstfiksering i bypolitikken.

Fig. 4 "Den Sorte Firkant". Hjem for ca. 18.000 beboere i 1971, inden sanering og nedrivning. Illustration fra *Arkitekten*, 1971.

Ser vi på historien om de københavnske sanerings- og fornyelsesstrategier, så fremstår der en forskydning mellem nogle overordnede idealbilleder af den gode by, som optages i institutioner og politikker og breder sig ud i den brede debat, og på den anden side de dagliglivserfaringer, der løbende opbygges og generaliseres. Institutionernes idealbilleder er ofte præget af en vis langsomhed og træghed.

På et andet plan ser vi ændringer i de sociale og økonomiske vilkår, som udløser ændrede livsformer og livsstile – og de skifter hurtigere og delvist upåagtet af de officielle institutioner og politikker.

Man kan se denne forskydning som en parallel til den franske filosof Michel de Certeaus skelnen mellem strategier og taktikker. Strategier er ifølge Certeau noget, magthaverne og de

Fig. 4 'The Black Square' – home to around 18,000 residents in 1971, before demolition and redevelopment. Illustration from *Arkitekten*, 1971.

On another level, we see changes in social and economic conditions that in turn lead to changes in lifestyle – which change at a faster pace and, to some extent, unnoticed by official institutions and policies.

This shift may be viewed as a parallel to the French philosopher Michel de Certeau's distinction between strategies and tactics. Strategies, according to Certeau, are the instrument of the Establishment and society's key institutions. Tactics are how individuals manoeuvre in spite of, in opposition to or partially independently of these strategies.

The shift points to issues concerning what is included in a liveability index: is it what Certeau would call the Establishment's perception of the good city, or is it the conditions that the individual actors of everyday life find important? The

bærende institutioner benytter sig af. Taktikker er individernes måde at manøvrere på trods af, i oprør mod eller delvist uafhængigt af disse strategier.

Denne forskydning peger på nogle andre problemer for et liveability-indeks, for hvad er det, der er inkluderet i indekset: Er det det, Certeau ville kalde magthavernes syn på den gode by, eller er det de forhold, som dagliglivets individuelle aktører lægger vægt på. Der vil nok være en høj grad af sandsynlighed for, at det er magthavernes syn.

'Magthavere' – er vi ikke med den sprogbrug tilbage til den konfrontatoriske linje, som Friedmann siger, vi må væk fra, hvis vi skal skabe en bredt forankret bypolitik?

Vi kan forblive på samme sted i alfabetet og erstatte magthavere med middelklassen. Der vil være en stor sandsynlighed for, at det er middelklassens krav til den gode by, der sætter sig igennem i afgrænsningen og praktiseringen af liveability-begrebet – og især i de kategorier og kriterier, som indgår i forsøg på at gøre begrebet målbart – dvs. gøre det til et indeks.

Hvis vi eksempelvis ovenfor havde erstattet Ash Amin med Richard Florida, så havde vi fået et meget illustrativt eksempel på, hvordan kravene til den gode by forskyder sig til mellemklassens værdier.

At det er mellemklassens værdier, vi får fat i, er jo ikke i sig selv odiøst. Middelklassen, det er jo os – os, der skriver denne bog, og os, der læser den. Det er os, som producerer de dynamikker, der driver udviklingen i byerne. Det er os, der er flest af. Det er os, der skaber vækst. Det er os og de miljøer, vi danner omkring os, som de andre middelklasseturister rejser efter. Det er os, de mest fremgangsrige virksomheder vil have fat i.

UDELADELSEN AF DEN SOCIALE DIMENSION

Stillet over for dette nye begreb kan man derfor blot konstatere, at både normalsproget og fagsproget hele tiden udvikler sig, og nu er der dukket et nyt begreb op, som har vundet bred anvendelse. Og man kan glæde sig over, at interessen for, hvad der skaber det gode liv i byen, tilsyneladende er blevet skærpet med udbredelsen af liveability-begrebet.

Men man kan også stille sig lidt mere spørgende an og undersøge, hvad det er for en faglig-urban kontekst, som dette nye begreb optræder i og udspringer af. Liveability-begrebet har fat i nogle af de samme forhold, som indgår i bæredygtighedsbegrebet. Man kan derfor se det som et forsøg på at specificere det velmenende, men udflydende bæredygtighedsbegreb. Hvis vi ser det på denne måde, kan vi opfatte liveability som værende i kategori med andre nyere begreber og kategorier som Green Cities og CO_2-neutrale byer. De er også opstået som specifikationer af nogle af de indsatser, som ellers har været samlet under det brede bæredygtighedsbegreb.

most likely scenario is probably that it reflects the views of the Establishment.

'The Establishment' – does this term not take us back to the confrontational line that Friedmann argues we have to abandon if we are to develop a broadly anchored urban policy?

We could replace 'Establishment' with 'middle class'. There is a high likelihood that the definition and practice of the liveability concept will reflect middle-class demands on the good city – especially in the categories and criteria that go into attempts at quantifying the concept – that it, translating it into an index. For example, if we had replaced Ash Amin with Richard Florida above, we would have had a very illustrative example of the way in which requirements for the good city are shifting towards middle-class values.

This emphasis on middle-class values is not in itself problematic. The middle class, after all, is *us* – the people reading and writing this book. We are the ones generating the dynamics that drive urban development. We are the majority. We are the ones generating growth. We, and the environments we create around us, make up the settings that other middle-class tourists travel here to visit. We are the targets of the most successful companies.

LEAVING OUT THE SOCIAL DIMENSION

This new concept tells us that both the general and the professional terminology are in continuous development, and right now, we are seeing the emergence of a new concept that has won widespread use. And we can note with satisfaction that the growing use of the liveability concept seems to have raised interest in what makes the good life in the city.

However, we may also take a more inquisitive stance, examining the nature of the professional-urban context that the new concept is being used in and springs from. The liveability concept addresses some of the same aspects as the sustainability concept. It can therefore be seen as an attempt at specifying the well-intended but vague concept of sustainability. In this light, we may see liveability as belonging in the same category as other, more recent conceptual categories, such as Green Cities and CO_2-neutral cities. They too have emerged as specifications of some of the efforts that have otherwise been included under the broad umbrella of sustainability.

What characterizes CO_2-neutrality, however – including the most common applications of the Green City concept – is that it leaves out or downplays the social dimension of sustainability, applying a narrower focus in the discussion about the design of our cities – and, ultimately, our societies – than the one implied in the three-pronged sustainability concept. This makes it appropriate to ask whether these new concepts should be regarded exclusively as attempts at achieving more operational targets for a sustainable urban policy and urban planning, or whether they

Men det, der karakteriserer CO_2-neutralitet – og også de fleste anvendelser af Green City-begrebet – er, at de udelader eller nedprioriterer den sociale dimension af bæredygtighedsbegrebet og dermed fokuserer snævrere i diskussionen om indretningen af vores byer – og i sidste ende vores samfund – end det, der er indeholdt i det trestrengede sustainability-begreb. Man kan derfor spørge, om disse nye begreber udelukkende skal opfattes som forsøg på at nå frem til mere operationelle mål for en bæredygtig bypolitik og byplanlægning, eller om de også må opfattes som en måde – bevidst eller ubevidst – at nedprioritere det sociale i de aktuelle diskussioner om den gode by?

Spørgsmålet er så bare, hvordan liveability-begrebet med tilhørende indekser bliver brugt. Hvis de bliver brugt med en klar bevidsthed om, at det handler om at øge byens attraktivitet for middelklassen, så er det vel meget fornuftigt. Men hvis de bliver brugt som det eneste mål og den eneste rettesnor for, hvordan bypolitikken og byerne skal indrettes, så er både begreb og indekser dybt problematiske.

Så bliver det legitimeringen af enten at se bort fra det sociale eller at indskrænke betydningen til at handle om middelklassens sociale liv og de rum og politikker, der støtter det.

Jens Kvorning er professor emeritus på Institut for Bygningskunst og Kultur på Det Kongelige Danske Kunstakademis Skoler for Arkitektur, Design og Konservering.

Den litteratur, der henvises til, er:

Ash Amin: The Good City. *Urban Studies*, Vol. 43. 5/6 2006.

Ash Amin: "Collective Culture and Urban Public Space". *City*, Vol. 12. 2008. Routledge.

Ash Amin & Nigel Thrift (2002): Cities. *Reimagining the Urban*. Polity Press.

Richard Florida (2002): *The Rise of the Creative Class*. Basic Books.

Michel de Certeau (1984): *The Practice of Everyday Life*. University of California Press.

Lewis Mumford: "What Is a City?" *Architectural Record*, 1937.

Lewis Mumford (1956): *The Urban Prospect*. Harcourt, Brace & World.

Lewis Mumford (1945): *The Social Foundations of Postwar Building*. Faber & Faber.

John Friedmann (2011): *Insurgencies*. Routledge.

Louis Wirth: Urbanism as a Way of Life. *The American Journal of Sociology*, July 1938.

Liveability-beskrivelsen er hentet fra: *The Policy Book: AARP Public Policies.*

should also be regarded as a way of – consciously or unconsciously – downplaying the social aspect in current discussions about the good city?

The question, then, is how the liveability concept and the related indexes are going to be applied. If they are used with a clear awareness that the goal is to enhance the city's attractiveness to the middle class, that would seem to make sense. But if they are used as the one and only measurement and guideline for the design of urban policies and cities, both the concept and the related indexes are profoundly problematic.

In that case, they come to legitimize the exclusion of social concerns or limit the scope to the social life of the middle class and the spaces and policies that support it.

Jens Kvorning is professor emeritus at the Institute of Architecture and Culture at the Royal Danish Academy of Fine Arts Schools of Architecture, Design and Conservation.

The article is translated from Danish.

References:

Ash Amin: The Good City. *Urban Studies*. Vol. 43. 5/6 2006.

Ash Amin, Collective Culture and Urban Public Space. *City*. Vol. 12. 2008. Routledge.

Ash Amin + Nigel Thrift (2002), Cities. *Reimagining the Urban*. Polity Press.

Richard Florida (2002), *The Rise of the Creative Class*. Basic Books.

Michel de Certeau (1984), *The Practice of Everyday Life*. University of California Press.

Lewis Mumford (1937), What Is a City? *Architectural Record*.

Lewis Mumford (1956), *The Urban Prospect*. Harcourt, Brace & World.

Lewis Mumford (1945), *The Social Foundations of Postwar Building*. Faber & Faber.

John Friedmann (2011), *Insurgencies*. Routledge.

Louis Wirth: Urbanism as a Way of Life. *The American Journal of Sociology*. July 1938.

The definition of liveability is quoted from *The Policy Book: AARP Public Policies*.

KELLER EASTERLING i samtale med
KRISTOFFER LINDHARDT WEISS

På vej mod informations-rige byer

"Den kreativitet, der skal til, hvis man skal dæmme op for dumheden, er helt enorm. Ofte kræver det en form for skjult oprør."
— Keller Easterling

KLW
Man hører mange politikere og byplanlæggere i København tale om velfærdsbyen, som om det var en naturlov eller et stort middelklasseprojekt. Men det er i høj grad bestemt af globale kræfter, der former eller påvirker en by som København?

KE
København og andre byer, hvor der er en mulighed for at lovgive forandringer og for at lave kollektive aftaler om, hvad de forandringer bør være, er måske ikke normen i den globale politiske verden. På In-Between-konferencen ("In-Between Economies #1" i 2015 i København) viste jeg en hel del frizone-byer,[1] som er blevet populære byparadigmer over hele verden. Og den form for organiseringer udelukker ofte enhver form for demokrati, f.eks. rettigheder for arbejdere og andre. 'de er udtryk for den frie handel, men ligner byer. De har en skyline, men fravælger de fleste af de konsekvenser, forhold og konflikter, som vi normalt associerer med byliv.

KLW
Hvad er situationen i din hjemby, New York, når det gælder udviklingen af de rettigheder, du taler om?

KE
Jeg bor i en by, der, i det mindste i øjeblikket, er stabil, urban og forskelligartet på mange måder. Men Manhattan er også et sted med en utrolig rigdom, der stratificerer kulturer.

KLW
På to årtier ændrede New York sig dramatisk 180 grader fra at være et sted, man ville tage hen fra provinsen; hvis man var en form for outsider, så kunne man tage til New York og faktisk finde et sted at bo sammen med sine ligesindede. Nu er det den ene procents by, hvor man ikke har råd til at tage hen, medmindre man er privilegeret i forvejen. Så det er en slags 180 graders vending i vores måde at tænke byen på, og hvad der er muligt.

KELLER EASTERLING in conversation with
KRISTOFFER LINDHARDT WEISS

Towards Information-Rich Cities

'The creativity needed to get around the stupidity is very sturdy. Often it requires a kind of dissensus that doesn't declare its name.'
—Keller Easterling

KLW
You hear a lot of politicians and urban planners in Copenhagen speak of the welfare city as if it was a natural law or some great middle-class endeavour. But it is very much the product of global forces that shape or influence a city like Copenhagen?

KE
Copenhagen and other cities where there is a chance to legislate changes and a chance for collective agreement on what those changes should be are perhaps not the norm in the global political world. At the In-Between Conference ('In-Between Economies #1', which took place in Copenhagen in 2015), I showed a lot of Free Zone cities[1] that have become a popular urban paradigm around the world. And those organizations often completely foreclose on the possibility of a democratic voice – rights for our workers and others. They are the instruments of free trade that resemble cities. They have a skyline, but they have banished most of the consequences, circumstances and conflicts that we usually associate with urbanity.

KLW
How does New York City compare to the Free Zone Cities you have studied in relation to the development of the rights you speak of?

KE
I live in a city that is, at least for the time being, stable, urban and diverse in some ways. But Manhattan is also a place of incredible wealth that stratifies cultures.

KLW
In two decades, it dramatically changed 180 degrees almost from being a place you would go to from the provinces; if you we're some kind of misfit, you would go to New York, where you could find space, literally, to live among your peers, and now it's the one-per-cent-city where you can't really afford to go unless you have privileges already. So, it's kind of an 180 degree turn in our idea of the city and what is possible.

KE
Det er rigtigt, at det er blevet til endnu et sted for udelukkelse. Det er ikke den samme form for udelukkelse, man finder i frizone-byerne, som jeg har kigget på. Og i USA følger det ikke statsgrænserne, men afhænger af bebyggelsestætheden. Det er i virkeligheden en opdeling mellem byområder og ikke-byområder. Det har været sandt længe, men det blev endnu tydeligere efter det seneste præsidentvalg.

Så hvad er liveability? Efter Trump spekulerer jeg på, om det i virkeligheden er muligheden for udvekslinger og brydninger eller steder, der er informationsrige i modsætning til informationsfattige. Sådan at selv hvis man er økonomisk fattig, så er man i byen rig på muligheder, venner og netværk. Det er jo noget helt grundlæggende for bylivet, men det gør en forskel, og man opdager, hvor vigtigt det er at stole på folk frem for at føle sig truet af dem, hvor forskellige fra én selv de end måtte være. I USA vågnede vi efter valget op til et land, der er hadsk. Byerne giver en større modstandsdygtighed og udveksling.

KLW
Så hvad mener du om den bypolitik, der handler om at skabe liveability? Man kan fremme en slags informationsrigt bymiljø gennem bypolitik, eller man kan aktivt modarbejde det, ikke? I Danmark er der politikere og planlæggere, der forsøger at bruge liveability som et operationelt koncept.

Fig. 1 King Abdullah Economic City, Saudi Arabia

KE

That's right, it's become another place of exclusion. It's not the same kind of exclusion that you find in the Free Zone cities that I've been looking at. And when you look at the map of the United States it's not really divided along state lines, it's divided according to density. It's really this divide between the urban and ex-urban areas. It has been true for a while, but it became even more stark with this last presidential election.

So, what is liveability? After the US election of Trump, I wonder if it means a chance for exchange and encounter or the measure of a place that is information-rich as opposed to information-poor. So that even if you're economically poor, in cities you are rich with opportunities, friends and networks. It's urbanism 101, but it makes a difference, and one recognizes how important it is to rely on rather than be threatened by the people, however different they are. After the election we, in the US, woke up to a country that is hateful. Cities offer a chance for resilience and interdependency.

KLW

So what do you think of urban policies that are trying to promote some kind of liveability? You can actually promote an information-rich urban environment through urban policies, or you can actively work against it, right? I see politicians and urban planners in Denmark trying to figure out how to use liveability as a sort of operational concept.

Fig. 2 New Songdo City, South Korea

KE
I det, jeg beskæftiger mig med, har det aldrig været et spørgsmål om at vælge mellem højre og venstre. Det har aldrig været et spørgsmål om moral, eller hvad der er godt eller skidt. Det har altid handlet om, hvad der frigiver mere information og genererer mere diversitet. Hvad er det for nogle situationer, der veksler mellem et lukket kredsløb og en skarp todeling – organiseringer, der tror, de er 'den eneste ene' og det næste øjeblik langer ud efter enhver modstand? Den form for vekslen mellem et lukket kredsløb og en tvedeling er den sikre vej til at slette information. Så jeg er altid på udkig efter organiseringer med et ønske om at frigive information. Og de frodigste byer skaber hele tiden den form for organiseringer.

KLW
Mener du på byniveau, i form af politiske og planlægningsmæssige strategier – eller er det en mere abstrakt forståelse af ordet organisering?

KE
Den ene by har måske sygesikring, skoler og et lokalsamfund, hvor der er en stærk konsensus om, hvad der er godt. Men meget mangfoldige bydele som Rye Lane i London eller Queens i New York kan nyde godt af den her mangel på konsensus med mennesker fra hele verden, mange sprog og forskellige kulturelle tilgange. Det ene sted har sikkert det høje liveability-indeks med flotte træer, rene gader og alle serviceydelserne, men den anden er muligvis mere informationsrig eller tilbyder en rigere form for byliv.

Fig. 3 Lazika, Georgia

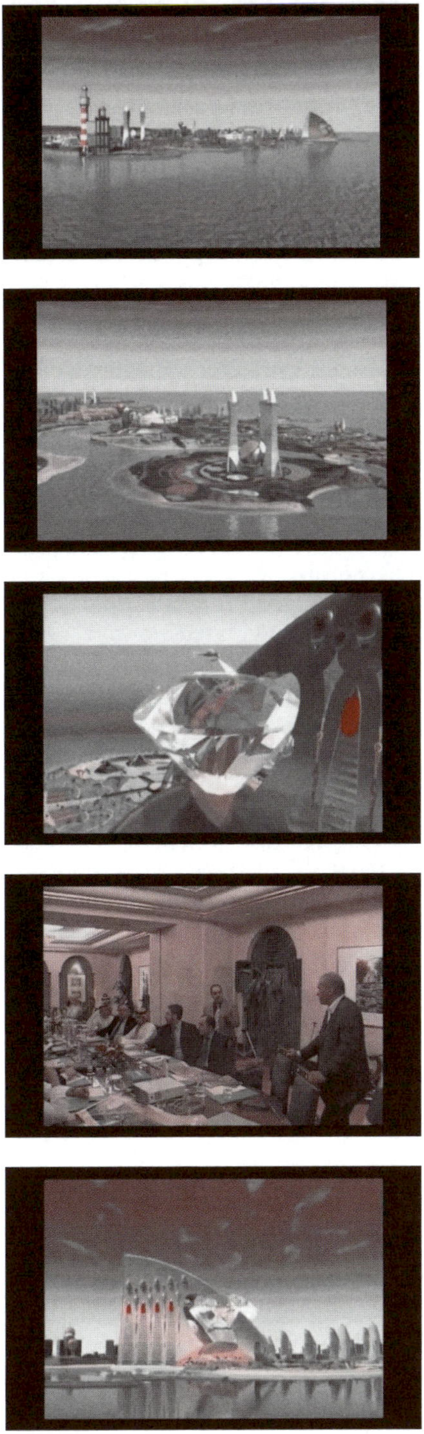

KE

In all the work that I'm doing it's never been a left-right choice. It's never been a moral or good-bad choice. It's always been a question of what releases more information and generates more diversity. What are those situations that oscillate between a closed loop and a fierce binary – organizations that believe they are the one and only and then lash out against any challenge. That oscillation between a closed loop and a binary is the quickest way to erase information. So I'm always looking for organizations with a disposition for releasing information. And the richest cities are constantly modelling that organizational disposition.

KLW

So you mean on an urban scale, like urban policies from politicians and planners, or is it a more abstract understanding of the word 'organization'?

KE

'City A' may have healthcare and schools and a community where there is strong consensus about what is good. But an incredibly diverse neighbourhood like Rye Lane in London or Queens in New York may benefit from a lack of consensus – people from all over the world, many languages and diverse approaches to cultures. One of them probably has the high liveability index with the pretty trees and the clean streets and all the services, but the other one might be more information-rich or offer a richer form of urbanity.

Fig. 4 Tunisia Economic City

KLW
Så hvad er det for kræfter, hvis jeg må beskrive det sådan, der truer den her informationsrigdom? Du talte lidt om kredsløb. Kan du uddybe det?

KE
Hvis vi tager frizonen, som jeg studerer, så har den alle mulige kommercielle fortællinger om frihed, afslapning og frihandel osv. Men det er ret tydeligt, at den er et lukket kredsløb, at den er en organisering, som kun cirkulerer kompatibel information. Den har udryddet modsigelserne for at blive et lukket kredsløb. Og det kan man støde på hvor som helst, om det så er i familielivet eller i en virksomhed eller en regering. Organiseringen er overbevist om sin egen rigtighed, renhed og retmæssighed, og alt, hvad der udfordrer den følelse af overlegenhed, bliver elimineret.

KLW
Det er næsten, som om du beskriver et gyserscenarie for, hvordan København kunne udvikle sig gennem en åndløs konsensuskultur.

KE
Jeg kender ikke København så godt, men ja, jeg er sikker på, at der er en vis grad af retfærdiggørelse eller selvtilfredshed. Men måske er det velfortjent. Det, jeg oplever, er, at en del af byens konsensus handler om beskyttelsen af børn. Og den del er ret smuk. Der er mange andre ting ved København, der også er smukke og fornuftige. Samtidig kan man argumentere for, at Danmark måske passivt-aggressivt har afskrækket migranter fra at slå sig ned der.

KLW
Så passiv-aggressiv byudvikling? Giver det overhovedet mening at bruge ordet liveability? Er konceptet for vagt til overhovedet at kunne tilføre nogen værdi til diskussionen af byen?

KE
Jeg har interesseret mig for dokumenter fra FN og Verdensbanken, der prøver at komme med et indeks for bymæssige kvaliteter som trivsel, fremgang og velstand. På nogle punkter er indekseringen latterlig, men i det mindste introducerer og vurderer den nogle rumlige variabler i stedet for udelukkende at fokusere på økonometri. Selv om det ikke er en virtuel, finansiel abstraktion, så har 'den her tunge, klumpede, rumlige gestalt' en værdi. Så den del fascinerer mig, og jeg er glad for tanken om, at folk kigger på byerne og prøver at forstå deres kvaliteter.

KLW
Ørestad og Nordhavn er virkelig eksempler på developer-dreven byudvikling. Byen og overborgmesteren har svært ved at komme op med ny lovgivning, der kan modvirke den udvikling. Og det er tilsyneladende meget svært at finde revnerne i magtkoncentrationen eller at udfordre den her meget stærke konsensus om, hvad en god by er, eller hvad en liveable by er?

KE
Ja. Vores problemer er bare værre. Men det er vigtigt at prøve at udvikle den politiske fantasi i USA, fordi vi bliver nødt til at leve os ind i, hvordan dumheden opererer. Den kreativitet, der skal til, hvis man skal dæmme op for dumheden, er helt enorm. Ofte kræver det en form for skjult oprør. I

KLW
So what are the forces, if I may put it that way, that threaten this information-richness? You mentioned the oscillation. Could you expand on that?

KE
When I look at the Zone, The Free Zone that I'm studying, it has all kinds of commercial stories about freedom, relaxation and free trade and so on. But it's quite clear that it's a closed loop, that it's an organization that's only circulating compatible information. It has eliminated contradiction to become a closed loop. And that can happen anywhere, whether at the scale of a family or a corporation or a government. The organization is convinced of its rightness, purity or fitness, and anything that challenges that sense of superiority is eliminated.

KLW
It's almost as though you're describing a horror scenario of how Copenhagen might develop through a breathtaking consensus culture.

KE
I don't know Copenhagen that well, but yeah, I'm sure there is a little bit of righteousness or self-congratulation. But maybe it is well-earned. What I see when I'm there, is that one rationale for the city's consensus involved the protection of children. And that part is quite beautiful. There are many other things about Copenhagen that are beautiful and sensible. At the same time, some have argued that Denmark

Fig. 5 Yachay, Ecuador

den kontekst er aktivisme ofte noget med at finde stilfærdige måder at gøde jorden på, så man kan påvirke stemningen, reducere volden og øge udvekslingen.

Keller Easterling er en amerikansk arkitekt, urbanist, skribent og underviser. Hun er aktuelt professor i arkitektur på Yale University i USA.

Interviewet er oversat fra engelsk.

1 Frizone-byer forstår Easterling som overstatslige informationssystemer, der findes uden for nationale lovgivninger, men som styrer byudvikling, f.eks. med løfter om frihandel, frihed og ingen skatter, red.

has perhaps passively-aggressively discouraged migrants from settling there.

KLW
So passive-aggressive urbanism? Does it even make sense to use the word liveability? Is it too vague a concept to actually add any value to this discussion of the city?

KE
I have been interested in UN or World Bank documents that try to come up with an index for qualities of the city that are linked to prosperity. On some level the indexing is ridiculous, but at least they are introducing and assessing spatial variables instead of relying exclusively on econometrics. Even though it is not a virtual financial abstraction 'this heavy, lumpy, spatial thing' has value. So that part intrigues me…and I like the idea that people are looking at cities and trying to understand their qualities.

KLW
Ørestaden and Nordhavn are developer-driven projects. The city and the lord mayor has a really hard time coming up with policies to counter this development. And it seems to be very difficult to find the cracks in the power-spaghetti or to tap into the power spaghetti of this very strong consensus of what a good city is or of what a liveable city is?

KE
Yes. Our issues are just so much less sane. But it is useful to try to develop a political imagination in the United States because you have to think about the way stupidity operates. The creativity needed to get around the stupidity is very sturdy. Often it requires a kind of dissensus that doesn't declare its name. It doesn't always look like dissent. Activism in this context often has to look for undeclared ways of softening the ground and changing the disposition to reduce violence and increase exchange.

Keller Easterling is an American architect, urbanist, writer and teacher. She is currently Professor of Architecture at Yale University.

1 Free Zone cities, in Easterling's understanding, are supranational information systems that govern urban development without being subjected to national legislation, for example based on a promise of free trade, freedom and tax exemption, ed.

KARSTEN R.S. IFVERSEN i samtale med
KRISTOFFER LINDHARDT WEISS

Det lange seje træk

"København er blevet den ultimative high-end by. Det er skæbnens ironi, at man har sejret ad helvede til."
— Karsten R.S. Ifversen

KLW
I DK er man nået utroligt langt med de (bymæssige) fremskridt, reel livskvalitet for en stor gruppe af mennesker, men projektet er ikke fuldendt. For der er fundamentale ubalancer i byen, og den generøsitet, du har beskæftiget dig med, har kun delvist sat sig igennem?

KI
Socialt er vi meget langt fra at sige, at København er en lige og retfærdig by. Det bliver mere og mere tydeligt de seneste år, at den københavnske udvikling jo har været en udskiftning af beboerne. Men man kan sige, at det lange, seje træk var at få en udslidt industriby løftet til en attraktiv by, der kunne leve på nogle nye præmisser. Man var i vildrede omkring byens udvikling i slutningen af 80'erne og begyndelsen af 90'erne. Den store sanering af Nørrebro og Vesterbro, det store statsstøttede projekt, har faktisk hjulpet byen allermest. Samtidig er der Metroen, Ørestad, udvidelsen af lufthavnen og broen til Malmø, som alle sammen var store infrastruktur-projekter, der var med til at gøre det attraktivt for erhvervslivet, som jo havde forladt byen.

KLW
Du vil beskrive det som en kæmpe succes, men der er malurt i bægeret?

KI
Uden tvivl, det er jo et planlægningsmesterstykke. Men opsplitningen af befolkningsmassen i små enklaver er markant, og man må sige, at de nye byområder ikke er blandede nok.

KLW
Det er jo egentlig en ret dramatisk udvikling. Man kan se det samme i New York, London og Paris og mange andre steder. Udviklingen overhaler, om man så må sige, byen.

KI
Lige præcis, Lou Reeds New York findes ikke længere. Søren Ulrik Thomsens og Tom Kristensens København og deres fortællinger om skæbnerne i storbyen er fortid, og dermed også opfattelsen af, at det er superkulturelt, spændende og lidt farligt at være i byen. København er blevet den ultimative high-end-by. Det er skæbnens ironi, at man på sin vis har sejret ad helvede til. Det er ikke rigtig lykkedes at få erhvervslivet med. Motoren i Københavns genrejsning er hovedsageligt

KARSTEN R.S. IFVERSEN in conversation with
KRISTOFFER LINDHARDT WEISS

The Long Haul

'Copenhagen has become the ultimate high-end city. Ironically, this could be characterized as a pyrrhic victory.'
—Karsten R.S. Ifversen

KLW
Denmark has come incredibly far in terms of (urban) progress, with real quality of life for a large group of people, but the project is not complete. There are fundamental imbalances in the city, and the generosity you have written about is only partially realized?

KI
In social terms, we are a long way from being able to call Copenhagen a fair and equitable city. In recent years it has become increasingly clear that the development of Copenhagen has involved a replacement of the population. In a sense, however, the long haul was in transforming a worn-down industrial city into an attractive city with a different drive. The city's development during the late 1980s and early 1990s lacked a clear direction. The urban renewal of Nørrebro and Vesterbro, a major project that was completed with state subsidies, was actually what did most for the city. In addition, there was the Metro, Ørestad, the expansion of the airport and the bridge to Malmø, all major infrastructure projects that helped make Copenhagen attractive to business, which had abandoned the city.

KLW
You describe it as a major success; do you see any downsides?

KI
No doubt; I mean, it's a planning masterpiece. But there is a pronounced tendency for the population to be split into tiny enclaves, and the new neighbourhoods lack diversity.

KLW
It's actually a fairly dramatic development. You see the same thing happening in New York, London and Paris and many other places. In a sense, the development is overtaking the city.

KI
Exactly. Lou Reed's New York no longer exists. Søren Ulrik Thomsen's and Tom Kristensen's Copenhagen and their stories about the characters you find in the city are gone, along with the notion of the city as a super-cultural, exciting and slightly dangerous place. Copenhagen has become the ultimate high-end city. Ironically, this could be characterized as a pyrrhic victory. The commercial sector is lagging behind. The main engine of Copenhagen's revitalization is the housing market and everything that entails, including calls

Fig. 1 Vesterbrogade, København. Foto: Martin Keiding

boligmarkedet, og de deraf følgende effekter som et krav om bedre offentlige rum, urban livskvalitet og alle de værdier, som middelklassen – og opefter – abonnerer på.

KLW
Du kortlægger i din bog om Københavns byrum, *Generøs By*, en lang række cases, der viser, hvordan arkitekter og byplanlæggere faktisk er meget gode til at registrere byens nye liv og reagere på det. F.eks. Lundgaard & Tranbergs projekt SEB.

KI
For mig er det et kerneeksempel på, hvad generøsitet er. Det er første gang, et domicil ikke peger på sig selv. At det ikke bruger hele området til at trække op til sig selv, til at fremvise sig selv, men tværtimod trækker sig til siden for at skabe et helt særligt sted med nogle rumlige kvaliteter, man ikke kan finde andre steder. Det er en omvendt Nykredit. Nykredit lagde sig ud på havnekanten og blokerer næsten det hellige, offentlige rum, som blev åbenbaret, efter at havnen ikke længere var en industrihavn. Det er ikke et inviterende sted, vel? SEB-projektet inviterer derimod folk indenfor.

KLW
Det er nærmest et adfærdspsykologisk perspektiv på liveability.

for better public spaces, urban quality of life and all the values that the middle class – and up – subscribes to.

KLW
In your book on Copenhagen's urban spaces, *Generøs By* (Generous City), you present a large number of cases illustrating how architects and city planners are actually fairly adept at registering and responding to urban life. One example is Lundgaard & Tranberg's SEB project.

KI
To me, that is a great example of generosity. It is the first head office building that does not point to itself; that doesn't commandeer the area around it as a platform for self-promotion but instead stands aside to create a unique site with unparalleled spatial qualities. It's the polar opposite of Nykredit. Nykredit placed its head office directly on the waterfront, virtually blocking the sacred public space that was revealed once the harbour was no longer an industrial port. It's not exactly an inviting place, is it? The SEB project, on the other hand, invites people in.

KLW
That's almost a behavioural psychology perspective on liveability. Or a human functional perspective in the sense that architecture can be inviting in a purely typological sense?

KI
Absolutely. It's simply a sort of humanist gesture that looks out for the well-being of the individual. But society also feels compelled to define the urban space as a key societal issue. I wrote an article in *Politiken* (the Danish newspaper) about how we domesticate the urban space with potted plants in front of the cafés and similar places. Some cafés set up virtual fortifications, like Café Victor, which goes all the way, establishing what you might call a 'burka yard' that only lets in a tiny sliver of light between the awning and the hedge. In many ways, buildings and urban spaces are like people: an open gesture leads to a positive response.

KLW
An open and welcoming culture of trust?

KI
I agree with Jan Gehl that as humans, we're all fairly similar. When we find ourselves on the motorway next to a two-kilometre-long housing project, we don't exactly feel welcome. It's not a set-up that screams quality of life and liveability. We don't feel included in any way, regardless of our social class. Although I'm aware that my gaze is shaped by my middle-class upbringing, I think there are certain constants that it's crucial to include when we expand our scope to include large-scale planning.

KLW
Is the city sufficiently generous? Couldn't we argue for an even more radical approach to the notion of generosity in the form of more public spaces and demand

Fig. 1 Vesterbrogade, Copenhagen. Photo: Martin Keiding

Eller human-funktionelt i betydningen, at arkitekturen rent typologisk kan være inviterende?

KI

Bestemt. Det er simpelthen en slags humanistisk gestus, der varetager det enkelte individs velbefindende. Men også samfundet, der har en trang til at sige, at byens rum er et vigtigt samfundsanliggende? Jeg har lige skrevet en artikel i *Politiken* om, hvordan vi domesticerer byrummet med potteplanter foran cafeerne og lignende steder. Nogle gange laves der deciderede fæstninger rundt om en café, som når Café Victor går helt til kanten og laver, hvad man kan kalde en burkahave, hvor der kun er en smal bræmme af lys mellem markisen og hækken. Bygninger og byrum er på mange måder ligesom mennesker. Hvis du har en åben gestus, vil folk respondere positivt.

KLW

En slags rummelig tillidskultur?

KI

Man må ikke miste forbindelsen til forståelsen af, 'hvordan vi oplever vores omverdenen'. Jeg er enig med Jan Gehl i, at mennesker er forholdsvis ens. Når vi bliver placeret ude på en motorvej ved et byggeri, der er to kilometer langt, så er det ikke sådan, at vi føler os inviterede, det emmer ikke af livskvalitet og 'liveability'. Man føler sig ikke tiltalt på nogen måde, uanset hvilken socialklasse man er i. Selv om jeg godt ved, at mit blik er middelklassedannet, så tror jeg, der nogle konstanter, som er supervigtige at have med, når man går op i skala og ser på den store planlægning.

KLW

Er byen generøs nok? Kunne man ikke argumentere for at radikalisere begrebet generøsitet endnu mere, dvs. mere offentligt rum og stærkere krav til de developere, der vil bygge i byen?

KI

Jeg synes, det er helt grotesk, når en almen boligforening på Christianshavn f.eks. begynder at lukke af med hegn og låger og dermed de facto privatiserer havnefronten. Begrebet om generøs by er konkret, og jeg har ikke brugt det som et teoretisk koncept, men som et praktisk, analytisk redskab.

KLW

Jeg fornemmer, at dit begreb om generøsitet har en lidt dybere klangbund. Det er nærmest et moralsk krav?

KI

Det udtrykker vel en grundlæggende medmenneskelighed, og på den måde har det en humanistisk klangbund. Men det er jo ikke kun behag for den enkelte, det er et samfundsideal.

KLW

Det er også en rettighed?

KI

Noget af det skønne ved generøsitet er jo, at du giver noget, du ikke burde give eller ikke behøvede at give. Det er hele pointen. Det er en bytænkning, der har bredt sig uden noget stort ideologisk manifest. Men det er ikke helt entydigt, for det meste boligbyggeri er ikke særligt generøst. 8-tallet er måske en undtagelse, men den ligger og vipper, fordi beboerne ikke rigtig vil have, at den store offentlige vej, der løber rundt i huset, bliver benyttet som sådan.

KLW

Kan man sige, at generøsiteten er lidt atomiseret? Vi kan kortlægge

more of developers looking to build in the city?

KI

To me, it's grotesque to see a non-profit housing association in Christianshavn, for example, fence itself off and thus de facto privatize the harbour front. The notion of the generous city is concrete; I don't apply it as a theoretical concept but as a practical analytical tool.

KLW

It seems to me that your notion of generosity goes fairly deep. It is almost a moral imperative?

KI

I guess it expresses a fundamental humanity, and in that sense, it has a humanistic quality. But it's not merely about what's pleasing for the individual; it is a societal ideal.

KLW

Is it also a right?

KI

One of the great things about generosity is that you're giving something you shouldn't give or don't have to give. That's the point. It is an urban approach that has spread without a major ideological manifesto. But it's not without ambiguity, since most residential architecture is not particularly generous. Perhaps *8 House* is an exception, but it's borderline, because the residents sort of resent the public using the public path that runs through the entire structure.

KLW

Could you say that the generosity is being atomized to some extent? We can map it, we can register it, but ultimately, few developers think in those terms about the city and the responsibility that comes with building in the city?

KI

Essentially, it's about understanding the site. Both in building design and in urban planning. Take Kalkbrænderihavnen in Copenhagen. Kim Utzon's complex with the many little buildings, which has been expanding for about 30 years, works really well. It's all about proportions. It's the classic architectural virtues it possesses that make it so accomplished. It gives something to the site and to the people on the site. That's a lot of classic architectural knowledge. There is an inherent generosity in generating architectural value.

KLW

Does the concept of generosity – as it pertains to the liveability discourse – pose a challenge to the corporate modernism of the 20th and 21st century, which took over after the ideological modernism, and thus the pure market-driven mindset that generates certain specific types?

KI

Unconstrained liberalism tends to lead to a dull mass product. In most cases, but it's not a given. SEB and other companies have noted the huge amount of positive coverage they have received, which represents tremendous PR value and encourages companies to consider their presence in the city. However, part of the concept of generosity is the absence of an ulterior motive. Cultivating a spatial quality that has no direct functional motivation. Certainly, there are other ways to design a ramp and a path for cyclists and pedestrians than the way it's done in the SEB project.

den, man kan registrere, men i sidste ende er det reelt få udviklere, der egentlig tænker på den måde om byen og det ansvar, man har, når man bygger i byen?

KI
Dybest set handler det om virkelig at forstå, hvor man bygger henne. Både på bygningsplan og i planlægningen. Tænk f.eks. på Kalkbrænderihavnen i København. Kim Utzons byggeri af mange små huse, der er vokset igennem efterhånden 30 år, er enormt velfungerende. Det handler om proportionering. Det er nogle klassiske arkitektoniske dyder, der gør, at det er så velfungerende et byggeri. Det giver noget til stedet, det giver noget til de folk, der er der. Der er en masse klassisk arkitekturviden. Der ligger en generøsitet i at skabe arkitektonisk værdi.

KLW
Udfordrer generøsitet som et begreb – der knytter sig til liveability-diskursen – det 20. og 21. århundredes Corporate Modernism, som overtog efter den ideologiske modernisme, og dermed den rene markedstænkning, som producerer bestemte typologier?

KI
Den ustyrede liberalisme tenderer mod et kedeligt masseprodukt. Måske, men det er ikke engang sikkert, for virksomheder som SEB har jo kunnet se i bakspejlet, at de har fået enorm meget positiv omtale, som er utrolig mange reklamepenge værd. Der er en kontant værdi i det, der opfordrer til, at virksomheder overvejer, hvordan de placerer sig i byen. Men i selve generøsitets-begrebet ligger det, at det skal være givet uden bagtanke. Opdyrkningen af en rumlig kvalitet, som ikke har nogen direkte funktionel motivation. For man kunne da ved gud godt lave en rampe på en anden måde og en vej for gående og cyklende, end de har gjort ved SEB.

KLW
Er vores opfattelse af fællesskabets status ved at ændre sig og dermed også de direkte og indirekte forventninger til byens rum som ramme om det gode liv?

KI
Der er det institutionaliserede fællesskab, den enorme konsensus, der er fuldstændig enestående i det danske samfund, som muliggør det her. Tag f.eks. biblioteksvæsnet, som er udfordret af, at bøger er et medie, der ikke længere har helt samme status, som det havde. Og hvad gør man så? Man insisterer på at bevare biblioteket som fællesrum, hvor det er gratis, alle kan gå ind uanset baggrund og søge viden, den højeste viden i Danmark. Det er jo fænomenalt. Det er en finmasket måde at se generøsiteten på, hvor det ikke kun er en fordring eller et lovgivningsmæssigt krav. For det er jo rigtigt, at vi har en tendens til at tilbageføre alt til en fordring på fællesskabet, det her fællesskab, vi har skabt. Det er det, der er vores formelt nordiske samfundsmodel, hvor man hele tiden forpligter hinanden. Der er et rum her, bogstavelig talt et rum, som er lidt uforpligtet.

Fig. 2 Skuespilhuset, København. Foto: Ty Strange

Fig. 2 The Royal Danish Playhouse, Copenhagen. Photo: Ty Strange

KLW
Is our perception of the status of community changing and with it our direct and indirect expectations of the urban space as a setting for the good life?

KI
This is enabled by both the institutionalized community and the high degree of consensus, which is a unique aspect of Danish society. Take the public library system, for example, which is challenged by the fact that books no longer enjoy the same status they once did. So, what do you do? You insist on preserving the library as a common space where anyone can come, free of charge and regardless of background, to seek knowledge, the highest knowledge available in Denmark. That is phenomenal. It is a perception of generosity that goes into the very fabric of the community, where it is not merely an obligation or a legal requirement. Because it's true that there can be a tendency to see everything as an obligation of the community; the community we have built. In formal terms, that is what defines our Nordic society where we constantly oblige each other. There is a space here, a literal space, that is less obliging.

KLW
So you insist that the public space is not merely a recreational space?

KI
It is not an agora in the classic Greek sense. By in the case of the Royal Playhouse, there is both an open, fairly ceremonious space, the Kvæsthusmolen pier, and the qualities of the dense city with the promenade inside and outside the building. There is a public space that runs through the building,

KLW
Så du insisterer på, at det offentlige rum ikke kun er et rekreativt rum?

KI
Det er ikke en agora i klassisk græsk forstand. Ved Skuespilhuset får man både et åbent og et mere ceremonielt rum, Kvæsthusmolen og den tætte bys kvaliteter med promenaden i og uden for bygningen. Man har lavet et offentligt rum igennem bygningen, der knytter an til broen ude foran via foyeren, som også er et gennemgangsrum med en masse funktioner, med scener. Det er svært at passere Skuespilhuset uden at blive involveret på en eller anden måde. Kvæsthusmolen derimod bliver mere skrabet fri, jo længere du kommer ud, og mod slutningen er der ingenting andet end havnerum. Man kan sige, at der i den ene ende er det super-intense urbane oplevelsesrum, hvor det handler om at understøtte nogle sociale funktioner. Nede i den anden ende af Kvæsthusmolen derimod er det jo nærmest et eksistentielt rum, hvor det er dig og himlen, det hele handler om, og havnen.

KLW
Liveability kan også udtrykke behov, der ikke kun relaterer sig til komfort og oplevelser?

KI
Det er nogle konkrete mellemværender, der iscenesættes gennem den rumlige generøsitet. En rumlig anledning til at sanse byen på en anden måde, der ikke er dikteret af trangen til det oplevelsesmættede. Hvis du skal have liveability i en by, så skal du have forskellige rum og lukke den kunstneriske erfaring ind ad bagdøren. Som Torben Schønherr siger, så skal der være nogle rum, hvor man går hen, når man har hjertesorger. Hvis man skal tale om det menneskelige som en eller anden målestok for, om det er godt eller ej, så må man også have hele spektret af menneskeligheden med.

Karsten R.S. Ifversen er arkitekturredaktør på dagbladet *Politiken*.

linking up with the promenade in front of the building via the lobby, which is also a passage with many different functions, with stages. It's difficult to pass the Playhouse without somehow becoming involved. Kvæsthusmolen, on the other hand, becomes more sparse the farther out you go, and towards the end there is only the harbour space. At one end, there are high-intensity urban experiential spaces that are all about promoting various community functions. At the other end of the pier is an almost existential space where it's just you and the sky and the harbour.

KLW
Liveability can also express needs that go beyond comfort and experiences?

KI
Spatial generosity frames certain concrete interactions. It offers a spatial occasion to sense the city in a different way that is not dictated by the urge for intense experiences. To ensure liveability in a city you need to include a wide variety of spaces and let the artistic experience in through the backdoor. As Torben Schønherr puts it, there also have to be spaces to seek out when you're broken-hearted. If we talk about humanity as some sort of yardstick for whether something is good or not, we need to include the full range of the human experience.

Karsten R.S. Ifversen is the architecture editor at the Danish national newspaper *Politiken*.

The interview is translated from Danish.

Fotografi af CECILIE NELLEMANN
Tekst af KRISTOFFER LINDHARDT WEISS

Copenhagen Vernacular

Med Københavns historiske ekspansion har en ny, markant bygningsstil – og -kultur materialiseret sig. Fra 1995 til 2018 øgedes Københavns befolkning med 28% fra 470.000 til 600.000 personer. Og udviklingen fortsætter. Det har afgørende ændret byens socioøkonomiske profil og forskubbet det urbane tyngdepunkt fra centrum til en række nye bykvarterer som Ørestad, Nordhavn, Teglholmen, Sluseholmen og det fremtidige Refshaleøen og Lynetteholmen, en helt ny ø anlagt i Københavns Havn. Den stærkt stigende befolkningstilvækst og stigende efterspørgsel efter boliger har skabt en bygningskultur baseret på hurtig omsættelighed og generiske materialer, drevet af et developervenligt miljø for investeringer og videresalg, ikke mindst af de mange projektlejligheder i de nye bykvarterer, der sælges baseret på renderinger, inden de er opført. De mange boligprojekter er overordnet set kendetegnet ved en gennemgående brug af industrielle, præfabrikerede bygningselementer fra et begrænset katalog af løsninger. Det gælder såvel grundmodulerne med deres ensartede vinduesåbninger og proportioner som facadebeklædningens farvetoning. Effektive, velafprøvede industrielle byggesystemer og standarder, der er i stand til at følge med den store efterspørgsel efter boliger. Med de lovgivningsmæssige krav til størrelse, indretning og miljø udrulles konsekvent skabelonen for københavnerboligen i det 21. århundrede i hele København. Variationen begrænses til et snævert rumligt vokabularium, der er tilpasset markedets incitamentsstrukturer, dvs. orientering mod vandet om muligt og simple planløsninger, der giver fleksibilitet i indretningen. Der opstår et meget direkte forhold mellem typologi og markedsvilkår. Den moderne københavnerbolig er målrettet børnefamiliens behov, belært af historien om København som en by med alt for små lejligheder, der pressede de skattebetalende børnefamilier ud af byen. Udviklingen kan bedst sammenlignes med den udvidelse af byen, der fandt sted, da de københavnske brokvarterer inden for relativt kort tid voksede frem i midten/slutningen af 1800-tallet og første halvdel af 1900-tallet. Det skabte de velkendte københavnerkarreer, der er en fast del af det bybillede, vi forbinder med Københavns skala og materialitet. I dag er udviklingen accelereret og omfatter grundsalg og byggerier, der i regi af By & Havn er med til at finansiere den københavnske metro.

Photography by CECILIE NELLEMANN
Text by KRISTOFFER LINDHARDT WEISS

Copenhagen Vernacular

Copenhagen's historical expansion has given rise to a new high-profile architectural style and building culture. From 1995 to 2018, Copenhagen's population grew by 28%, from 470,000 to 600,000. And the trend continues. This has fundamentally altered the city's socioeconomic profile and shifted the urban point of gravity from the city centre to new-built neighbourhoods such as Ørestad, Nordhavn, Teglholmen, Sluseholmen and the future developments of Refshaleøen and Lynetteholmen, the latter a brand-new island to be built in the Copenhagen Harbour. The significant population growth and the rising demand for housing has led to a building culture based on high saleability and generic materials driven by a developer-friendly environment for investments and resale, not least in the form of the many pre-construction flats in the new neighbourhoods, which are sold, based on renderings, before they are even built. The many housing projects are generally characterized by a widespread use of industrial prefab elements from a fairly narrow catalogue. This applies both to the basic modules, with their uniform window openings and proportions, and to the colour range of cladding. Efficient, thoroughly tested industrial construction systems and standards that can keep up with the high demand for housing. Based on regulation requirements for size, layout and environmental aspects, the template for the 21st-century Copenhagen flat is rolled out throughout the city. Variation is confined to a narrow spatial vocabulary adapted to the market-based incentive structure with a high premium for waterfront locations and with simple layouts for maximum flexibility. A very direct link is emerging between typology and market terms. The modern Copenhagen flat is adapted to the needs of the young family, reflecting a lesson learned from the narrative about Copenhagen as a city with cramped flats that pushed tax-paying families out. The closest parallel to this development is perhaps the expansion of the city that took place when the Copenhagen districts of Vesterbro, Nørrebro and Østerbro were established over a fairly short period of time during the mid- to late 19th century and the first half of the 20th century. The new districts feature the now-familiar city blocks that have become a fixture of the cityscape we associate with the scale and materiality of Copenhagen. Today the development has accelerated to include the sale of plots and buildings by CPH City & Port Development to raise funds for the Copenhagen Metro.

De nye bydele er hovedsagligt boligkvarterer. Den eksklusive nærhed til vand og mange danske havnebyers konvertering af havnene til blå parker har åbnet mulighed for en helt anden brug af byen. Det offentlige rum i de nye bykvarterer bærer præg af et nøje udmålt forhold mellem offentligt og privat rum, med fokus på sikkerhed og rekreativt byrumsinventar. Forhandlingen om det private og det offentlige rum er en af de mest vanskelige i en by, hvor de kvaliteter, man traditionelt har forbundet med forstaden, er blevet en del af det urbane landskab som kantzoner, indhegninger og små, private forhaver midt i byen.

Cecilie Nellemann er grafisk designer og partner i Studio Atlant.

The new neighbourhoods are predominantly residential. The attractive proximity to water and the many Danish harbour cities' conversion of ports to blue parks have enabled a new way to use the city. Urban spaces in the new residential neighbourhoods clearly reflect a carefully measured relationship between public and private space with an emphasis on security and recreational urban furniture. The negotiation of private versus public space is one of the trickiest issues in a city where qualities that have traditionally been associated with the suburbs have become part of the urban landscape in the form of edge zones, fenced-off areas and tiny private front gardens in the middle of the city.

Cecilie Nellemann is a graphic designer and partner in Studio Atlant.

Nordhavn

STÅ STÆRKT
EXPAN montage
STÅ STÆRKT
EXPAN montage
STÅ STÆRKT
EXPAN montage

Teglholmen

Sluseholmen

Nordhavn

Ørestad

Sluseholmen

Sluseholmen

Nordhavn

Sluseholmen

Nordhavn

Sluseholmen

Teglholmen

Ørestad

Sluseholmen

Ørestad

Ørestad

Ørestad

Ørestad

Sluseholmen

So
sane

So
Sor

Chapter II

ial

ring

cial

ing

Af KRISTOFFER LINDHARDT WEISS

Social sanering

Det er et omsiggribende globalt byfænomen i den senmoderne æra, at øget velstand i de urbane centre og regioner medfører en dramatisk ændret beboersammensætning på alle væsentlige socioøkonomiske parametre. Konsekvenserne for de mange mennesker, der er påvirket af prisudviklingen, sætter sig igennem på den måde, byen fungerer og opfattes på. Det er et monumentalt skift i den kollektive forståelse af, hvilken ramme byerne er om hverdagslivet. At udviklingen med det globale opsving er accelereret, understreger blot, at den sociale sanering, der er den direkte konsekvens af den økonomiske udvikling, gennem udbredt segregering og ghettodannelse truer med at undergrave den sammenhængskraft, der i de nordiske lande har været et væsentligt ledemotiv i udviklingen af velfærdsurbanismen. Der er skabt strukturelle ubalancer, der truer med at få båden til at kæntre i en samfundskontekst, hvor lighedsmageri er et udbredt samfundsideal ikke mindst i de røde flertal, der har ansvaret for de største danske byer i Danmark. Det er et tilsyneladende paradoks: En kombination af ekstrem regulering (boliglovgivning, der kræver relativt store og dermed svært betalelige lejligheder) i en uhellig alliance med en yderst markedsdrevet byudvikling har skabt nye forventninger til det serviceniveau og de oplevelser, som byen tilbyder bl.a. de mange nye beboere. Det er velfærdsbyens store paradoks, at i takt med at byen bliver mere velhavende, så mister den grebet om det, der var velfærdens grundtanke, nemlig den inkluderende by, hvor social mobilitet og nærhed til de væsentlige statsinstitutioner ikke kun var for de få. Den drukner, om man så må sige, i sin egen succes, for de mennesker, den er skabt til, har på sigt ikke længere mulighed for at være en del af det fællesskab, som byen historisk set har været garant for. Samtidig har den øgede velstand medført en reprogrammering og redesign af byens rum med fokus på oplevelser, rekreation og komfort. Byen som scene, hvor borgerne mødes på kryds og tværs af sociale skel, talte man om i 90'erne, med den naive formodning, at skabte man blot mulighedsrummet, så ville de tilfældige møder og udvekslinger mellem samfundslag og kulturelle baggrunde automatisk blomstre. Sandheden er, at i takt med at velfærdsbyen udvikler sig til at være en velstandsby, så bliver manglen på alternative strategier for, hvordan man kan fastholde en mangfoldig beboersammensætning, endnu

By KRISTOFFER LINDHARDT WEISS

Social Sorting

As an increasing global urban phenomenon in the late modern era, the growth of prosperity in urban centres and regions leads to dramatic changes in the make-up of the population as measured on all essential socioeconomic parameters. Many people are being priced out of the market, and that has far-reaching ramifications for the workings and perception of the city. It marks a monumental shift in the collective understanding of the sort of the setting the city provides for everyday life. The acceleration of this trend that comes as a direct consequence of the global economic boom underscores that the social polarization through widespread segregation and ghettoization threatens to undermine the social coherence that has been a key driver of Nordic welfare urbanism. Structural imbalances are emerging that threaten to capsize the boat in a societal context where equality is a widely embraced ideal, not least on the left side of the political spectrum that holds a majority in Denmark's biggest cities. This has given rise to an apparent paradox: a combination of extreme regulation (housing legislation that requires fairly big and thus costly flats) in an unholy alliance with highly market-driven urban development has created new expectations of the service level and experiences that the city should afford. A major paradox of the welfare city is that as the city grows more prosperous, it loses its grip on the fundamental concept of the welfare ideology: the inclusive city where social mobility and easy access to key state institutions were not the reserve of the few. In a sense, its success became its undoing, because the people it was built for are no longer able to be part of the community that the city has historically guaranteed. Meanwhile, growing prosperity has led to the reprogramming and redesign of the urban space with a focus on experiences, recreation and comfort. The city as a stage, where citizens meet across social divides, was a talking point of the 1990s under the naive assumption that if only the space of possibility was created, random meetings and exchanges between people from different walks of life and cultural backgrounds would bloom. The truth is that as the welfare city becomes increasingly prosperous, the lack of alternative strategies for maintaining a diverse population becomes increasingly evident and urgent. The issues of 'ghetto' neighbourhoods and social imbalances have become some of the hottest topics in the debate about urban development. The political

mere tydelig og dermed presserende. Spørgsmålet om ghettobebyggelserne og den sociale ubalance er blevet et af de mest varme emner i diskussionen om byernes udvikling. Nedrivning af ghettobebyggelser og tvangsforflyttelser af beboere er den løsning, der lige nu implementeres. Hvor man tidligere brugte arkitekturen til at skabe bedre rammer og kun sanerede faldefærdige boligområder, så river man nu velfungerende bebyggelser ned alene på baggrund af beboersammensætningen i et tvivlsomt politisk kryds mellem bolig-, social- og integrationspolitik. Fokusset i byudviklingen er dermed skiftet fra et paradigme baseret på rene funktionalistiske ideer om effektiv trafikafvikling, logistik, opgradering af byrum og udbud af højkvalitetslejligheder til en ideologisk tonet debat om, hvem og til hvad byerne er skabt. En debat, der har – og bør have – rumlige rettigheder og tilgængelighed som sit naturlige omdrejningspunkt.

solution that is currently being implemented involves demolition of the 'ghetto developments' and mandatory relocation of the residents. While architecture was once used to create improved settings for life, and demolition was only used to deal with ramshackle buildings, today well-functioning housing blocks are being torn down simply based on the social characteristics of the residents in a dubious political amalgamation of housing, social and integration policies. Thus, the emphasis in urban development has shifted from a paradigm based on purely functionalist ideas of efficient traffic flows, logistics, upgraded urban spaces and the availability of quality housing to an ideologically informed debate about who and what the cities were built for. A debate that has – and should have – spatial rights and accessibility as its natural focal point.

Af TOM NIELSEN

'The liveable city' og dens lange skygge

Hvordan oversætter vi 'liveable' til en dansk planlægningskontekst? Det nærmeste er vel begrebet 'den gode by'. Det bruges stadigvæk, men jeg blev som en del andre fra min generation noget træt af det engang i 1990'erne. Nok fordi det aldrig blev forklaret, hvad der var godt og for hvem. Vel også fordi det var for inficeret med 68'ernes hippie-idealer om tæt-lav og fællesskab, der havde virket i et par årtier uden rigtigt at have skabt byer eller forandring uden for de små pletter, der var blevet ombygget. Noget alment gode var svært at finde. Ideen om liveability er den globaliserede og angloficerede verdens bud på et begreb, der på samme måde italesætter ønsket om positiv forandring på en måde, så det kan bruges som retningsgivende begreb i en byudviklingsstrategi. Liveability-æraen er 'soft'-normativitet og 'soft'-bypolitisering. Liveability er 'den gode by' justeret til den frie, uafhængige byshopper, der har brug for et territorium til at: identificere sig med; blive anerkendt igennem; skabe en fleksibel og komfortabel ramme om sit liv, der er tryg (forstået i en risikosamfundskontekst). Det er 'den gode by', men renset for besværet med at overveje, om der faktisk er et 'fælles gode' med i pakken.

Liveability er på en måde boligpolitikkens genkomst. Der diskuteres nu bokvalitet igen, efter at boligpolitikken formelt og symbolsk døde i 2001 med Anders Fogh Rasmussens regering, hvor By- og Boligministeriet blev nedlagt, og dets aktiviteter

By TOM NIELSEN

The 'Liveable City' and Its Long Shadow

How do we translate 'liveability' into a Danish planning context? The closest approximation may be 'the good city'. That concept is still in use, but like many others of my generation I grew a little tired of it back in the 1990s. Probably because it was never clarified what was good, and for whom. And perhaps because it was too infected by 1968 hippie ideals of low-rise, high-density housing and community-building that had been in play for a few decades without actually shaping cities or change beyond tiny, redeveloped areas. It was difficult to point to any general benefits. The notion of liveability is the globalized, Anglofied world's version of a concept that similarly articulates the desire for positive change in a manner that makes it applicable as a normative concept in an urban development strategy. The liveability era is about 'soft' normativity and 'soft' urban politicization. Liveability is 'the good city' adjusted to match the free, independent city shopper who needs a territory to identify with, to be acknowledged through, and as a flexible and comfortable setting for his or her life that provides a sense of security (in the context of the risk society). That is 'the good city', but without the trouble of considering whether the package actually includes a 'common good'.

In a sense, liveability marks the re-emergence of a housing policy. Housing quality is back on the debate agenda, after the formal and symbolic demise of housing policies in 2001 when the Anders Fogh Rasmussen administration eliminated the Ministry of Housing and Urban Affairs, transferring its activities to the

videreførtes under Erhvervs- og Økonomiministeriet. Siden da blev det småt med boligpolitik. Nu er liveability blevet et mål og et målepunkt for politikken uden at repræsentere et brud med økonomiagendaen. Hele den internationale ranking-dille, som liveability-begrebet er en del af, passer til et oplevelsesøkonomisk blik på byen og den fascination af det målbare, som moderne politik funderer sig på. Med den gør det uden eksplicit at være defineret som politik med målbare politiske mål og uden det sociale fokus, der definerede boligpolitikken, da den var stærkest og havde den største forandringskraft i efterkrigstiden.

ET RELATIVT BEGREB, DER IKKE FUNGERER UDEN ET PRÆCIST BYBEGREB

Som en slægtning til sustainability-begrebet er liveability et resultat af, at vi nu er tæt og dybt forbundet med resten af verden og må beskrive os selv og vores drømme med dens begreber. Liveability er et anvendeligt begreb, fordi det kan rumme meget. Men som sustainability er problemet med liveability, at det kan og skal defineres for hver ny kontekst, det bruges i. Liveability defineres forskelligt i Dubai og i København, og forskelligt af Arkitektforeningen og *The Economist*. Det er et relativt begreb, der kan bruges både skrupelløst og idealistisk. Internationalt defineres det primært omkring aspekter som: "smart growth, complete streets, lifelong communities, context-sensitive design and planning, transit-oriented development and placemaking (…)Liveability is about pleasant and appropriate urban environments that offer and reflect cultural values and foster individual career aspirations."[1] I Danmark er det yderligere præget af den humanistiske bytænkning, der har udviklet sig i nordisk byplanlægning i flere årtier. Her er der et særligt fokus på åbenhed, demokratisk deltagelse samt i høj grad den arkitektur, der understøtter byliv: en tæt bebygget og relativt lav bystruktur med gadeliv, velintegrerede byrum, parker og rekreative landskaber.

På trods af liveability-definitionernes fokus på f.eks. kollektiv trafik og politikker for kompakte byer er det bemærkelsesværdigt, at byer som Melbourne og Toronto notorisk scorer højt. Uden for deres bycentre svømmer disse store byers oplande nemlig i biler uden særligt gode muligheder for at bevæge sig rundt uden egen bil. Det peger på, at afgrænsningsdiskussionen er central. Altså: Hvor måler vi? Defineres byen som dens opgraderede centrum velegnet til turist- og forretningsliv eller middelklassens (for slet ikke at tale om underklassens) boligområder. Ligesom i sustainability-diskussionen, hvor afgrænsningsspørgsmålet også altid er centralt for definitioner og målinger. Det er ikke så svært at lave et enkelt hus bæredygtigt, hvis vi måler på energiforbrug, CO_2-fodaftryk m.v. Det kan også lade sig gøre med en bydel (f.eks. Masdar) eller en ø (f.eks. Samsø). Men overordnet set

Ministry of Economic and Business Affairs. Later, housing policies were rare. Now, liveability has become a political goal and yardstick without representing a clash with the economic agenda. The international ranking obsession that the liveability concept is a part of represents a perception of the city that is dominated by the experience economy and the fascination with quantification that drives modern politics. However, it does so without being explicitly defined as a policy with measurable political goals, and without the social focus that defined the housing policy during the post-war years, when it was at its strongest and most transformative.

A RELATIVE CONCEPT THAT ONLY WORKS IN COMBINATION WITH A SPECIFIC CONCEPT OF THE CITY

As a relative of the sustainability concept, liveability reflects that we are now closely and profoundly connected with the rest of the world and thus compelled to use its terms to describe ourselves and our dreams. Liveability is a useful concept because it is so versatile. But as with sustainability, the problem with liveability is that it can and must be defined anew for every given context. Liveability is defined quite differently in Dubai and Copenhagen, and differently by the Danish Association of Architects and *The Economist*. As a relative concept, it can be applied in unscrupulous as well as idealistic ways. Internationally, it is primarily defined by such qualities as 'smart growth, complete streets, lifelong communities, context-sensitive design and planning, transit-oriented development and placemaking (...) Liveability is about pleasant and appropriate urban environments that offer and reflect cultural values and foster individual career aspirations.'[1] In Denmark, it is further shaped by the humanist approach to city planning that has been developing in the Nordic countries for decades. It implies a special focus on openness, democratic participation and, importantly, the architecture that shapes life in the city: a dense and relatively low urban structure with street life, well-integrated urban spaces, parks and recreational landscapes.

Despite the emphasis on, for example, public transport and policies for compact cities in definitions of liveability, remarkably, cities like Melbourne and Toronto get famously high scores. Outside the city centres, the suburbs of these major cities are awash with cars and offer few possibilities of getting around by any other means. This points to the key importance of delimitation: where do we make our measurements? Do we define the city as its upgraded centre, suited for tourism and business, or as the residential districts of the middle class (not to mention the lower classes)? This resembles the sustainability debate, where issues of delimitation are similarly crucial to definitions and ratings. It is fairly easy to make a house sustainable in terms of energy consumption, CO_2 footprint and so forth. The same is feasible for a neighbourhood (like Masdar) or an island (like Samsø).

Fig. 1 **Byrummene uden for og omkring de store konsumknudepunkter er nogle af de tættest befolkede steder i H-byen. Potentialet for at udvikle attraktive, demokratiske byrum her er lige så stort som i de historiske bymidter. Hvis en bypolitik for 'the liveable city' skal repræsentere et flertal af befolkningen, skal steder som disse inkluderes. Foto: Tom Nielsen**

bliver eksempelvis den massive urbanisering i Golfområdet ikke bæredygtig af, at man har øer, hvor man ud fra særlige kriterier kan måle og styre bæredygtigheden.[2]

LIVEABILITY OG TILGÆNGELIGHED

Med liveability-diskussionen er det pludselig blevet et validt og for byen økonomisk attraktivt strategisk mål at understøtte, at dens beboere og besøgende har muligheden for og retten til at kunne bevæge sig langsomt. Unægtelig noget af et brud med modernismens forkærlighed for forbrændingsmotorer og høj hastighed. Ligeledes er det et mål at kunne integrere mange forskellige aspekter af byboerens liv inden for et relativt koncentreret territorium. Vi er med andre ord tilbage til opskriften på den tætte, integrerede by. Det, der blev kaldt den gode by, som en del af kritikken af modernismens funktionsopdeling og maskinmetafor, men i en konsumeristisk og netværksorienteret version, hvor livet også forventes at kunne flytte sig til helt andre fysiske eller virtuelle steder på et splitsekund. Det er det langsomme liv i det lokale kvarter med det globale udsyn og muligheden for at undslippe til et andet sted i verden, der er idealet.

Men hele Danmark er jo ikke hoppet ud af bilerne og slentrer rundt med et papkrus kaffe i den ene hånd og et barn/cykel/pose med interessant lokalt indkøb i den anden.

However, the massive urbanization in the Gulf region, for example, is not made sustainable by the existence of certain islands where sustainability can be measured and managed based on a specific set of criteria.[2]

LIVEABILITY AND ACCESSIBILITY

The liveability debate has certainly made it a valid and economically attractive strategic goal for cities to promote the ability and the right of residents and visitors to move at a slow pace. Quite a break with the modernist love affair with speed and the internal combustion engine. Similarly, it is a goal to be able to integrate many different aspects of the residents' lives within a fairly concentrated area. In other words, we have returned to the recipe for the dense, integrated city. What was known as the good city, as part of the critique of the modernist separation of functions and machine metaphor, but in a consumerist and network-oriented version, where life is also expected to be able to move to completely different physical or virtual locations in a split second. The ideal is

Fig. 1 The urban spaces outside and around the major consumer hubs are among the most densely populated sites in H-City. The potential for developing attractive, democratic urban spaces here is equal to the potential of the historical city centres. Any urban policy for 'the liveable city' that aims to represent a majority of the population will have to include these types of places. Photo: Tom Nielsen

slow living in the local neighbourhood with a global outlook and the ability to escape to another part of the world.

However, not everyone in Denmark jumped out of their car to take a leisurely stroll with a coffee-to-go in one hand and a child/bicycle/bag of interesting local shopping in the other.

THE OTHER KIND OF 'LIVEABLE CITY'

The current political majority – and thus democratic support – in Denmark for expanding and strengthening the infrastructure for cars, counter to the ideal of liveability, probably does not represent any rejection of 'the good' or 'liveable' city. More likely, it is a fundamental defence of a different version of 'the liveable city'. The version that most Danes live in. For large swathes of the middle class, the comfortable, 'good' life unfolds in a small or medium-sized Danish city with good access to infrastructure (motorway, highway, maybe the railway) that provides access to a medium-sized local supermarket (Netto, Rema 1000, Fakta) with a middling selection of standard groceries. The city should ideally be located within the 'H-City' (that is, within 10 km of the infrastructural H), preferably within one of the two regional hubs: the capital region or the urban region in eastern Jutland. Within about one hour's transportation, there should be access to a large number of workplaces (so that changing jobs does not necessarily mean

DEN ANDEN FORM FOR 'LIVEABLE CITY'

Når der for tiden i Danmark i modsætning til liveability-idealet er politisk flertal til og dermed demokratisk opbakning bag, at bilinfrastrukturen skal udbygges og styrkes, er det nok ikke en kamp imod 'den gode' eller 'liveable' by. Snarere handler det om grundlæggende at forsvare en anden udgave af 'the liveable city'. Den version, som flertallet af danskerne bor i. Det komfortable og 'gode' liv leves for en stor del af middelklassen i en lille eller middelstor dansk by, med god adgang til infrastruktur (motorvej, hovedvej, evt. tog) med adgang i nærområdet til mellemstor dagligvarebutik (Netto, Rema, Fakta) med mellemgodt udvalg af de fleste normale dagligvarer. Byen skal gerne ligge i H-byen (dvs. inden for 10 km's afstand til det infrastrukturelle H) og allerhelst i én af de to regionale knudepunkter: hovedstadsområdet eller den østjyske millionby. Inden for ca. en times tid skal der være adgang til et stort antal arbejdspladser (så man ikke behøver at skifte bolig, selv om man skifter job), uddannelsesinstitutioner (til de børn, som den midaldrende del af

Fig. 2 Adgangen til rekreative landskaber er en central kvalitet ved den anden form for 'liveable city'. Egå Engsø er et eksempel, der betjener en række byområder med direkte forbindelse via stier, som tiltrækker brugere fra et regionalt opland, samtidig med at det fungerer som landskabsarkitektonisk oplevelse og stedsmarkør for forbipasserende på motorvejen. Foto: Tom Nielsen

middelklassen ofte har 1-2 af), gode sygehuse, hvis man er ældre, og et bredt udsnit af kulturtilbud. Modernismens trafiksegregering med stisystemer til børnene er stadig populære og centrale for oplevelsen af frihed og tryghed. Det er en by, hvor der er nem adgang til en i international sammenligning høj 'velfærdsservice'. Der er let adgang til naturområder og mulighed for et større og tættere kendskab til lokalområdet og dets indbyggere end den, kvarteret i storby-strukturen giver. Et byområde, hvor sammenhængene er mere begribelige. Udvalget er ikke så stort, men potentialet for at indgå i et 'lifelong community' måske større end i store byer.

Knyttes spørgsmålet om 'lykke' – et andet nøglebegreb fra den globale indekseringshylde – til denne diskussion, så finder vi et helt land, der på forskellige lykke-indekser scorer højt, men som kun har nogle få områder (primært København), der scorer højt som særligt liveable. Og det er jo mærkeligt. Sammenholdt med det faktum, at langt de fleste i Danmark selv har valgt, hvor i landet de bor, og om de bor i en stor, mindre eller lille by, eller uden for en by, må det betyde: Enten kan man godt være lykkelig uden at bo i en 'liveable city', eller også er der mindst en anden version af 'the liveable city', som adskiller sig en del fra den, der oftest dukker op med billeder fra Vesterbro (Værnedamsvej m.m.), Havnebadet (det ved Islands Brygge); cyklister på Dronning Louises Bro eller på supercykelsti.

Fig. 2 Access to recreational landscapes is a key quality of the other kind of 'liveable city'. Egå Engsø is an example that serves several urban areas by offering direct links via paths that attract users from the regional environs and which also offers a landscape architecture attraction and a site marker for passing motorists. Photo: Tom Nielsen

moving house), educational institutions (for the children that the middle-aged segment of the middle class often have one or two of), quality hospitals (for elderly residents) and a wide range of cultural venues and activities. The modernist traffic segregation with foot/bicycle paths for the children remains popular and is seen as key to the sense of freedom and safety. The city should have easy access to what is, in international terms, a high level of 'welfare service'. It should have easy access to nature areas and offer opportunities for becoming much more acquainted with the local community than with a local neighbourhood in a big-city structure. An urban area on a much more comprehensible scale. The selection is smaller, but the potential for joining a 'lifelong community' may be better than in a big city.

If we bring the issue of 'happiness' – another key term from the global indexation shelf – into this discussion, we find an entire country that scores high in various happiness indexes, but which only has a few areas (primarily Copenhagen) that is rated as especially liveable. That seems odd. Since most people in Denmark have chosen where in the country to settle, and whether to live in a big, medium-sized or small city or outside a city, this has to mean that it is either perfectly possible to be happy without living in a 'liveable city', or that there is at least one other version of 'the liveable city' that differs from the one that is typically displayed with photos from Vesterbro (Værnedamsvej and other places), the

Fig. 3 I de mindre byer er dagligvarebutikkerne naturlige mødepunkter for lokalsamfundet. I Langå i H-byen er et mellemrum mellem to dagligvarebutikker og deres p-pladser blevet opgraderet som opholds- og møderum. Vi er langt fra Københavns tætbefolkede og intense offentlige sfære her, men stedet indrammer hverdagslivet i den lille by. Foto: Tom Nielsen

PLANLÆGNINGEN AF 'THE LIVEABLE CITY'

Begrebet 'liveability' er i forvejen bredt og vagt defineret, og det er nok på mange måder meningsløst at udvide det. Men ovenstående ekskurs om 'lykke' peger indirekte på den rolle, som planlægningen spiller. Kunne en af årsagerne til, at København scorer højt på liveability-indekset, og at Danmark scorer højt på lykke-indekset, være, at det ud over at være et lille, homogent, demokratisk, humanistisk baseret territorium også er ret gennemplanlagt, grundlæggende sammenhængende og fornuftigt disponeret og baseret på humanistiske principper? Er selve det, at byerne i udstrakt grad er planlagte, centralt for det, vi i Danmark mener skaber 'gode byer'?

Hvis vi tager den første model for 'the liveable city': Det er planlagt, at København har opnået en rimelig balance mellem fodgængere, cyklister og biler og givet adgang til at leve et rigt og varieret liv uden bil. Det er også planlægning, der har sikret, at byen karakteriseres af et netværk af sammenhængende offentlige rum med store oplevelsesmæssige kvaliteter.

I den anden model er hver af de små og lidt større byer samt forstadskvarterer, der udgør kvarterer i den netværksby, som de gamle bykerner er indskrevet i, også planlagte. Infrastrukturen er planlagt, og planlægningen har til en vis grad skabt de bydele, den forbinder, og de produktionslandskaber og naturområder, der

Harbour Bath (by Islands Brygge) or cyclists on Dronning Louises Bro or on a cycling superhighway.

PLANNING 'THE LIVEABLE CITY'

'Liveability' is already a broad and vaguely defined concept, and in many regards it seems pointless to expand it further. However, the above digression about 'happiness' points directly to the role of planning. Perhaps one of the causes of Copenhagen's high score in the liveability index and Denmark's high score in the happiness index is that, in addition to being a small, homogeneous, democratic territory based on humanist principles, Denmark is also characterized by fairly comprehensive planning, with an essentially coherent and sensible organization and based on humanist principles? Perhaps this high degree of planning is crucial to the Danish notion of 'good cities'?

Looking at the first model of 'the liveable city', planning is to credit for the reasonable balance between pedestrians, cyclists and cars in Copenhagen and the possibility of living a rich and

Fig. 3 In smaller towns grocery shops are natural meeting places for the local community. In Langå, which is part of H-City, a space between two supermarkets has been upgraded to offer a place where people can meet and linger. We are a long way from Copenhagen's densely populated and intense public spheres, but the space nevertheless frames everyday life in the small town. Photo: Tom Nielsen

varied life without owning a car. Planning has also shaped the city as a network of interconnected public spaces offering quality experiences.

In the other model, each of the small and medium-sized cities and suburban areas that make up neighbourhoods in the network city which the old city centres are embedded in, are also the result of planning. The infrastructure is planned, and planning is, to some extent, responsible for creating the neighbourhoods and districts it connects as well as the production landscapes and nature areas that separate the individual points of the network city. The network structure and internal interactions, however, are not the result of planning.

In city no. 1, planning for a 'liveable city' aims to limit motoring to facilitate a critical mass of pedestrians and cyclists to lead a liquid life with rich opportunities for interaction, many inviting stops, for example to visit specialty shops, and experiences along the way. It is based on a high density of people and a slow pace. We know that. In city no. 2, planning may be about optimizing access between the various parts of the city and between these parts and city no. 1.

THE GOOD CITY AND THE LESS GOOD CITY

'The liveable city' has a shadow or a family of cities that cannot be indexed as 'liveable'. Small and medium-sized cities and urban areas

adskiller netværksbyens forskellige punkter. Men netværksstrukturen og denne bys interne samspil er ikke planlagt.

I by nr. 1 handler planlægningen for en 'liveable city' bl.a. om at begrænse mængden af biler, så der er en kritisk masse af bløde trafikanter til at leve et flydende liv med mange muligheder for interaktioner, mange stop f.eks. i mindre specialbutikker og mange oplevelser på vejen. Den er baseret på en høj tæthed af mennesker og en lav hastighed. Det ved vi godt.

I by nr. 2 kunne planlægningen handle om at skabe størst og bedst mulig adgang imellem byens dele og imellem disse dele og by nr. 1.

DEN GODE OG DEN MINDRE GODE BY

'The liveable city' har en skygge eller en familie af byer, der ikke kan indekseres som 'liveable'. Små og mellemstore byer og byområder uden kritisk masse til overhovedet at blive målt, men som af de fleste af deres indbyggere opfattes som attraktive – værd at leve i. Forskellene imellem 'the liveable city' og dens lange skygge

Fig. 4 Den virkelighed, der er et tilvalg for en stor del af befolkningen, indebærer pendling i og afhængighed af bil. For nogle et nødvendigt onde, for andre en vigtig del af hverdagen, hvor der kan 'kobles af', høres musik, og landskabet og døgn- og årstidsrytmen kan nydes. Foto: Tom Nielsen

kan understreges, eller de kan søges medieret. Af planlægningen og af bypolitikken. Begrebet 'the liveable city' identificerer og adresserer en masse meget centrale kvaliteter. Men det kan også have den konsekvens, at hvis den ene del af byen defineres som den gode by omkring et bestemt ideal, så efterlades resten som den 'onde' eller ikke så gode.

Det er måske i udgangspunktet lige meget, hvis de folk, der bor der, har det fint. Opdelingen kan dog have negative konsekvenser for den fortsatte udvikling af et homogent og lige samfund.

Da George Bush vandt præsidentvalget i USA over Al Gore i år 2000, var det baseret på en succesfuld strategi om at adressere folk i forstæderne og de løst sammenhængende bystrukturer og boligområder, som udgjorde en afgørende del af vælgerskaren. Forskellen og de politiske uligheder mellem to forskellige bybefolkninger og deres forskellige livsformer blev italesat.[3] Ved seneste folketingsvalg i Danmark sås også en tydelig politisk opdeling mellem 'liveable cities'[4] (der stemte på Alternativet, Enhedslisten og det Radikale Venstre), resten af H-byen (stemte landsgennemsnitligt), og uden for byerne (stemte på Dansk Folkeparti og Venstre).

Spørgsmålet er, om liveability-agendaen fortsat skal udvikles som en særlig måde at se bymidterne i de større byer på. Som en slags byfornyelsespolitik for det 21. århundrede. Eller om den

Fig. 4 The reality that has become an active choice for large parts of the population requires a daily commute by car. To some a necessary evil, to others an important element of everyday life where they can unwind, listen to music and enjoy the landscape, the changing seasons and the rhythm of the day. Photo: Tom Nielsen

that lack the critical mass to even warrant a rating, but which most of their residents perceive as attractive – as good places to live in. The differences between 'the liveable city' and its long shadow can be highlighted, or they can be mediated. By means of planning and urban policies. The concept of 'the liveable city' identifies and addresses many crucial qualities. As a possible consequence, however, if one part of the city is defined as the good city, based on a certain ideal, the rest may be viewed as 'bad' or less good.

Maybe that does not really matter if the people who live there are thriving. The categorization may, however, have negative consequences for the continued development of a homogeneous and equal society.

When George W. Bush won the presidential election in the United States over Al Gore in 2000, his win was based on a successful strategy to reach out to people in the suburbs and the loosely connected housing areas that constituted a key part of his electorate. The differences in lifestyle and political interests between two different urban populations were articulated.[3] The latest general election in Denmark also showed a clear political distinction between voters in 'liveable cities'[4] (who voted for the Alternative, the Red-Green Alliance or the Social Liberal Party), in the rest of the H-City (whose votes matched the national average) and in rural areas (who voted for the Danish People's Party and the Liberal Party).

skal bredes ud til også at inkludere resten af H-byen og de små og mellemstore byer. Ikke nødvendigvis for at etablere blandede karrékvarterer med specialbutikker, havnebade eller andet fra liveability-værktøjskassen, men i første omgang at sikre, at vi har en by- og boligpolitik for hele bybefolkningen (som er 4/5 af alle danskere). Dette kan gå hen og blive en del af et overordnet politisk spørgsmål og nationens beskaffenhed og demokratiet.

En ulempe ved at fare for friskt frem med storby-liveability-agendaen er, at konsekvensen kan blive en segregering på et højere niveau, end vi ser lige nu med fattigdoms- og rigmandsghettoer i byerne. Opdelingen af befolkningen kan konsolideres strukturelt på kommune- eller regionsniveau og opdele befolkningen yderligere ud over UdkantsDK-diskussionen. Det vil betyde flere rumlige konflikter, en mere polariseret politisk diskussion og en endnu dårligere mulighed end nu for at skabe koordineret planlægning inden for rammerne af den forbundne netværksby. Det synes vigtigt med erfaringerne fra de to ovennævnte politiske begivenheder in mente, at vi ikke ser en splittet befolkning efter bytyper, men en samlet befolkning med rige muligheder for at bosætte sig i forskellige typer af boliger og kvarterer og der udvikle forskellige udgaver af 'det gode liv' og den gode by, der understøtter det.

Tom Nielsen er arkitekt og har siden 2014 været professor i by- og landskabsplanlægning på Arkitektskolen Aarhus.

1 "Yet, a multifaceted view seems to dominate recent debates on liveability. Such a view involves common topics such as smart growth, complete streets, lifelong communities, context-sensitive design and planning, transit-oriented development and placemaking. While additional liveability premises exist, these most common topics represent those with the most established literature. Liveability is about pleasant and appropriate urban environments that offer and reflect cultural values and foster individual career aspirations. According to Shaftoe (2008), the key principles integral to this aspect are equity, dignity, accessibility, conviviality, participation and empowerment." Side 2: A.M. Salama & F. Wiedmann (2016): *Perceiving Urban Liveability in an Emerging Migrant City*. ICE – Urban Design and Planning. (E-pub ahead of print – 29 Jan 2016) DOI 10.1680/jurdp.15.00034 www.icevirtuallibrary.com/doi/abs/10.1680/jurdp.15.00034

2 Det er Boris Brorman Jensen, der laver denne pointe om Masdar: Boris Brorman Jensen (2014): "Masdar City: A Critical Retrospection. I: Under *Construction: Logics of Urbanism in the Gulf Region*. Wippel, Bromber et al. (red.): Ashgate, London, side 45-54.

3 Se f.eks. Andrew Blauvelt: Worlds Away and the World Next Door: http://design.walkerart.org/worldsaway/Essay/WorldsAwayAndTheWorldNext-Door

4 www.information.dk/indland/2015/06/valget-delte-danmark

The question is whether the liveability agenda should continue to be developed as a special understanding of the big city centres. As a sort of urban renewal policy for the 21st century. Or whether it should be expanded to include the rest of the H-City and the small and medium-sized cities. Not necessarily in order to establish mixed neighbourhoods with housing blocks and specialty shops, harbour baths or other elements from the liveability toolbox, but initially with a view to ensuring that we pursue an urban and housing policy for the entire urban population (which is four-fifths of all Danes). This could become part of a broader political re-evaluation of the state of the nation and democracy.

A drawback of pursuing the urban liveability agenda too vigorously is that it may lead to a more pronounced segregation than we are currently seeing, with separate ghettos for rich and poor people in the cities. This segregation may be consolidated structurally on a municipal or regional level, further dividing the population beyond the current debate about the decline of outlying rural districts and villages. This will lead to more spatial conflicts, a more polarized political debate and a further deterioration of the conditions for coordinated planning within the framework of the interconnected network city. With the experiences from the two above-mentioned political events in mind, it would seem important to avoid dividing the population according to city types and instead aim for a coherent population with rich opportunity to settle in different types of housing and neighbourhoods and there develop different versions of 'the good life' and of the good city that makes it possible.

Tom Nielsen is an architect and, since 2014, a professor of urban and landscape planning at the Aarhus School of Architecture.

The article is translated from Danish.

1 'Yet, a multifaceted view seems to dominate recent debates on liveability. Such a view involves common topics such as smart growth, complete streets, lifelong communities, context-sensitive design and planning, transit-oriented development and placemaking. While additional liveability premises exist, these most common topics represent those with the most established literature. Liveability is about pleasant and appropriate urban environments that offer and reflect cultural values and foster individual career aspirations. According to Shaftoe (2008), the key principles integral to this aspect are equity, dignity, accessibility, conviviality, participation and empowerment.' Page 2: A. M. Salama & F. Wiedmann (2016), *Perceiving urban livability in an emerging migrant city. ICE – Urban Design and Planning*, 169 (6), 268–278. (E-pub ahead of print – 29 Jan 2016) DOI https://doi.org/10.1680/jurdp.15.00034

2 Boris Brorman Jensen makes this point about Masdar: Boris Brorman Jensen (2014), 'Masdar City: A Critical Retrospection'. In: *Under Construction: Logics of Urbanism in the Gulf Region*. Wippel, Bromber et al. (eds.), London: Ashgate, pp. 45–54.

3 See, e.g., Andrew Blauvelt, Worlds Away and the World Next Door: http://design.walkerart.org/worldsaway/Essay/WorldsAwayAndTheWorldNextDoor

4 www.information.dk/indland/2015/06/valget-delte-danmark

JEFF RISOM i samtale med
KRISTOFFER LINDHARDT WEISS

Revision af den rette formel

"Vi skal lære at stille de rigtige spørgsmål, før vi kan skabe liveability for mennesker."
— Jeff Risom

KLW
Det, jeg forsøger at gøre, er at tegne et nuanceret billede af begrebet liveability og at finde ud af, hvor stærkt det er. Jeg ved, at du har arbejdet i mange forskellige sammenhænge rundt om i verden – har du en standard-definition på, hvad liveability er, ud over den almindeligt brugte?

JR
Jeg har den her irriterende, selvbekræftende definition på det. Jeg bliver så træt af alle de liveability-indekser. I USA har vi 117 forskellige pointsystemer til at måle liveability. *The Economist* har deres eget system, *Mercer* bruger liveability som et mål for, hvordan arbejdsgivere skal kompensere de ansatte, der er udstationeret i andre lande, og *Monocle* har et indeks, der er sjovt, men dybest set noget hipster-bullshit om, hvilket sted, der er det mest tjekkede. Så er der de mere videnskabelige som STAR-systemet, der vurderer bæredygtigheden i lokalsamfundet, og som er dygtigt lavet, men alt for kompliceret, mens *The Economist* opererer med nogle interessante kategorier som f.eks. graden af korruption. Men jeg tror ikke, nogen af de karaktersystemer, vi i øjeblikket måler liveability med, kan bruges til at give en definition af begrebet, for man når jo f.eks. ikke langt med Monocle, der er smukt og sexet, men temmelig overfladisk. Liveability handler i virkeligheden om en proces, om at være opmærksom på, hvad der betyder noget for de lokale. Det handler om, at man i lokalsamfundet skal definere, hvad liveability er for de involverede parter, og så prøve at opnå dét. Samtidig må man gøre sig klart, at det vil være dynamisk og foranderligt, og så snart man spørger: for hvem? vil det hele blive super rodet og komplekst – men også meget mere relevant for processen.

KLW
Hvordan er den proces så – den metode, man skal bruge for at finde frem til, hvad lokalsamfundet tænker om det her?

JEFF RISOM in conversation with
KRISTOFFER LINDHARDT WEISS

Revising the Formula

'To create liveability for people, we need to ask the right questions.'
—Jeff Risom

KLW
What I'm trying to achieve is a nuanced impression of the concept liveability, and an idea of how *powerful* the concept of liveability is. I know that you've been working in many different contexts around the world – do you actually have a standard definition of what liveability is, apart from the most commonly used?

JR
I have this irritating self-realizing definition of it. I get pretty annoyed with all the liveability indexes. In the US, you have like 212 category point systems to measure liveability, *The Economist* has something of their own, then there is *Mercer*, which uses liveability as an indicator of how to compensate expats working abroad, and the *Monocle* with a model that is cute, but basically hipster bullshit about what is the coolest place at the moment. Then you have more scientific systems such as the STAR Rating System in the US, based on local community sustainability, which is well-developed but overly complicated, while *The Economist* uses some interesting categories, for example levels of corruption. But I don't think a definition can be captured by any ranking systems that we currently use to try to measure liveability, because then you're left with something like *Monocle*, which is beautiful and sexy, but it's still superficial. Liveability is about a process, about paying attention to what matters most to a local context and community and saying that the community on a local scale should define what liveability means for their stakeholders, and then try to achieve that while recognizing that it will be dynamic and changing, and the minute you ask: for whom? it becomes super messy and complex, but so much more vital to the process.

KLW
So what is that process like, then – the method of getting to know what the local community thinks of this in terms of liveability?

Fig. 1 Foto: Gehl Architects

JR
Vi mener, at man er nødt til først at tale med folk. For hvis man bare slår ud med armene og siger: Giv os lige jeres syn på det her projekt eller sted, så får man fat i et bestemt udsnit af befolkningen. De er som regel hvide og gamle og vrede over et eller andet, og det er grunden til, at de stiller op. Hvis man laver en web-undersøgelse eller bruger de sociale medier, så får man et ungt, (ofte) hvidt og optimistisk synspunkt på sagen. Så hvis man vil have et mere reelt og nuanceret billede, er man nødt til at kombinere flere forskellige metoder for at få alle i tale. Man er nødt til at gå ud til folk. Vi er også klar over, at vi som konsulenter ikke altid er de bedste til at gå ud og tale med beboerne, for de vil ikke nødvendigvis have tillid til os. Derfor er vi nødt til at slå os sammen med andre lokale grupper, der er mere repræsentative for det pågældende område, og lade dem stille spørgsmålene.

KLW
Men den metode, I har udviklet hos Gehl Architects, den her videnskabelige metode, den handler grundlæggende om at forstå, hvad der skal til for at skabe et godt bymiljø for mennesker. Og I vil vel også sige, at I skaber liveability?

JR
Ja, det mener jeg. Men vores metode bygger på den tilgang, jeg lige har

JR

We believe that we have to talk to people first. Because if you start by saying: give us your opinion about this project or place, you get a very specific cross-section of the population. They're usually white, old and angry about something, and that's why they've shown up. If you try to do an online survey or go through social media, you get the young, (often) white, but optimistic view. So to try to get a more true, nuanced picture, we need to use a layering of methods throughout the process to engage everyone. You need to go *out* to people. We also know that, as consultants, we aren't always the best to go out and talk to community members because they will not necessarily feel trusting, so we need to partner with other local groups that embody the community where we're working and have them do the asking.

Fig. 2 Photo: Gehl Architects

KLW

But your method in Gehl that you've developed – this scientific method, your contribution – is fundamentally about understanding what it takes to provide a good urban environment for people. And you would probably say that you promote liveability?

JR

Yes, I think so. But our method is based on the ethos above – to go where people are, ask them questions they are experts in, like what their favorite places are, and observe their behaviour. When you do that, it is more about the process and less about a formulaic outcome.

KLW

It's almost moralistic, that you should promote liveability because the traffic engineers forgot it?

JR

That fight is over. It's not about traffic engineers anymore – or at least, it won't be for long throughout Europe and North America. In these places the pressure is on affordable housing now, and it's more about a lack of resources at city government. It's more about infighting, or a lack of empathy, between different groups that are competing for the same resources. So we are going to where people are, observing them in their natural habitat and asking them questions that matter to their everyday routine. And, most importantly, for us it's not just about liveability, it's about public life. And for me, public life is about how you have your individual identity – and maybe you have your work identity and whatever else – but what is that identity when you're together with other people in society? That's what we're trying to develop more tools to really understand. And if we focus on that, then I think liveability will flourish.

KLW

So focusing on liveability alone as an end goal distorts the picture of what it means to create a viable urbanism?

JR

It *is* a good end goal, but again it's not nuanced enough. Because it is about affordability and feeling included

skitseret – at opsøge folk dér, hvor de er, at stille dem spørgsmål om det, de selv er eksperter i – som hvad deres yndlingssteder er – og at observere deres adfærd. Når man gør det, bliver det en proces i stedet for et forsøg på at nå frem til en formel.

KLW
Det er nærmest moralistisk, at I skal skabe liveability, fordi trafikingeniørerne glemte at gøre det?

JR
Det er et overstået kapitel. Det handler ikke mere om trafikingeniørerne – eller sådan vil det i hvert fald snart være i Europa og Nordamerika. Her handler det mere om billige boliger og om manglen på ressourcer på kommunalt niveau. Det handler om interne magtkampe, eller en mangel på empati mellem forskellige grupper, som konkurrerer om de samme ressourcer. Så vi går derhen, hvor folk er, og observerer, hvordan de agerer i deres eget miljø, og stiller dem spørgsmål om deres daglige rutiner. For os handler det dog ikke så meget om liveability, men mere om byliv. Du har din egen personlige identitet og måske en arbejdsidentitet osv., men hvordan er din identitet, når du er sammen med andre mennesker i samfundet? Det er dét, vi prøver at udvikle flere redskaber til rigtig at forstå. Og hvis vi fokuserer på det, så tror jeg, vi for alvor kan skabe liveability.

KLW
Hvis man alene fokuserer på liveability som endemålet, giver det altså et fortegnet billede af, hvad det vil sige at skabe et bæredygtigt bymiljø?

Fig. 2 Foto: Gehl Architects

JR
Det *er* et godt endemål, men igen er det ikke rigtig nuanceret nok. For det handler jo om at have råd til en bolig og om at føle sig inkluderet og velkommen. Vi er i gang med et projekt i Philadelphia, hvor de har et meget smukt rådhus fra 1800-tallet, som er tegnet af den kendte arkitekt John McArthur Jr. Men 35% af indbyggerne i Philadelphia er sorte, og spørger man, hvor mange af de unge sorte under 18 år, der har sat deres ben på rådhuset, er det kun omkring 1%. Der er en ung lokal advokat (Alex Peay, grundlægger af Rising Sons), som gør et fantastisk stykke arbejde ved tage de unge med på rådhuset og sige: Det her er jeres sted,

Fig. 2 Photo: Gehl Architects

and invited. We're working in Philadelphia right now, and Philadelphia has a beautiful city hall designed by a famous architect, John McArthur Jr, in the 1800s. Philadelphia is 35% black, and if you ask: how many young black kids under 18 have been to City Hall? Then it's something like 1%. There's a young local advocate there (Alex Peay, founder of Rising Sons) who is doing incredible work with educating kids, taking local black kids to city hall and saying: this is your place, you can go in, go to the bathroom, look around, talk to people, City Hall actually belongs to you. And those kids are like: what!? I don't belong here. Are you serious? So it takes them a while to have that exposure, to actually feel that something as fundamentally public as a city hall is a place where they're welcome. If you put his mission together with others that are working with redesigning spaces, then you collectively get this holistic view of liveability. The most important question is: liveable for whom?

KLW
It's very political. Liveability is all about social dynamics and you haven't really talked about architecture yet or urban space. Is that a coincidence? Or is the real problem political and not really formal, as to do with form or space?

JR
Yes, I think that it is fundamentally a political problem. And it's a problem in the way that we finance projects. We ask architects and designers who are smart and good at building for people the wrong questions. For example, we ask about the things that we care about: what functions are there? Or, what amenities are there in the public space? The liveability of it is much beyond these initial design questions. Livability really takes shape through the life that is invited there when the design is complete, and is more about the life of it.

KLW
So when you look at, for instance, Copenhagen and the development in the housing market. What do you see in Copenhagen, when it comes to liveability?

JR
It's fantastic from a middle-class-, educated, urban-elite perspective. And it really *is* good in so many different ways. I choose to live here. I lead offices in New York and San Francisco, but I choose to live here, and my family

I kan bare gå ind, gå på toilettet, se jer omkring og snak med andre mennesker. Rådhuset tilhører i virkeligheden jer. Så siger de unge: Hvad for noget?! Jeg hører ikke til her – mener du det alvorligt? Det tager tid for dem at vænne sig til tanken om, at noget, der er så grundlæggende offentligt som et rådhus, er et sted, hvor de kan føle sig hjemme. Hvis du tager hans mission og kobler den sammen med andre, der arbejder med at omskabe byens rum, så vil du få et mere holistisk billede af liveability. Det afgørende er: Liveability for hvem?

KLW
Det er meget politisk. Det handler om social dynamik, men du har ikke rigtig talt om arkitektur endnu eller byrum. Er det et tilfælde? Eller er problemet i virkeligheden politisk og ikke formmæssigt eller rumligt?

JR
Ja, jeg mener, at det dybest set er et politisk problem. Og det er et problem i den måde, vi finansierer projekterne på. Vi stiller de arkitekter og designere, der er dygtige til at bygge for mennesker, de forkerte spørgsmål. F.eks. spørger vi om de ting, der betyder noget for os: Hvilke funktioner er der? Hvilke attraktioner er der i det offentlige rum? Men liveability er meget mere end det. Liveability opstår først med de invitationer og hele det liv, der indfinder sig, når projektet er færdigt.

KLW
Hvis vi nu tager København og udviklingen på boligmarkedet, hvordan ser du så på det i forhold til liveability?

JR
Byen er fantastisk, set fra et veluddannet, middelklasse-, byelite-perspektiv. Og den er virkelig god på rigtig mange måder. Jeg har valgt at bo her. Jeg leder både en tegnestue i New York og en i San Francisco, men alligevel har jeg valgt at bo her med min familie, fordi byen er så liveable for os. Vi har råd til et rart sted at bo, tæt på vandet, jeg kan cykle til arbejde – de ting betyder enormt meget. Men på den anden side, når man virkelig bliver inspireret eller optaget af noget, eller der opstår en eller anden ny kunstretning, så er det ikke i København, det sker. Så er det i London eller New York eller måske andre endnu mere problematiske steder. Jeg tror, liveability har en tendens til at lulle os i søvn. Vi har gjort det virkelig bekvemt for os selv her, og det er fantastisk, men nogle gange er jeg bange for, at vi har mistet den der kant.

KLW
Vi lever jo i en slags 'Nordkorea light'. Det er et gennemreguleret samfund, selv kanten er reguleret. Det er meget interessant, hvad du siger om den der kant i forhold til det, du sagde tidligere om liveability for hvem? For det, vi har i København, er faktisk en slags 'bekvemmeligheds-liveability', en velfærds-utopi. Fordi vi har det så bekvemt, har vi helt glemt ideologien, kampene, de modstridende interesser og det, der skal til for at skabe kulturel nytænkning. Er det dét, du mener?

JR
Ja, det er det nok. Men det er rigtig svært, for man vil jo ikke gøre tingene dårlige, bare for at der kan opstå nogle græsrodsbevægelser? Jeg tror, nøglen til at lade den kant opstå i København er virkelig at dyrke det multikulturelle og importere ideer, ikke kun fra andre kulturer, men også fra andre fagligheder og stemmer.

does because it's such a liveable place for us. We can afford a nice place, close to the water, I can bike to work, all those things are invaluable. But on the other hand, when you really get inspired or excited about what's happening, or there is this art movement or whatever, that does not always happen in Copenhagen. That excitement happens in London, New York, or perhaps in messier places. So I think that liveability almost puts us to sleep. We've created an incredibly comfortable place here, which is fantastic, but I sometimes worry that we've also forgotten how to give the edge.

KLW
I guess we live in kind of 'North Korea light'. It's a hyper-regulated society – even the edge. I'm really intrigued about what you said about edge, when compared to what you said earlier about liveability for whom? Because we actually have a situation where Copenhagen is producing this 'comfort liveability' – it's a welfare utopia. Being very comfortable, we have forgotten about the ideology, about the struggles, about the conflicts of interest, about what produces new cultural innovation. Is that the kind of critique you're levelling here?

JR
Yes, I think so. And it's super tough, because you don't want to make things shitty just so that grassroot movements can spring up, right? I think the key to allowing that edge to come into Copenhagen is to really celebrate multi-culturalism, importing ideas, not only from other cultures but also from other professions and other voices into the city bureaucracy. And that's why I think it's so important in a liveability context to think outside of the architecture and design world.

KLW
Have you been involved in processes somewhere where that's actually happened?

JR
We want things to be public life-oriented. After the transformation of Times Square and Broadway, which we were a part of, people came to us and said: we want to close our most important street for cars too, can you help us? And we were like: nooo, that's not at all what the idea was! We want people to ask questions about life, so we go and look at: how is Times Square functioning today? Now you have twice as many people as there were before, you have new businesses popping up, you see tourists and locals outside, you see a safer traffic situation. Okay, let's take those public life outcomes, and now let's ask these questions in *your* city. How do you get that same local, creative entrepreneurship? How do you make streets safer? How do you make people more included and feel invited to spend time here? Those are the questions you ask, and then maybe it manifests itself in a High Line, maybe in a Times Square, or maybe some place completely different.

KLW
With the Broadway project, which you just mentioned, you see more people actively using the space, you see businesses popping up and all this stuff. You produce all these effects that lead directly to public life, but there is also an ideology of a certain kind of life in the city, of liveability, or certain ideas of something that is bad for you. So it has this ideological framework that defines the whole playing field, right?

Det er derfor, det er så vigtigt at tænke ud over arkitektur- og designverdenen, når det handler om liveability.

KLW
Har I været involveret i processer nogen steder, hvor det virkelig er sket på den måde?

JR
Vi vil gerne have, at tingene skal være bylivsorienterede. Efter omdannelsen af Times Square og Broadway, som vi var med til at lave, henvendte folk sig til os og sagde: Vi vil også lukke vores hovedgade for biler, kan I hjælpe os? Men så sagde vi: Nej nej, det er jo slet ikke det, det handler om! Vi vil have dem til at stille spørgsmål om bylivet.

Fig. 3+4 Times Square, før og efter.
Fotos: Gehl Architects

Så vi ser på, hvordan Times Square fungerer i dag. Nu er der dobbelt så mange mennesker som før, nye butikker popper op rundt omkring, der er masser af turister og lokale, og der er blevet mere trafiksikkert. Okay, lad os tage udgangspunkt i dét, og lad os så stille de samme spørgsmål i jeres by: Hvordan skaber I den samme kreative dynamik? Hvordan gør I gaderne mere sikre? Hvordan får I folk til at føle sig velkomne og slå sig ned? Det er de spørgsmål, man skal stille – og så udmønter det sig måske i en High Line eller en Times Square eller måske noget helt tredje.

Fig. 3+4 Times Square, before and after. Photos: Gehl Architects

JR

This is a great question. Times Square is only one of 72 squares in New York that have been created from reclaimed road space. And the idea is the New York Plaza Program, that's the ideology. We helped them draw this simple spatial diagram that said: if you have an existing traffic island, and a lane of traffic, if you close that lane, you can actually get a public space. And now that spatial model has been implemented at 72 different places. It *is* a spatial model but what the city did is they inverted the question and turned supply and demand of public space around. The city said: we will provide a limited amount of funding if the community can show they really want a plaza. So now, a local community can identify a plaza and show that they can maintain it for two years, that they have support for programming, and that they have support from the neighbourhood, and then they can attain the capital investment from the city. It's a brilliant inversion of supply and demand, because now the city is hearing the people that *want* change. It's not the ones that say Not in My Back Yard that are yelling the loudest. They are giving a platform for YES, essentially. That becomes the value 'software', or the life on top of that simple spatial

People reported an **increased perception of safety.**

Gehl Studio / Fit City 2016

Fig. 5+6 Illustration: Gehl Studio, Fit City 2016

KLW
Ved Broadway-projektet, som du lige nævnte, ser man, at folk nu bruger rummet mere aktivt, og nye butikker popper op osv. I skaber alle de omstændigheder, der fører bylivet med sig, men der er også en forestilling om en bestemt slags byliv, eller liveability – eller om noget andet, der ikke er godt for os. Så der er hele den her ideologi, som definerer de overordnede rammer?

JR
Det er et rigtig godt spørgsmål. Times Square er kun én ud af 72 pladser i New York, der er blevet dannet ved at inddrage noget af gaden. Det er det såkaldte New York Plaza Program – det er det, der er den ideologiske ramme. Vi hjalp dem med at formulere det helt enkle rumlige princip, der siger: Hvis I har en eksisterende trafikhelle og en kørebane, kan I få lov at lukke kørebanen, så der dannes en offentlig plads. Og den rumlige model er nu blevet implementeret 72 forskellige steder. Det, man gjorde, var i virkeligheden at vende op og ned på spørgsmålet om udbud og efterspørgsel ved at sige: Vi skal nok skaffe midlerne, hvis beboerne kan vise, at de virkelig vil det her. Så nu kan beboerne i et område finde en plads og bevise, at de kan vedligeholde den i to år, at de har tilstrækkelig opbakning til programmeringen af pladsen,

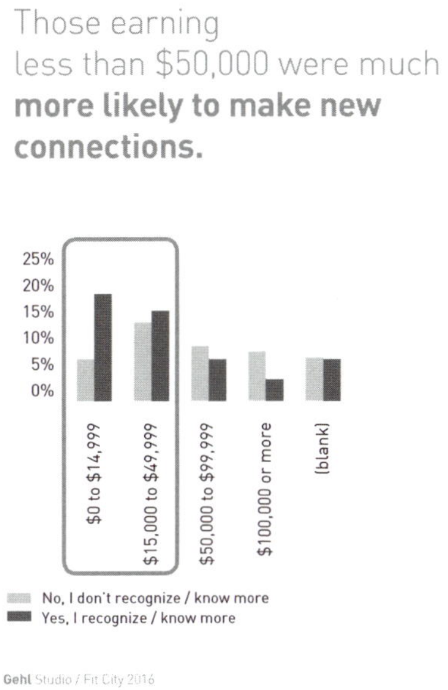

Fig. 5+6 Illustration: Gehl Studio, Fit City 2016

structure that reflects the needed liveability of those communities.

KLW
A great example of how it works. But it *is* a spatial model. I'm kind of interested in that because it's a spatial model, but it was developed in Western cities. But how does that spatial model apply to different cultural contexts?

JR
I think you can say that the spatial part of it can be somewhat the same, but again that only gets you halfway there. So we can look at an example like Bangladesh, which I was just talking with the World Bank about. At Gehl, we do test projects that allow us to see how the spatial form impacts life, learn from it, do iterations a couple of times – then we'll make a big investment. So if the World Bank thinks like that, that would be incredible. But they don't know how to – they don't know the right questions to ask the right people. They went out and asked Harvard- and MIT-trained Bangladeshi architects to do their idea for the waterfront at Dhaka. And they created a spatial form of it that is so generic it could be anywhere. The design basically said, let's clear it all and make this 'modern' design at the edge of this river in Dhaka, close to some of the most important monuments and the heart of the informal economy. And

og at kvarteret står sammen om det her, og så kan de få projektet finansieret af bystyret. Det er en genial måde at håndtere udbud og efterspørgsel på, for nu lytter man til de folk, der virkelig ønsker forandring. Det er ikke længere dem, der siger Not in My Back Yard. Det, man gør, er i virkeligheden at understøtte forandringerne. Og så er det først den ekstra 'software' eller det liv, som lægges ind i den her basale rumlige model, der vil komme til at afspejle, hvilken form for liveability lokalsamfundet ønsker.

KLW
Det er et rigtig godt eksempel. Men det er og bliver en rumlig model, og den interesserer mig, for den er udviklet i den vestlige verdens byer. Lader den sig virkelig overføre til andre kulturelle kontekster?

på Harvard og MIT, om at give deres bud på en ny havnefront til Dhaka. Og den rumlige form, som arkitekterne nåede frem til, er så generisk, at det kunne være hvor som helst. Det, de sagde, var mere eller mindre: Lad os rydde det hele og lave det her 'moderne' byggeri ved flodbredden i Dhaka, tæt på nogle af de vigtiste monumenter og på hjertet i den uformelle økonomi. Og det er netop problemet. Verdensbanken bad kun om et design, en rumlig figur, i stedet for at spørge: Hvilken form for byliv er det, vi gerne vil have langs floden? Når man svarer på det spørgsmål, bliver det automatisk en iterativ proces, hvor man sætter sig ind i, hvorfor folk elsker eller hader dette sted, og selve stedets sjæl. Det handler om at give folk et blankt lærred og redskaber til at udtrykke sig på forskellige måder, men den rumlige figur skal opstå som en konsekvens af bylivet

Fig. 7 Yoga, Gansevoort Street, New York City. Foto: Gehl Architects

JR
Jeg tror, man kan sige, at den rumlige del er nogenlunde den samme, men igen er det kun halvdelen af historien. Det ser man f.eks. i Bangladesh, som jeg netop har snakket med Verdensbanken om. Hos Gehl Architects afprøver vi projekterne først, for at se, hvordan den rumlige form påvirker bylivet, og så lærer vi af det og gentager processen flere gange – og derefter foretager vi den store investering. Og hvis Verdensbanken kunne tænke på samme måde, ville det være fantastisk. Men det kan de ikke finde ud af. De ved ikke, hvad det er for spørgsmål, man skal stille til folk? De gik ud og bad nogle indfødte arkitekter, som var uddannet

og ikke være en eller anden fremmed form, som man klemmer bylivet ind i. Der er visse rumlige elementer, der har med den menneskelige skala og tryghed at gøre, som er mere eller mindre universelle. Men de er svære at ramme helt præcist, og de skal stadigvæk tilpasses til den lokale kontekst – og det mener jeg ikke, vi selv kan gøre. Vi skal nøjes med at skabe selve lærredet, give dem de nødvendige redskaber, give dem en brugbar proces og hjælpe dem med at evaluere projektet og stille bedre spørgsmål. Vi vil gerne skabe en forståelse af, at de lokale beboere er dem, der er bedst egnet til at besvare de fleste af spørgsmålene.

Fig. 7 Yoga, Gansevoort Street, New York City. Photo: Gehl Architects

that is the problem, the World Bank just asked for a design for spatial form alone, rather than asking: what type of life do we want to have along this river? Answering that question has to be an iterative process of understanding the love people have for this place, the hate they have for this place, or the soul of it. Of trying to give people a canvas and tools to express that in different ways, but allowing the spatial form to be driven by life, rather than cramming life into some foreign form. So, there are elements of spatial form that have to do with human scale, that have to do with enclosure that are somewhat universal. But they're not that easy to actually get right, and they still need to be tailored to a local cultural life context that I don't think we can really do. We have to just create that canvas, empower locals with tools, give them a useful process, help them evaluate the successes and help them ask better questions. We want to encourage the understanding that the local community is the best suited to answer most of these questions.

KLW
Maybe Gehl is also developing right now from a universal, fixed idea of what a good public space is to some much more sensitive to different local contexts? You've created this method of interrogating and understanding, but then you also have some formal ideas

KLW
Måske er Gehl Architects også ved at udvikle sig væk fra en fasttømret, universel forestilling om, hvad et godt byrum er, og hen til noget, der er meget mere følsomt i forhold til andre kontekster? I har skabt en metode med at stille spørgsmål og forstå, men så har I også nogle mere formelle ideer om, hvordan et byrum skal være, og hvad det skal kunne?

JR
Ja, det er en kombination af de to. Men igen tror jeg, at man er nødt til at gå tilbage til de her spørgsmål. For hvis du spørger mig, hvordan vi vil sikre os, at folk får lyst til at stoppe op og tilbringe noget tid her, eller hvordan vi vil sikre os, at folk føler sig velkomne i Philadelphia eller Dhaka, så vil svaret være forskelligt fra sted til sted, men processen vil være nogenlunde den samme. Man er nødt til at have en værktøjskasse, der er procesdreven, som har en fornemmelse for rum, og som forstår sig på mennesker. Men hvis man stiller de rigtige spørgsmål og tager udgangspunkt i bylivet, så vil det udmønte sig i helt, helt forskellige ting, alt efter hvor man er. Arkitekterne og designerne må lære at slække lidt på tøjlerne og acceptere, at de måske bliver nødt til at revidere deres forudfattede tegnestue-opfattelse af, hvad der er den rette formel.

Jeff Risom er Partner Chief Innovation Officer hos Gehl og har en masteruddannelse i City Design and Social Science fra London School of Economics.

Interviewet er oversat fra engelsk.

of what public space should be like and what it should facilitate?

JR

Yes, it *is* a combination of the two. But then I think the key is to go back to those questions again. Because it's like: if you ask me the question: how are we going to make sure that people feel invited to spend time here? How are we going to make sure that people feel invited to spend time in Philadelphia or in Dhaka? The answer will be very different in each place, but the process could be the same. You need to have a toolbox that's process-driven, that has a spatial understanding, that has an understanding of humans. But if you're asking the right questions that are public life-based, then it will manifest itself very, very differently in different places. Architects and designers need to lose some control and accept that their preconceived drawing-room notion about what the formula is may need a total revamp after they see how it comes together.

Jeff Risom is Partner Chief Innovation Officer at Gehl and has an MSc in City Design and Social Science from London School of Economics.

KATHRIN GIMMEL i samtale med
KRISTOFFER LINDHARDT WEISS

Rum til mange

"Man anerkender langsomt, at det giver endnu mere igen, hvis der er konkrete rum, hvor de selvorganiserede kræfter, der er i byen, kan føle sig hjemme."
— Kathrin Gimmel

KLW
I er med til at re-introducere kirken som et urbant fællesskabsrum i Københavns Sydhavn. Er det en indirekte kritik af individualiseringen som trussel mod vores forestilling om det urbane og den livsstil, der knytter sig byen?

KG
Vi har tegnet en bygning, der kan rumme både de meget højtidelige, kirkelige fællesskaber og samtidig danne ramme om et kvartersfællesskab som et kulturhus. Vi har i høj grad arbejdet med at organisere programmet i huset på en måde, så vi fletter byrum og hus sammen. Kirkerummet fungerer som rum for kirkelige handlinger. Samtidig er der et kulturrum, der kan bruges til alt muligt fra fester og koncerter til workshops og alt muligt, og som i disponeringen er meget åbent udadtil. Vi har i snittet arrangeret det sådan, at kulturrummet er i bunden, så stueetagen er meget åben. Facaden er et byrumsforløb, som via en spiralerende rampe, der går fra stuen til taget, binder det hele sammen i én ubrudt bevægelse. Det er åbent 24 timer i døgnet. Øverst er der et overdækket rum, hvorfra man har udsigt over hele byen, og som lægger op til, at man kan være flere sammen, men som også kan være meget spirituelt.

KLW
Hvad er det for nogle grundforestillinger om fællesskab, der bliver aktiveret i projektet?

KG
Kirken som institution er et meget specifikt fællesskab. Vi stillede spørgsmålet, hvordan man kan bygge videre på den form for fællesskab og udbrede det, så det ikke kun er til de troende.

KLW
Så det er et spørgsmål om at definere, hvad det er for en værdi, fællesskabet spiller som motor i byudviklingen?

KG
Ja, på sin vis. Vi tog opgaven på os at genfortolke kirkens rum og funktion ind i en samtidig kontekst. Som

KATHRIN GIMMEL in conversation with
KRISTOFFER LINDHARDT WEISS

Room for Many

'There is growing recognition that we get much more in return if there are actual spaces where self-organizing initiatives in the city can feel at home.'
—Kathrin Gimmel

KLW
You have reintroduced the church as a common urban space in Copenhagen's southern harbour district, Sydhavnen. Is that an implicit criticism of individualization as a threat to our notion of urbanity and the urban lifestyle?

KG
We designed a building capable of accommodating ceremonious religious communities as well as serving as a local culture and community centre. We organized the programme in a way that draws urban space and building together. The interior forms a venue for ecclesiastical events. At the same time, there is a cultural space that can be used for all sorts of things, from parties and concerts to workshop events, and which has a very extrovert structure. If we look at the cross section, we placed the cultural space at the bottom, leaving the ground floor quite open. The facade is a continuous urban space that ties it all together in an uninterrupted movement via a spiralling ramp extending from the ground floor to the roof. That space is open 24 hours a day. At the top, there is a covered space with an expansive view of the city, which can accommodate groups but can also serve as a more spiritual space.

KLW
How would you describe the fundamental community concepts that are activated in the project?

KG
In institutional terms, the church is a very specific community. We asked ourselves how we might build on that sort of community and expand it to include non-believers.

KLW
So, it's a question of defining the sort of value community has as a driver of urban development?

KG
Yes, in a sense. We took on the task of reinterpreting the ecclesiastical space and function, placing it into a contemporary context. Like many other contemporary projects, it involves

Fig. 1 Kirke i Sydhavnen. Illustration: JAJA Architects

mange andre projekter i dag er det et spørgsmål om programmering af nogle komplekse urbane elementer, der normalt ikke mødes. Den sammenstilling af programmer giver nogle formelle muligheder. Vores projekt Konditag Lüders i Nordhavn er i sin grundfunktion et parkeringshus, men vi har arbejdet med dobbeltprogrammering, der netop har til formål at skabe en serie møder mellem mennesker og aktiviteter, der normalt ikke er i kontakt. Tagets tilbud om bevægelse gør lige præcis det. Der er endvidere et forløb, hvor man uddanner frivillige til at køre træningshold på taget, så mange er involveret på forskellige niveauer af organisering. Det er tilrettelagt for dem, der træner, men der er også plads til bare at være deroppe og nyde rummet som rekreativ oase uden andre ærinder. Det er en helt central pointe at give konkret, arkitektonisk rum til de mange.

KLW

De tanker, I har gjort jer om fællesskabstypologier, indrammer fint spørgsmålet om det uformelle vs. det formelle. Det selvorganiserede vs. det organiserede. At give rum til spontane initiativer, der ikke er initieret af en myndighed eller institution. For mange mennesker er det vel noget af det, der giver mest livskvalitet?

KG

På en måde er det meget formelt og top-down, men man anerkender langsomt, at det giver endnu mere igen, hvis der er konkrete rum, hvor de selvorganiserede kræfter, der er i byen, kan føle sig hjemme. Alle de skønne ord fra skåltalerne om velfærd, liveability og bæredygtighed er jo ren branding af by og arkitektur og i sidste ende ligegyldigt, hvis ikke bygherren vælger at give rum til og investere i,

programming several complex urban elements that don't normally meet. Such a programme provides certain formal opportunities. In its basic function, Park 'n' Play Lüders in Nordhavn (Copenhagen's northern harbour) is a multi-storey parking structure, but we designed it with a dual programme that promotes meetings between people and activities that don't normally intersect. That's the purpose of the rooftop fitness and exercise facilities. In an associated initiative, volunteers are being trained to run fitness teams on the roof, so there's a large number of people involved, at different organizational levels. The space is planned for physical activities, but there's also room for people to simply go to the roof and enjoy the space as a recreational oasis with no other purpose. It's important for us to provide actual architectural spaces for the many.

KLW
Your reflections on community typologies form a great context for the question of informal vs. formal. Self-organizing vs. organized. Providing a space for spontaneous initiatives that were not initiated by a government agency or institution. For many people, that would be a key source of quality of life?

KG
In a sense, it's very formal and top-down, but there is growing recognition that we get much more in return if there are actual spaces where self-organizing initiatives in the city can feel at home. All the lofty words about welfare, liveability and sustainability are just branding of cities and architecture, and ultimately, it counts for nothing if the client doesn't make room for and invest in settings that facilitate those qualities. Although much of it is just politically correct rhetoric, these ideas are also being translated into project briefs that we can interpret and elaborate. We are clearly seeing a shift. When I first came to Copenhagen ten years ago, there was much less emphasis on these issues. There has definitely been a development.

KLW
Do some of the same ideas apply to your work on affordable housing in Copenhagen and the types of communities that can be generated when you're operating under a doctrine of scarcity?

KG
We worked on a social housing programme, AlmenBolig+, which emerged from the former Lord Mayor of Copenhagen Ritt Bjerregaard's attempts at providing affordable housing in Copenhagen. The mayor's effort failed, but the social housing associations said, 'We have the infrastructure, the knowledge and the organization to pull this off, but we need a different approach.' Their approach involves a framework agreement that keeps construction costs down by using prefab modules and minimizes operating costs by requiring residents to be involved in maintenance, mow the lawns and add interior walls if they want them. That keeps prices down. In addition, it builds the community because the neighbours have to work together on everyday chores. That helps them feel more connected to their home and their neighbourhood.

Fig. 1 Church in Sydhavnen. Illustration: JAJA Architects

at de kan opstå. Selv om der er meget politisk korrekthed, så forplanter det sig i nogle udbud, som vi kan tolke på og udfolde. Vi oplever helt klart, at der er sket en bevægelse. Da jeg kom til København for ti år siden, var der langt mindre fokus på de spørgsmål. Der er sket en udvikling.

KLW
Gælder nogle af de samme ideer i jeres arbejde med billige boliger i København og den type fællesskab, man kan skabe under en knaphedsdoktrin?

KG
Vi har arbejdet med et almenboligprogram, Almenbolig+, som kom ud af tidligere overborgmester Ritt Bjerregaards forsøg på at skaffe billige boliger til København. Det mislykkedes, men de almene boligselskaber sagde, "vi har faktisk infrastrukturen og viden og organisation til at gøre det her, men på en anden måde". Ved at lave en stor rammeaftale, hvor man bygger billigere ved hjælp af præfabrikerede boligmoduler og nedsætter driftsomkostningerne ved, at beboerne selv skal deltage i vedligehold, selv slå græs og selv opføre lejlighedernes indre vægge, hvis de ønsker det. Det presser prisen ned. Oveni får man et nabofællesskab, fordi man skal lave nogle hverdagsting sammen. Det er med til, at man føler sig mere knyttet til sin bolig og det sted, man bor.

KLW
Så industrielle teknikker og organisatorisk snilde møder arkitektoniske koncepter?

KG
Ja, det er jo et koncept, der er blevet udviklet af KAB, som er en tung spiller i byudviklingen. Man promoverer nogle særlige værdier og har nogle aktører som de almene boligselskaber, der har en mission og en ideologi, hvor der er en bestemt type fællesskab, man fremmer – altså den billige bolig. At man så får de sideeffekter omkring fællesskaberne, er kun godt. For at skaffe nok billige boliger så bygger man samme koncept eller samme bolig på forskellige grunde. Vi har nu tilpasset grundprojektet på i alt ni forskellige grunde i København; i Ørestad, Valby og så ud til forstæderne i Ishøj og Albertslund og så helt til sidst i Jyllinge. Det er meget forskellige kontekster. Vi har kombineret boligmodulerne sammen til bebyggelser med forbindende eller indre rum, eller flere gårde i et større område eller et landskabeligt rum inde i midten.

Fig. 2 Konditag Lüders i Københavns Nordhavn. Foto: Rasmus Hjortshøj, COAST

KLW
Ser man rundt i verden, er adgangen til gode, billige boliger allerøverst på den urbane agenda, og det er jo nok, fordi en menneskeværdig bolig er blandt det, der skaber mest livskvalitet. Er arkitekter gode nok til at engagere sig helhjertet i det arbejde? Er der prestige nok i at arbejde i den almene sektor?

KG
Det er et politisk emne, der bliver kæmpet for politisk, og det er en diskussion, der også er i faget. Men man kan godt sige, at vi – professionen – er lidt blinde over for de

Fig. 2 Park 'n' Play Lüders in Nordhavn, Copenhagen. Photo: Rasmus Hjortshøj, COAST

KLW
So, industrial techniques and organizational skill meet architectural concepts?

KG
Sure, the concept was originally developed by the social housing association KAB, a big player in urban development. Certain values are being promoted, and some of the key actors, like the social housing associations, have a mission and an ideology of promoting a certain type of community: affordable homes. As an added benefit, communities spring up around the homes. To secure a sufficient number of affordable homes, the same concept, the same home, is built on different sites. So far, we have adapted the basic project to nine sites in Copenhagen, including Ørestad and Valby, as well as the suburban areas of Ishøj and Albertslund and the town of Jyllinge. These are very different settings. We have combined the housing modules to form buildings with connecting or interior spaces or multiple atrium yards across a larger area or an interior landscaped space.

KLW
Around the world, access to quality affordable housing tops the urban agenda, presumably because a liveable home is one of the key sources of quality of life. Are architects good enough at engaging wholeheartedly in that effort? Is there sufficient prestige associated with working in the social housing sector?

KG
That's a political question and the subject of political debate as well as a professional debate among architects. But you could say that we, as

mere strukturelle ting i byens rum, liveability bredt forstået, over for spørgsmålet om livskvalitet for de mange. Der er jo ikke særlig mange arkitekter, der for alvor har lyst til at beskæftige sig med almene boliger.

KLW
Der er et forkert fokus i arkitekturen?

KG
Vi synes, det er en meget interessant arkitektonisk opgave. Almenbolig+ er lykkedes med at skabe nogle interessante indre gårde, der er fin variation i husene. At man kunne bygge sådan for de penge, er et stort plus. Dertil kommer organisationen omkring boligerne. Det er noget særligt i Danmark, at man har boligselskaber med en velafprøvet infrastruktur, organisation og processtyring, Men man bør også nævne Landsbyggefondens rolle organisatorisk og finansieringsmæssigt, hvor man virkelig kan gøre en afgørende forskel for, hvordan man kan bygge billigt centralt, skabe boliger med god kvalitet og omdanne den boligmasse, der er blevet bygget i efterkrigstiden og i 60'erne og 70'erne. Sammenlignet med Schweiz, hvor jeg er fra, så er Danmark et godt eksempel på, hvordan mange forskellige slags fællesskaber tilsammen kan rykke noget.

KLW
Det virker med andre ord, når boligselskaberne rent faktisk producerer rum, der er værd at opholde sig i?

KG
Vekselvirkningen mellem på den ene side alternative initiativer eller bevægelser, der starter et eller andet, og så lige pludselig bliver det taget op af en stor aktør. Jeg har for nylig

Fig. 3+4 AlmenBolig+, Robinielunden i Albertslund. Foto: ONV arkitekter + JAJA Architects

læst den der fine, lille bog *Omkring Christiania* af Steen Eiler Rasmussen, hvor han, efter at han har bygget Tingbjerg og bygget institutioner i Tingbjerg, hele bydele, reflekterer over sit bidrag, efter at han har set, hvad der er opstået i Christiania på samme tid, men på en hel anden måde. Det var selvorganiseret, og der var ikke regler for, hvordan institutionen skal se ud, og hvordan vandhanen skal sidde.

KLW
Det var et potentielt kontroltab for byudviklerne, der blev formuleret i den alternative organisering af Christiania?

Fig. 3+4 AlmenBolig+, Robinielunden in Albertslund. Photo: ONV arkitekter + JAJA Architects

a profession, are somewhat blind to the more structural aspects of urban spaces – liveability in a broad sense – in relation to the issue of quality of life for the many. Few architects are really keen to work with social housing.

KLW
Architecture has the wrong focus?

KG
We consider it a fascinating architectural task. AlmenBolig+ has created interesting atriums, with a nice degree of variation among the buildings. To be able to build like that, on a budget, is a major achievement. In addition, there is the organization around the houses. It's a unique thing to Denmark to have housing associations with a tried and tested infrastructure, organization and process management. But we should also mention the role of the National Building Fund, organizationally and in terms of funding, which can really make a difference for our ability to build affordable homes in central locations, create quality homes and convert the housing stock that was built just after the war and in the 1960s and 70s. Compared to my native Switzerland, Denmark is a good example of the capacity of diverse communities to pull together to make a real difference.

KLW
It seems to be working, given that housing associations produce spaces that are actually worth living in?

KG
There is a transition that occurs when grassroots initiatives or movements are

KG
Pointen er, at det ikke er farligt, men opstået ud af det, man kom frem med. Og det tror jeg er det vigtigste, fordi det også nogle gange er virkelig svært, når man er i en proces som arkitekt med en bygherre og med mange interessenter, at være kritisk og sige stop. Nogle gange skal noget også prøves af, og så kan man så bagefter se, at "argh, det har faktisk ikke fungeret efter vores intention". Jeg tror, det er vigtigt, at man reflekterer hele tiden og lærer noget af det, man har gjort. Og det gør Steen Eiler Rasmussen. Der er et alternativ til den etablerede byplanlægning.

Kathrin Susanna Gimmel er arkitekt og stiftende partner i JAJA Architects i København.

picked up by a major actor. I recently read the lovely little book *Omkring Christiania* (About Christiania) by Steen Eiler Rasmussen. In this book, after building the Tingbjerg housing project and institutions in Tingbjerg, entire neighbourhoods, he reflects on his contribution after seeing what emerged in Christiania around the same time in a completely different way; it was self-organizing, with no rules for the design of institutions or the placement of a tap.

KLW
There was a potential loss of control for urban developers that was articulated in the alternative organization of Christiania?

KG
The point is that it's not dangerous; it emerged from whatever people brought to the table. And I think that's the main point, because sometimes it's really difficult for an architect involved in a process with a client and a wide range of stakeholders, to be critical and draw the line. Sometimes you have to try things out, and maybe later you'll find that 'well, that didn't really work out as intended.' I think it's important to maintain a reflective process, to learn from experience. And Steen Eiler Rasmussen does exactly that. There is an alternative to the established approach to urban planning.

Kathrin Susanna Gimmel is an architect and founding partner at JAJA Architects in Copenhagen.

The interview is translated from Danish.

DAN STUBBERGAARD i samtale med
KRISTOFFER LINDHARDT WEISS

Byens dagligstuer

"Det er uhyre vigtigt, at vi som fag og som stand engagerer os meget mere i samfundets udvikling og politiske spørgsmål."
— Dan Stubbergaard

KLW
Din tegnestue, COBE, står bag en lang række prominente projekter, som er skabt nogenlunde samtidig med, at begrebet 'liveability' for alvor er begyndt at cirkulere blandt arkitekter, planlæggere og bygherrer i det offentlige. Hvad betyder liveability som begreb for din tegnestues arbejde?

DS
Når man kigger retrospektivt på de seneste ti år på tegnestuen, står det klart, at der netop har været en lyst til og en ambition om at skabe arkitektoniske rum, som favner fællesskabet og giver plads til, at der kan opstå fællesskaber på tværs af forskellige grupper mennesker. Hos COBE synes vi, at det er en enormt interessant opgave, og vi har virkelig taget begrebet til os, fordi vi mener, at arkitekturens kernerolle netop er at favne og skabe rum til hverdagens interaktioner og sociale fællesskaber, som livet jo består af.

KLW
Men er en af udfordringerne ikke netop at skabe rammer, der rent faktisk fuldt ud "favner fællesskabet", som du siger?

DS
Uanset om det gælder store byplaner, urbane byrum, offentligt byggeri eller private boliger, mener jeg, det er vigtigt at undersøge, hvordan og hvori hverdagslivet og dets fællesskaber udfolder sig, for dermed at kunne opdage potentialer og skabe de rum, som inviterer til fællesskaber på tværs. Eksempelvis er The Silo i Nordhavn et projekt, som med en offentlig tilgængelig restaurant og et udsigtspunkt på toppen forsøger at skabe et generøst samlingspunkt for hele byen, hvor der er potentiale for, at mange forskellige menneskers veje krydses, og fællesskaber dannes.

KLW
I forbindelse med åbningen af jeres soloudstilling på DAC, "Our Urban Living Room", deltog du i en paneldebat, hvor en af tilhørerne bemærkede, at byens rum er ved at blive for 'arkitektede' i betydningen overdesignede. Det virkede på din reaktion, som om du godt forstod den kritik, der blev antydet?

DS
Jeg tror, jeg vil vende det spørgsmål eller den problemstilling på hovedet, for i min optik handler det om, at når

DAN STUBBERGAARD in conversation with
KRISTOFFER LINDHARDT WEISS

Urban Living Rooms

'It is crucial that we, as a profession, engage much more in the development of society and in political issues.'
—Dan Stubbergaard

KLW
Your firm, COBE, is behind a range of prominent projects created around the time when the concept of 'liveability' really began to circulate among architects, city planners and public-sector clients. What role does the concept of liveability play for your firm?

DS
Looking back at the past ten years in the firm, there has clearly been a desire and an ambition to create architectural spaces that embrace community and make room for new communities to emerge across different groups. At COBE we consider this as a tremendously interesting task, and we really embrace the concept, because we consider it the principal role of architecture to embrace and make room for the everyday interactions and social communities that life consists of.

KLW
But isn't one of the challenges to create settings that actually and fully 'embrace community', as you put it?

DS
Whether we are talking about large city plans, urban spaces, public building projects or private homes, I think it's important to examine how and where everyday life and its communities unfold in order to be able to discover the potentials and create spaces that invite diverse communities. For example, by including a public restaurant and roof-top viewpoint, The Silo in Nordhavn (Copenhagen's North Harbour) is a project that aims to provide a generous meeting place for the whole city with the potential for many different people's paths to cross and for new communities to form.

KLW
In connection with the opening of COBE's solo exhibition at the Danish Architecture Center, 'Our Urban Living Room', you took part in a panel debate, where one of the attendants remarked that urban spaces are becoming too 'architectured' in the sense of being over-designed. Your response suggested that you understood the critique?

DS
I think I would like to turn that issue on its head; as I see it, in working with architecture and space we should create robust and durable architecture

vi arbejder med arkitektur og rum, så skal vi huske på at skabe robust og holdbar arkitektur, som kan favne livet i en tidshorisont, der er meget længere, end vi selv kan overskue lige nu og her. På tegnestuen er vi meget inspirerede af industriens bygningsværker og rum, som jo på mange måder er fantastiske til at rumme forskellige typer funktioner og forskellige typer liv. Et godt eksempel er de gamle industrihaller, der lå her på Papirøen. De var nogle meget robuste og enkle rum, som en gang blev skabt til ét formål, men senere blev indtaget af mange andre funktioner. Og det er egentlig det, der er interessant og problemstillingens kerne for mig. Vi skal huske på at fremtidssikre vores byer og tegne en holdbarhed og en robusthed ind i de bygningsværker og byrum, vi skaber. 'Arkitektet' i mine øjne er, når alt bliver for defineret og for styret af arkitekten, og det skal vi undgå og turde overlade rum og arkitektur også til fremtidens brug. Det synes jeg er en væsentlig pointe og et vigtigt greb.

Fig. 1 Papirøen, Københavns Havn.

KLW
Er byens rum netop ikke i fare for at blive for overstyrede? Ser man på København i dag, sammenlignet med for 15 eller 20 år siden, så er der sket en markant opgradering af byen som oplevelses- og rekreationsrum. Og *Monocle* og *The Economist* er ved at falde over hinanden i kampen om at rose de bypolitiske fremskridt. Kritikere vil sige, at byen samtidig er blevet friseret og nu helt tilegnet et bestemt købestærkt segment med dertil hørende livsstil? Meget langt fra netop den succes, som Papirøens industriarkitektur repræsenterer.

DS
Jeg har svært ved at se opgraderingen af vores by som et onde. Naturligvis er det ikke alle opgraderinger, der falder lige godt ud. Men en af styrkerne ved en by som København er jo netop, at tingenes tilstand ikke er statisk. Det er rigtigt, at det i dag er svært for alle at købe et sted at bo i København. Denne udvikling tror jeg dog ikke alene hænger sammen med opgraderingen af byen. Det er en generel udvikling, at vi ser en bevægelse fra land til by. Og det er en global tendens, som rækker langt ud over København. Mht. Papirøen skal der ikke herske nogen tvivl om, at jeg elsker den midlertidige og selvgroede udvikling, øen har gennemgået de sidste 3-4 år. Desværre var industriarkitekturen, som du kalder den, på øen i så dårlig konstruktiv stand, at det ikke vil være forsvarligt at bevare hallerne, som de så ud, i en fremtidig udvikling. Men lige netop det enorme potentiale i hallerne som offentligt og socialt samlingspunkt er egentlig det, vi har udpeget som en helt særlig kvalitet ved Papirøen, og som bliver fortolket og videreført i det nye projekt (vinderforslag i konkurrencen fra By & Havn og Københavns Kommune om den nye masterplan for Papirøen, red.)

KLW
I kaldte COBE's udstilling "Our Urban Living Room" – det rejser spørgsmålet om 'vores' – hvem vores er, hvad urbanitet er for en størrelse, og hvad det vil sige, at

Fig. 1 Paper Island, Copenhagen.

that is capable of embracing life in a longer perspective than we can grasp here and now. In our work, we are very inspired by industrial buildings and spaces, which in many ways are great for containing different types of functions and ways of living. The former industrial halls here on Paper Island were a good example. They offered robust, simple spaces that were originally made for one purpose and subsequently taken over by a wide variety of other functions. And that goes to the heart of the issue as I see it. We need to future-proof our cities by designing durability and resilience into the buildings and the urban spaces we create. 'Architectured', as I see it, is what you get when the architect goes overboard in defining and controlling everything. We need to steer clear of that and have the courage to leave spaces and architecture open to future purposes. I think that's a valid point and an important feature.

KLW
But aren't the urban spaces at risk of becoming too regulated? If you look at Copenhagen today, compared to 15 or 20 years ago, the city's experiential and recreational qualities have undergone a significant upgrade. And *Monocle* and *The Economist* are outdoing one another in lavishing praise on the urban policy advances. Critics might argue that the city has also become overly regulated and well-groomed, dedicated to a particular user segment with considerable spending power and the lifestyle that comes with that? Far removed from the success of the former industrial architecture on Paper Island.

Fig. 2 Papirøen, København. Visualisering: COBE Architects

det er en dagligstue? Dagligstuen forbinder man umiddelbart med noget meget privat, der umiddelbart er uforeneligt med ideen om det åbne, offentligt tilgængelige rum. Er privatlivet rykket ud i det offentlige rum som en ny måde at blive set på på byens scene, men ikke interagere med andre mennesker?

DS

Jeg synes, vi laver en interessant konstellation ved at koble begrebet 'dagligstue' sammen med 'vores', fordi det lige pludselig bliver til et nyt begreb, som peger på fællesskabets livsrum, i stedet for bare på det private rum. Det interessante ligger i at bringe den private dagligstues kærlighed eller omsorg ind i det offentlige rum og skabe en ny forståelse af vores by og byrum som en masse åbne og frit tilgængelige dagligstuer, som vi som borgere har i fællesskab, og som vi passer på og drager omsorg for i fællesskab. Og i den forbindelse er jeg overbevist om, at hvis vi arkitekter laver offentlige, fantastiske, smukke og brugbare rum, så vil fællesskabet og dermed byens borgere naturligt passe på det, ligesom man passer på sin egen dagligstue. Så at slå fællesskab og dagligstue sammen i ét begreb skaber et nyt perspektiv på byen og sådan set også på forholdet borger og by imellem.

KLW

Historien om omstillingen af de større danske byer rummer mange paradokser, f.eks. det, at selv om København er en grøn by, så er den grundlæggende ikke bæredygtig. Og samtidig med at byens rum bliver åbnet og er mere tilgængelige, så er gruppen af mennesker, der rent faktisk har råd til at bo

DS
I have a hard time seeing the upgrade of our city as a negative development. Naturally, not every upgrade is equally accomplished. But one of the strengths of a city like Copenhagen is that nothing is static. Granted, it's hard for everyone to afford a place to live in Copenhagen. I don't think we can attribute that exclusively to the efforts to upgrade the city. The migration from country to city is a general trend. It's a global trend that goes far beyond Copenhagen. As for Paper Island, there should be no doubt that I love the temporary and self-grown development the island has undergone over the past three to four years. Unfortunately, the industrial architecture, as you call it, on the island were in such a poor constructional state that preserving the halls in a future development was not feasible. However, the huge potential of the halls as a public and social meeting place is something that we identify as a unique quality of Paper Island, and which is interpreted and continued in the new project (the winning project in the competition held by CPH City & Port Development and the City of Copenhagen about the new master plan for Paper Island, ed.).

KLW
You titled the COBE exhibition 'Our Urban Living Room'. That raises the question about 'our' – who does 'our' refer to, what is urbanity, and what does the 'living room' concept imply? A living room is traditionally a private space, which might appear to be incompatible with the notion of an open, accessible public space. Have we moved our private life into the public space, as a new way of being seen on the urban stage without actually interacting with others?

DS
I think that we make an interesting constellation by coupling the term 'living room' with 'our', because it forms a new concept that suggests a space for community life rather than a personal, private space. What's interesting is to bring the loving or nurturing atmosphere of the private living room into the public space and to generate a new understanding of our city and urban space as a host of open and freely accessible living rooms that all citizens share, and which we look after and care for together. In relation to that, I am convinced that if we, as architects, create public, amazing, beautiful and useful spaces, the community, that is, the local citizens, will naturally look after them, the way you look after your own living room. So, fusing community and living room into a new concept suggests a new perspective on the city and, in a sense, on the relationship between the citizens and the city.

KLW
The story about the transition of Denmark's biggest cities contains numerous paradoxes, for example the fact that even though Copenhagen is a green city, it is fundamentally not sustainable. And as the urban spaces become more open and accessible, the subset of people who can actually afford to live in the city is

Fig. 2 Paper Island, Copenhagen. Visualization: COBE Architects

i byen, blevet mindre. Hvilke faktorer ser du arbejde imod den udvikling, som I gerne vil fremme i COBE?

DS
Det er rigtigt, at begrebet 'liveability' på en måde har et indbygget paradoks, forstået på den måde, at livskvalitet og det gode byliv er noget, som mange mennesker tiltrækkes af. Dermed kan det pludselig blive så attraktivt at bo i byen, at prisen for at købe eller leje en bolig stiger. Men grundlæggende mener jeg ikke, at frygten for værdistigninger skal være den gældende præmis for byudviklingen.

KLW
Har arkitekter et ansvar for om muligt at modvirke effekterne af den manicurerede by, som f.eks. segregering og stigende priser? Eller er det et bypolitisk spørgsmål af strukturel karakter, som ligger på et helt andet bord?

DS
Det er uhyre vigtigt, at vi som fag og som stand engagerer os meget mere i samfundets udvikling og politiske spørgsmål, og i den forbindelse vil jeg appellere til, at alle, der har en interesse i vores byer og i vores arkitektur, tør at gå i clinch med de bypolitiske spørgsmål og blande sig i de debatter og fora, som opstår. Hvis vi kan skabe bedre rum og grønnere byer, er det godt for alle, også selv om konsekvensen nogle gange er prisstigninger. For prisstigninger kan reguleres på andre måder. Planloven giver stadig kommunerne ret til at kræve op til 25 procent almennyttigt boligbyggeri i nye byområder. Det er et socialt integreret værktøj, som er meget vigtigt at bevare i forhold til at skabe byer og boligområder for alle.

Fig. 3 The Silo, Nordhavn, COBE Architechs. Foto: Martin Keiding

shrinking. What factors do you see driving the development you at COBE would like to promote?

DS
It's true that the concept of 'liveability' has a built-in paradox, in the sense that quality of life and the good urban life appeal to a lot of people. And as it becomes more attractive, the cost of buying or renting a home goes up. But fundamentally, I don't think that the fear of value increases should be the premise that drives urban development.

KLW
Do architects have a responsibility for countering, if possible, the effects of the manicured city, such as segregation, rising housing prices? Or is that a structural urban policy issue, which is dealt with on an entirely different level?

DS
It is crucial that we, as a profession, engage much more in the development of society and in political issues, and in relation to that, I appeal to anyone who has an interest in our cities and in our architecture to dare to take on urban policy questions and to participate in the debates and forums that emerge. If we can build better spaces and greener cities, that is good for everybody, even if it leads to growing housing prices. Price increases can be regulated by other means. The Planning Act still allows municipalities to require up to 25 per cent non-profit housing in new urban development areas. That is a socially integrated tool that it is crucial to preserve to be able to create cities and housing areas for all.

Fig. 3 The Silo, Nordhavn, COBE Architects. Photo: Martin Keiding

KLW
So architecture is powerless in the face of the specific challenge?

KLW
Så arkitekturen er magtesløs over for den specifikke udfordring?

DS
Man kan sige, at de værdi- og prisstigninger, vi ser i de større byer, er en generel tendens på boligmarkedet, og ikke kun for de fornyede eller opgraderede boligområder. Så derfor ser jeg ikke noget ondt i, at vores byer fornyes – faktisk synes jeg, det er fantastisk, at mange områder, som førhen var præget af trafik, industri og kaos, som eksempelvis på Islands Brygge eller Sønder Boulevard, bliver transformeret og lavet om til åbne, grønne og rekreative områder, som ikke kun kommer beboerne i første række til gode, men alle byens borgere. Det giver kvalitet og fællesskab til by- og hverdagslivet.

Dan Stubbergaard er arkitekt og grundlægger af tegnestuen COBE i København.

DS

You could say that the value and price increases we are seeing in the bigger cities represent a general trend in the housing market, not just in renovated or upgraded residential developments. So I see no harm in renovating our cities. In fact, I think it's great that many areas that used to have heavy traffic, industry and chaos, such as Islands Brygge or Sønder Boulevard, are transformed into open, green, recreational areas that not only benefit the people who live there but serve as a resource for everyone in the city. That brings quality and community into urban everyday life.

Dan Stubbergaard is an architect and founder of the architecture firm COBE in Copenhagen.

The interview is translated from Danish.

NICOLAI CARLBERG og SØREN MØLLER CHRISTENSEN
i samtale med KRISTOFFER LINDHARDT WEISS

En del af noget større

"Inden for de sidste 25 års tid har der været en række wake-up calls i Københavns udvikling."
– Nicolai Carlberg

KLW
Hvad er liveability i jeres øjne, og er det overhovedet et effektivt bypolitisk eller byplanmæssigt perspektiv at arbejde med?

NC
Som liveability bruges i dag, hvor det både er et politisk mål og en karakteristik af livet i særligt København, fristes jeg til at kalde det et farligt begreb. Den liveability, som bliver videregivet i magasiner som *Monocle* og i alverdens avisartikler, handler i høj grad om det nydelsesorienterede liv. Liveability bliver hurtigt lig med et let og næsten vægtløst liv. Der står et næsten drømmeagtigt skær omkring det københavnske hverdagsliv – det er uforpligtende, tilvalgspræget og lykkeligt.

SMC
Og det er selvfølgelig godt. Nydelse og lykke er helt sikkert bedre end modsætningen, men spørgsmålet er, om der ikke også mangler noget i vores opfattelse af liveability. Hvordan står liveability i forhold til det at være borger i et samfund, hvor man tager ansvar, forpligter sig og bliver et dannet menneske ved at møde modstand og stå igennem kriser sammen med dem omkring én? Der er noget i bypolitikken i dag og specifikt i Københavns selvbillede, der lægger op til en forkælet, forbrugerbaseret og i sidste ende ret ansvarsfraskrivende tilgang til livet.

KLW
Er det dannelsesbegreb, som I nævner her, et korrektiv til den markedsdrevne byudvikling?

NC
Ja, det kan du med rette hævde. Der er jo sket et markant skift fra 60'erne, 70'erne og 80'erne, hvor det var det offentlige, der kunne lægge den totale model for, hvordan man skulle leve det gode liv, og så til i dag, hvor det offentlige prøver bedst muligt at spille sammen med markedet, som er den primære drivkraft i byudviklingen. Helt grundlæggende fungerer økonomien på en anden måde i dag, og bypolitikken er helt anderledes. I min

NICOLAI CARLBERG and SØREN MØLLER CHRISTENSEN
in conversation with KRISTOFFER LINDHARDT WEISS

A Part of Something Bigger

'During the past 25 years or so, there have been a number of wake-up calls in the development of Copenhagen.'
—Nicolai Carlberg

KLW
What is liveability as you see it, and does it even offer an effective urban policy or urban planning perspective?

NC
As the term 'liveability' is applied today, where it represents both a political goal and a characteristic of life, especially in Copenhagen, I am tempted to view it as a dangerous concept. The liveability that is portrayed in magazines like *Monocle* and in newspaper articles is very focused on the pleasurable aspects of life. Liveability is often equated with a life characterized by convenience and lightness, an almost weightless existence. Everyday Copenhagen life is portrayed in an almost dreamlike glow – free from obligations, based on free choice and happy.

SMC
Which is fine, of course. Pleasure and happiness are definitely better than their opposites, but the question is whether there isn't something missing from our notions of liveability. How does liveability relate to being a citizen in a society where people take on responsibilities and obligations and develop into fully formed persons through meeting resistance and enduring crises together with the people around them? There is something in urban policies today, and specifically in Copenhagen's self-image, that encourages a spoiled, consumer-oriented and ultimately fairly responsibility-free approach to life.

KLW
Does the cultural concept that you mention offer a corrective to market-driven urban development?

NC
Yes, you could say that. A significant shift has occurred from the 1960s, 70s and 80s, when the public sector was able to offer the comprehensive model for how to live the good life, to the current situation, where the public sector tries its best to interact with the market as the primary driver of urban development. On a fundamental

optik er man i dag gået for langt væk fra at have ambitioner på folks vegne, at de skal have kultur, at de skal have dannelse, at de skal have plads, at de skal have udfoldelse, at de skal have nogle institutioner, hvor man mødes på tværs af alt.

SMC
Et klasseeksempel fra byplanlægningens heydays i 70'erne og 80'erne er Avedøre Stationsby, som meget nøje er planlagt som ramme om en hel boligkarriere og med alle de institutioner, du kan drømme om. Der er lejligheder til singler og ældre og rækkehuse til familier og et helt institutionsbånd med bibliotek, folkeskole, gymnasium, svømmehal og kirke. Det er næsten sygeligt gennemtænkt. Det er planlagt fra vugge til grav, på nær hospital og kirkegård.

KLW
Men det er jo også udtryk for en hyperreguleret planlægning med en næsten paralyserende gameplan for borgernes totale livsudfoldelse. Det er drømmen om 'det gode liv' i velfærdsstatens navn, og det er vel også heftigt kritiseret?

NC
Ja, og det er i disse byområder, vi i dag har nogle af de dybeste sociale og kulturelle problemer i samfundet. Der er derfor ingen grund til at ønske os tilbage til den samme type af planlægning, men der ligger for mig også en fascinerende inspiration i at se på den radikalt anden tilgang, som man havde dengang. Der var jo nogle ambitioner til stede i 70'ernes tænkning omkring den gode by, hvor man troede på, at kultur- og fritidsfaciliteter og velfærdsinstitutioner kunne bidrage til, at den enkelte blev del af et samfundsfællesskab.

Fig. 1 Avedøre Stationsby.
Foto: Forstadsmuseet

KLW
Hvis vi vender tilbage til nutidens København, så fylder markedet meget mere i byudviklingen i dag, end det gjorde i 70'erne, hvor steder som Avedøre Stationsby blev bygget. Er det overhovedet muligt at overføre inspiration mellem de to situationer?

SMC
Ja selvfølgelig. Det handler om at bruge den historiske inspiration til at diskutere, hvad det er for et liv, hvad er det for en kultur, hvad er det for nogle sociale sammenhænge, vi ønsker at skabe i vores by. Jeg vil f.eks. gerne diskutere, om den måde, vi i dag opfatter og diskuterer byliv og

Fig. 1 Avedøre Stationsby.
Photo: Forstadsmuseet

level, the economy works in a different way today, and urban policies are completely different too. From my perspective, today we have moved too far away from having ambitions on people's behalf, the idea that they should have culture, they should have education, they should have room, they should have access to expressing themselves, they should have institutions where they meet each other across whatever boundaries exist.

SMC
A classic example from the heyday of urban planning during the 1970s and 80s is Avedøre Stationsby south of Copenhagen, which was carefully planned as the setting for an entire life cycle with all the facilities you could dream of. There are flats for singles and seniors, terraced houses for families and a whole range of public facilities including a library, primary and lower secondary school, an upper secondary school, a swimming hall and a church. It is almost obsessively carefully thought out. Planned in every detail, from cradle to grave, except for a hospital and a cemetery.

KLW
But it also represents a hyper-regulated approach to planning with an almost paralysing game plan for every aspect of the human existence. It is the dream of 'the good life' in the name of the welfare state, which has also come under heavy criticism?

NC
Yes, and it is in these urban areas that we now have some of the most severe social and cultural problems in society. So there's no reason to wish for a return to that type of planning, but to me, there is also a fascinating inspiration in seeing the radically different approach that was applied back then. There were some ambitions at play in the thinking of the 1970s concerning the good city, where people believed that cultural and leisure facilities and welfare institutions could help the individual become part of a social community.

KLW
Returning to the subject of contemporary Copenhagen, the market plays a bigger role in urban development today than it did during the 1970s, where places such as Avedøre Stationsby were built. Is it even possible to transfer inspiration between the two situations?

hverdagsliv på, kunne udvides ved at se på de ambitioner, som lå i 70'ernes byplanlægning.

KLW
Hvad tænker du mere konkret på?

SMC
Tag f.eks. Københavns Kommunes bylivsregnskab. Det gør op, hvor mange foodtrucks, kaffeknallerter og caféstole, der fylder i det københavnske bybillede. Der zoomes ind på det nydelsesorienterede byliv, og det er en massiv succes. Omvendt er foreningsliv og brugen af de fælles velfærdsinstitutioner såsom biblioteker, svømmehaller og fodboldbaner ikke med. Situationen er på sin vis vendt om. I 70'erne var succesparametrene brugen af de offentlige velfærdsinstitutioner og den folkelige deltagelse i foreninger. Det var det offentligt drevne byliv og de forpligtende fællesskaber. I dag er det i høj grad det kommercielt drevne byliv og de uforpligtende fællesskaber i byens rum, hvor man hænger ud og nyder livet.

NC
Jeg læste for nylig i en reklame for nogle nye havneboliger i Aarhus havn, at beboerne her kunne "dyrke urter, solen og fællesskabet i det omfang, du gider". Jeg tror, det handler om at indse, at vi ikke kun har brug for at være individuelle forbrugere, som tjekker ind og ud af løst definerede fællesskaber, men at vi også har stor værdi ud af at indgå i større og på forskellig vis mere forpligtende fællesskaber. Og det er jo ret paradoksalt, for der er i den offentlige debat et enormt fokus på civilsamfund, og på at borgere, foreninger og det offentlige skal arbejde sammen, men det afspejler sig ikke i vores byplanlægning.

KLW
Hvor ser du det?

NC
Hvis vi tager til Århusgadekvarteret i Nordhavn, så gør By & Havn et stort arbejde for at rette op på nogle af de dårlige erfaringer fra Ørestad. I byplanen er gaden blevet genintroduceret som det strukturerende element, og der arbejdes benhårdt på at få et butiksliv til at give byliv til det nye byområde. Men der er stort set ingen kultur- og foreningsfaciliteter. Det er en bydel, der er skabt til forbrug og nydelse, men ikke til engagement og aktiv deltagelse.

KLW
Der lader til at være konsensus politisk om den bymodel og den version af liveability, som udfoldes i de nye byområder i København. Hele vejen rundt i det politiske billede er der nogenlunde den samme idé om, hvad det attraktive og gode liv er. Det, I siger, er, at det er en bypolitisk falliterklæring, fordi vi har glemt, hvad bypolitik er og betyder i virkeligheden. Men er det en kamp, som er tabt?

SMC
Nej, det tror jeg ikke. Som Nicolai nævner, er der i disse år massivt fokus på civilsamfundet, og jeg tror egentlig, at det handler om, at byplanlægningen altid halter efter samfundsudviklingen. Men det kræver selvfølgelig, at vi diskuterer, at der er andre måder at udvikle vores by på.

NC
Jeg tror også – eller håber i hvert fald, at det er en udvikling. Inden for de sidste 25 års tid har der været en række wake-up calls i Københavns udvikling. Den første var, da byen var ved at gå bankerot. Det bypolitiske

SMC
Yes, of course. We should use the inspiration from history to debate what sort of life, what sort of culture, what sort of social contexts we wish to create in our city. For example, I would like to discuss whether the way we are now perceiving and discussing urban life and everyday life might be expanded by examining the ambitions that drove 1870s urban planning.

KLW
What do have in mind, more specifically?

SMC
Take the urban life account that the City of Copenhagen prepares. It tallies how many food trucks, coffee mopeds and café chairs you find in the Copenhagen cityscape. The account zooms in on the hedonistic aspects of city life, and it is a huge success. On the other hand, participation in associations or the use of common welfare facilities, such as libraries, swimming halls and football grounds is not included. In a sense, the situation has been turned on its head. During the 1970s, the parameters for success were the use of the public welfare facilities and the widespread membership of associations. Publicly operated city life and mutually obligating communities. Today, the emphasis is more on commercially operated city life and the non-binding communities in the urban space, where people hang out and enjoy life.

NC
I recently read in an ad for some new harbour-front housing in Aarhus that here the residents could grow their own herbs and 'enjoy the sun and the community with the other residents to the extent you feel like it.' I think we need to realize that it's not just about being individual consumers checking in and out of loosely defined communities, but that we also derive tremendous benefit from engaging in bigger and, in varying ways, more mutually binding communities. And that is quite a paradox, in a sense, because in the public debate there is a huge focus on the civil society and on collaboration between citizens, associations and the public sector, but that is not reflected in our city planning.

KLW
Where do you see that?

NC
If we go to the area around Århusgade in Copenhagen's Nordhavn (North Harbour) district, CPH City & Port Development has really invested in learning from some of the bad experiences from the development of Ørestad. In the city plan, the street has been reintroduced as the structuring element, and there is a dedicated effort to bring in shops that add city life to the new neighbourhood. But there are hardly any cultural or association facilities. It is a neighbourhood that is designed for consumption and enjoyment, not for engagement and active participation.

KLW
There seems to be a political consensus about the urban model and the version of liveability that is implemented in the new urban areas in Copenhagen. All across the political spectrum, there seems to be more or less the same idea about what constitutes the good and attractive life. What you're saying is that this represents a breakdown in urban policies, because we have forgotten what urban policy is, and what it really means. But is the battle lost?

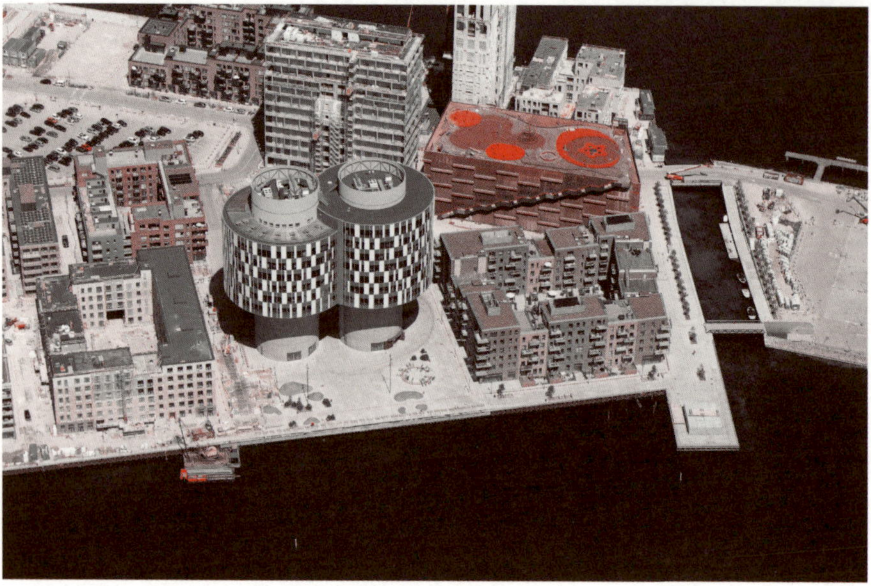

Fig. 2 Århusgadekvarteret. Foto: Ole Malling, By & Havn

svar var bl.a. at gøre op med årtiers ensidige fokus på almene boliger og i stedet satse på private boliger og på at få flere større boliger til familier. Næste wake-up call var, at familierne faktisk blev boende, hvilket førte til en massiv udbygning af daginstitutioner og renovering af skoler. Måske står vi nu over for det næste wake-up call. At der faktisk bor folk i byen, som gerne vil engagere sig, at der bor familier med børn, som gerne vil gå til blokfløjte, svømning og fodbold. Cortado og byggræsshake er ikke længere nok.

KLW
Hvor kan vi se hen efter inspiration?

NC
Det kan måske være interessant at kigge til de angelsaksiske lande som USA og England, hvor civilsamfundet traditionelt har haft en helt anden drivende rolle, end vi har her – også i forhold til de fysiske miljøer. Eller kigge til det mediterrane område, hvor familierne står for en vigtig del af den sociale sammenhængskraft. De steder er der nogle helt andre typer af social forandringskraft på spil og andre former for engagement. Måske kan vi se noget lignende gro frem her i Danmark. Der er eksempelvis generationshuse på vej flere steder, og måske er der andre elementer, som vi kan lade os inspirere af og integrere i byudviklingen.

SMC
Vi kan også blive i Danmark og kigge mod yderområderne. I landdistrikterne er der en anden nødvendighed ved at engagere sig i sit lokalområde. Der handler det om, at man mødes og skaber noget sammen og forpligter sig på hinanden på tværs af forskellige

SMC
No, I don't think so. As Nicolai mentions, there is currently a massive focus on the civil society, and in fact I think that urban planning is always going to lag behind the development in society at large. But naturally, that requires us to discuss the fact that there are other ways to develop our city.

NC
I also think – or at least I hope – that this is the trend. During the past 25 years or so, there have been a number of wake-up calls in the development of Copenhagen. The first one happened when the city was close to bankruptcy. The urban policy response was to reject the decades-long exclusive focus on non-profit housing in favour of private housing and to increase the share of larger homes for families. The next wake-up call was when it turned out that the families actually stayed here, rather than moving out of the city, which led to a massive expansion of preschool facilities and school renovations. Perhaps we are now about to experience the next wake-up call. That there are actually people living in the city who want to get involved, that there are families with children who want to take recorder lessons, go to the public swimming hall and play soccer. Cortado and wheatgrass shakes are no longer enough.

KLW
Where can we look for inspiration?

NC
It may be interesting to look to the Anglo-Saxon countries, such as the United States and the United Kingdom, where the civil society has traditionally played a much more active role than it does here, also in regard to the physical environment. Or we can look to the Mediterranean, where families constitute a key aspect of the social fabric. Those places have very different types of social adaptability and engagement. Perhaps we might see something similar develop here in Denmark. For example, we are seeing the emergence of multi-generation houses, and perhaps there are other elements that we can draw on for inspiration and integrate into urban development.

SMC
We could also stay in Denmark and look to the rural districts. Here, there is a greater need for people to engage in their local area. To join forces and create something together, enter into mutually binding collaboration across various boundaries. Traditionally, the proliferation and widespread membership of private clubs and associations in Denmark has been a great platform for that. People become part of a genuine engagement in the city's development, because engagement is necessary.

KLW
Copenhagen could learn from rural Denmark?

SMC
Very much so. One of my favourite examples is from the small town of Vestervig in Thy, northern Jutland, which we worked with for many years as part of the philanthropic association Realdania's project 'Mulighedernes

Fig. 2 The Århusgade quarter. Photo: Ole Malling, CPH City & Port Development

skel. Det er jo det, som Foreningsdanmark har været rigtig god til. Man bliver en del af et genuint engagement i byens udvikling, fordi det er nødvendigt, at man engagerer sig.

KLW
København kan lære af Udkantsdanmark?

SMC
Ja i høj grad. Et af mine yndlingseksempler er fra landsbyen Vestervig i Thy, som vi igennem mange år arbejdede med i Realdania-projektet "Mulighedernes Land". Landsbyen var presset af fraflytning og skæmmet af forfaldne huse i hovedgaden, der gennem typer som Låsby-Svendsen blev lejet ud til mennesker med

Fig. 3 Vestervig. Foto: Carsten Ingeman

økonomiske og sociale problemer. Situationen var på mange måder håbløs. Der var et stort ønske om at rive husene ned, men hverken borgerne eller kommunen havde de juridiske og økonomiske midler til at overtage husene. I stedet for at give op gik borgerne sammen, genoplivede den gamle håndværker- og borgerforening, som nedsatte 10 arbejdsgrupper, der hver gik i gang med at udvikle og forskønne byen. De satte tennisbanen i stand, anlagde stier ud i landskabet, istandsatte parken, rensede søen og meget mere. Vi prøvede at tælle, hvor mange der havde været engageret fra civilsamfundet i byens udvikling, og det svarede til, at der skulle være 7-10.000 borgere på Nørrebro, som rendte rundt og byggede og holdt vedlige. Det er jo fantastisk, at en landsby med 700 indbyggere kan skabe den type af engagement. Og da de så, pga. ny lovgivning og finanskrise, kunne få fat i de forfaldne huse, havde de en organisering på plads, der gjorde dem i stand til sammen med kommunen at opkøbe og nedrive eller istandsatte de mange huse, der ellers havde skæmmet landsbyen.

NC
Det er jo en helt anden model for, hvordan vi udvikler vores samfund. Historien fra Vestervig er udtryk for et tæt og uhyre tillidsfuldt samarbejde mellem civilsamfund, erhvervsliv og kommune – baseret på nødvendighed. Og det er vi ikke særligt gode til i storbyen. Og så er det – for at vende tilbage til udgangspunktet – en helt anden type liveability, der er i gang der ude på landet. Hvis vi lavede et bylivsregnskab for Vestervig, så ville stort set alle parametre vise, at der intet liv er. Ingen foodtrucks, caféstole og maratonløb. Ingen liveability overhovedet. Men det harmonerer jo dårligt med den historie, som Søren lige har fortalt. Der i mine øjne emmer af livskvalitet. Det betyder, at vi ikke kan sætte lighedstegn mellem liveability og livskvalitet.

KLW
Men er der ikke ret langt fra Thy til København?

SMC
Jo, men handler det om, at vi som mennesker er fundamentalt forskellige i storbyen og på landet? At man gerne vil engagere sig i Thy, men ikke i København? Det tror jeg ikke. Vi er selvfølgelig forskellige, men jeg tror, at folk alle steder gerne vil engagere sig og være del af et fællesskab. De skal bare have muligheden.

Fig. 3 Vestervig. Photo: Carsten Ingeman

Land' (Land of opportunity). The town was hit hard by depopulation and marred by ramshackle houses on the main street that dodgy landlords bought up cheap and rented out to people with economic and social problems. In many ways, the situation was hopeless. There was a widespread desire to tear the houses down, but neither the citizens nor the municipality had the legal or economic means to take over the houses. Instead of giving up, the citizens joined forces, revived the old builders' and citizens' association, which established 10 working groups, each of which began to develop and beautify the city. They fixed up the tennis court, established rambling paths, renovated the park, cleaned up the lake, among many other initiatives. We tried to count how many members of the local community had been engaged in the urban development, and we found that it was the equivalent of having 7–10,000 people in Copenhagen's Nørrebro district getting involved in construction and upkeep. It's amazing that a town of 700 people can muster that type of engagement. And when new legislation and the financial crisis made it possible for them to take over the ramshackle houses, they already had the organization in place, which enabled them, together with the municipality, to buy up and demolish or renovate the many houses that had marred the village.

NC

That's a very different model for how we develop our society. The story from Vestervig represents a close and very trust-based partnership between the civil society, local businesses and the municipality – driven by necessity. And we're not very good at that in the big cities. And also – to get back to

NC

Jeg tror, at det i langt højere grad handler om, at der i storbyen ikke er det samme rum for, at civilsamfundet kan engagere sig. Der er et eller andet i forhold til den måde, vi udvikler byen på, som gør, at civilsamfundet i forhold til byernes rumlige udvikling kan have svært ved at bidrage på en kvalificeret måde. I landdistrikterne – og for den sags skyld også i mange forstæder – er der både fysisk og organisatorisk plads til civilsamfundet. Det motiverer til, at man sætter sig omkring det samme bord for at løse problemerne. Resultatet er en masse engagement og nytænkning, og det er jo faktisk ret interessant, at lige nu foregår innovation i forhold til den måde, civilsamfund og det offentlige arbejder sammen på i landdistrikterne og ikke i storbyområderne, hvor de økonomiske ressourcer ellers er til stede.

SMC

Og det handler i sidste ende om, at der skal være rum til, at liveability kan være andet og mere end komfortabel nydelse.

Nicolai Carlberg er partner i Carlberg Christensen og uddannet etnolog fra Københavns Universitet.

Søren Møller Christensen er partner i Carlberg Christensen og uddannet etnolog fra Københavns Universitet.

our original point – the countryside represents a different take on liveability. If we did an urban life account for Vestervig, virtually all the parameters would indicate a complete absence of life. No food trucks, café chairs or marathons. No liveability whatsoever. But that does not jibe with the story Søren just related. Which I think is brimming with quality of life. That means that we cannot equate liveability with quality of life.

KLW
But it's a long way from northern Jutland to Copenhagen?

SMC
Sure, but is that because people in the city are fundamentally different from people in the country? That people in rural northern Jutland are willing to engage, while Copenhageners are not? I don't think so. Of course we're different, but I think people everywhere like to get involved and be part of a community. All they need is the opportunity.

NC
I think it has much more to do with the fact that the big city doesn't offer the same space for civil society to get involved. There's something about the way we develop the city that makes it difficult for civil society to make a qualified contribution to the spatial development of the city. In rural districts – and, for that matter, in many suburbs – there is room for civil society, both physically and organizationally. That motivates people to sit down around the same table to solve the problems. The result is a lot of engagement and innovation, and it's quite interesting, really, that right now, innovation in the way the civil society and the public sector cooperate is happening in the rural districts, not in the urban areas, even though the economic resources are available in the cities.

SMC
And ultimately, the point is that there has to be room for a concept of liveability that is about something other and more than comfort and pleasure.

Nicolai Carlberg is a partner at Carlberg Christensen and trained as an ethnologist at the University of Copenhagen.

Søren Møller Christensen is a partner at Carlberg Christensen and trained as an ethnologist from the University of Copenhagen.

The interview is translated from Danish.

KRISTINE JENSEN i samtale med
KRISTOFFER LINDHARDT WEISS

Altid forhandling

"Trangen til at overdeterminere og definere byens rum og dermed liv resulterer i en slags mildt overgreb. I sidste ende betyder det, at man næsten ikke kan finde ud af noget selv."
— Kristine Jensen

KLW
Hvis du skal give et signalement af livskvalitet i forhold til fremtidens by, hvor ville du så begynde?

KJ
Der er mindst to tematikker på færde. Det ene er selvfølgelig det altoverskyggende spørgsmål om klimakrisen, om at leve i pagt med naturen, som er meget moralsk. Det andet er en diskussion om det, vi kan kalde skønhed. Det er meget retro og rummer en længsel efter dybde og skønhed, det udefinerbare, som man ikke rigtig kan sætte en finger på, hvad er. Måske i protest mod den grimhed, der stilles til rådighed af modernitetens udjævning i al almindelighed? Det helt grundlæggende problem er, at man typisk har nogle meget ambitiøse forestillinger om de byrum, man vil skabe i byplanerne, som man efterfølgende har mere end almindeligt svært ved at udfolde i udbuddene. Man ender ofte med at lave så store udbud, at de ikke producerer den variation, man siger, man så gerne vil have. F.eks. har man for nylig lavet et udbud om det gamle Marselisborg Hospital i Aarhus. Det var kun folk, der har erfaring med at lave 20.000 kvm pr. år, der kan komme i betragtning. Så kan man jo sige sig selv, hvem dét er. Min pointe er, at man bør stoppe med at snakke om variation i byens rum, når man alligevel ensretter udbuddene på den måde.

KLW
Der er administrative, bureaukratiske og teknokratiske barrierer for at lave de urbane rum, der er basis for den højt besungne livskvalitet?

KJ
De store planlægningsmæssige træk laver den samme haircut, det samme sæt tænder, om man så må sige. Men det, vi drømmer om, er, at byen taler til os og indeholder det levede liv og ikke kun er til for nogen, der er ude at shoppe eller drikke kaffe.

KLW
Det, kritikere fremhæver, er, at i disse tider forskønner vi de store byer, vi friserer byrummene,

KRISTINE JENSEN in conversation with
KRISTOFFER LINDHARDT WEISS

Always in Negotiation

'The excessive urge to determine and define the urban space and, thus, life in the city results in a mild form of abuse. Ultimately, it imposes a sort of helplessness.'
—Kristine Jensen

KLW
If you were to define quality of life in relation to the future city, where would you begin?

KJ
There are at least two issues at play. One of these is, of course, the all-important issue of the climate crisis, of living in harmony with nature; this issue has a strong moral aspect to it. The other is a discussion about what we might call beauty. That is quite retro and reflects a yearning for depth and beauty, the indefinable quality that is so hard to pin down. Perhaps as a protest against the ugliness that comes with the levelling impact of modernity in general? The key underlying problem is that city plans typically include very ambitious ideas about the kinds of urban spaces that are envisioned, which then prove really hard to preserve in the subsequent tender process; in many cases, because the tenders get so big that they don't generate the variation developers claim to be looking for. For example, in the recent tender for the former Marselisborg Hospital in Aarhus, only firms that had experience with handling 20,000 m^2 a year qualified to make a bid. You can imagine whom that includes. My point is that we ought to stop talking about variation in the urban space if the tenders are going to be as streamlined as they are.

KLW
So you see administrative, bureaucratic and technocratic barriers to creating urban spaces to facilitate the much celebrated quality of life? The large-scale processes all lead to the same haircut, the same set of teeth, if you like. But what we dream of is cities that speak to us and frame our lived life, rather than merely accommodating people who are out shopping or drinking coffee. Critics argue that in the ongoing effort to improve the big cities, we are prettifying the urban spaces, designing everything down to the last detail, and ultimately, what we wind up with is one big 'mall'-type urban space designed to reflect middle-class

alt er gennemdesignet ned til mindste detalje, og så bliver det i sidste ende et stort 'mall'-byrum designet til at passe med middelklassens forestilling om det gode liv. Jeg kunne godt tænke mig at forbinde en rent arkitektonisk. kunstnerisk dimension til den diskussion.

KJ

Københavns Kommune har da også haft held med at skabe en anden form for byliv nogle steder. Det synes jeg på mange måder har været rigtig spændende. Men det er et bagstræb, når det hele bliver ensrettet. Det var det, Rem Koolhaas sagde på Venedigbiennalen (Fundamentals, 2014, red.); der findes kun krav til sikkerhed, komfort og bæredygtighed. Det genererer ensretning og en mærkelig indsnævring af bevidstheden.

KLW

Men hvordan i al verden designer man for 'det beskidte'? Det er vel et helt grundlæggende paradoks i arkitektur og planlægning. At der pr. automatik sker et slags designovergreb på alt det, vores tid hylder som autentisk?

KJ

Det kan jo også være et æstetisk valg at lade være med at designe. Vi har lige vundet konkurrencen om Ny Malt i Ebeltoft sammen med Praksis Arkitekter. Der har vi lavet en landskabsplan, der respekterer landskabets særlige stedskarakter og styrker beliggenheden i forhold til den særlige geologi, der findes i Ebeltoft. Det er altid en ledetråd for mig, fordi det altid peger på noget, der er større end én selv eller i det mindste giver en anderledes situation. Jeg ved godt, at det er en gammeldags idé,

Fig. 1 Dokk1, tegnet af SHL. Aarhus. Foto: Dennis Borup

KLW

Men der findes andre typer byrum, der ofte glemmes i debatten om byens rum. Jeg tænker på det ceremonielle rum, det tomme, åbne rum, hvor man kan være til stede på en anden måde end i Strøgets menneskemængder.

KJ

Lige præcis, man skal ikke være blind for, at når man planlægger, så er der nogen, man planlægger for, og også nogen, der ikke skal være der. Det får en bestemt kode, og når man så får en enorm ensretning gennem udbudsformen, så redigeres alt det beskidte væk.

hvor vi fanger stedet via landskabsbearbejdning. Det har betydning for, hvordan vi som mennesker forholder os til det særlige steds kvaliteter.

KLW

Man kan kalde det en form for kunstnerisk indsats eller investering, der ikke kan sættes på formel som et 'liveability'-koncept. Det er det samme greb, I har anvendt i jeres projekt til Dokk1?

KJ

De bynære havneområder omkring Dokk1 handler om at genskabe byens kontakt med vandet. Det har vi udformet helt klassisk ved at skære en vandakse frem til Domkirken. Og

Fig. 1 Dokk1, designed by SHL. Aarhus. Photo: Dennis Borup

notions of the good life. I would like to apply a purely architectural artistic dimension to that debate.

KJ

The City of Copenhagen has managed to create a different kind of urban life in some places. I find these initiatives quite interesting in many ways. But it gets reactionary when everything becomes uniform. That's what Rem Koolhaas pointed out at the Venice Biennale ('Fundamentals', 2014), that the requirements only pertain to security, comfort and sustainability. That generates uniformity and a strange sort of narrowing of awareness.

KLW

But there is another type of urban space that is often neglected in the debate about urban spaces. I'm thinking of the ceremonial space, the empty, open space, where people can be present in a different way than among the throngs on Strøget (Copenhagen's main pedestrian street).

KJ

Exactly; we should not ignore the fact that city planning always involves planning for certain people, while certain other people are supposed to stay away. It's given a certain code, and with the huge degree of uniformity that comes with

Fig. 2 Dokk1 – plan. Illustration: Arkitekt Kristine Jensens Tegnestue

ikke bare til Domkirken, men det er en figur, der fastholder et by-perspektiv om middelalderen, der indfanger det gamle og det nye i en helt enkel rækkefølge, som bliver forståelig. På hver side af aksen opstår pladser. På den plads, hvor pakhusene er, opstår der en situation, hvor rummet integrerer historien. Mens den anden side bliver til byens legeplads, i et helt nyt by-spektrum af rumlige og kropslige fornemmelser og måder at være til stede på, der bare handler om at være i nærkontakt med vandet.

KLW
Hvordan aktiveres det, man i mangel af bedre kan kalde den kunstneriske sensibilitet, i den form for oplevelsesrum, som Dokk1 er? Det er vel i høj grad det, jeres repertoire af rumlige og materialemæssige erfaringer, møjsommeligt skabt i jeres arbejde, repræsenterer?

KJ
Det gør man ved ikke kun at rydde op og kontrollere det urbane landskab,

the tender process, all the 'dirt' is edited out.

KLW
But how on earth can we design in a way that includes the 'dirt'? That seems to be a fundamental paradox in architecture and planning; that, almost by definition, design involves a sort of assault on everything that is celebrated as authentic today?

KJ
Of course, not designing can also be an aesthetic choice. We recently won the competition for the Malt Factory in Ebeltoft together with Praksis Arkitekter. We created a landscape plan that respects the unique character of the site and enhances the location in relation to the special geology by Ebeltoft. That is always a guideline for me, because it points to something that is bigger than ourselves, or at least something that creates a different situation. I know it's an old-fashioned idea, capturing the site by working with the landscape. It affects the way we relate to the qualities of the place on a human level.

Fig. 2 Dokk1 – plan. Illustration: Arkitekt Kristine Jensens Tegnestue

KLW
You could call it a sort of artistic effort or investment, which cannot be codified as a liveability concept. You used the same device in your Dokk1 project in Aarhus?

KJ
Our aim for the urban harbour area surrounding Dokk1 was to re-establish the city's connection with the water. We chose a classic solution by cutting a water axis all the way to the Cathedral. And not just to the Cathedral, but as a figure that preserves a medieval urban perspective, capturing the old and new in a simple, comprehensible sequence. Squares emerge on both sides of the axis. In the square where the warehouses are, a situation arises where the space integrates history. Meanwhile, the other side becomes an urban playground in a new urban spectrum of spatial and bodily sensations and ways of being that are all about being in close contact with the water.

KLW
How do you activate what might be called, for lack of a better term, the artistic sensibility in the kind of experience space that Dokk1 is? Isn't that very much what is represented by the repertoire of spatial and materials-related experiences so painstakingly generated by your work?

KJ
We achieve that by not only cleaning up and controlling the urban landscape but also by leaving some places open to possibility. Rem Koolhaas has said something like, 'before there were architects, there were possibilities.' An important aspect of landscape architecture is about making a site self-explanatory by capturing the quality that makes it unique. You can't control that quality, and you're always in a negotiation with details and the conditions that make a site appear a given way. For example, we inherited 90,000 m^2 of urban harbour area. The key is to bring city and water together without erasing everything and to ask how we

men også lade nogle steder være åbne over for en mulighed. Rem Koolhaas har på et tidspunkt sagt noget i retning af, at "før der har været arkitekter, var der muligheder". En meget stor del af landskabsarkitektur handler i virkeligheden om at få stedet til at være selvforklarende, i kraft af at man har fanget det, som gør netop det sted til et særligt sted. Og den del kan man ikke kontrollere, og man er altid i en forhandling med detaljen og de ydre rammer, der giver grundlaget for, at det sted træder frem på en helt særlig måde. Vi har f.eks. arvet 90.000 kvm bynære havneområder. Det handler om at få by og vand skrevet sammen uden at fjerne det hele og stille spørgsmålet, hvordan vi får kroppen til at fungere i forhold til et så kæmpe stort areal som havnerummet.

Vi har valgt at bruge en stor sten, en flise, der er lige så stor som et menneske. Det er den synål, vi har brugt til at sy det sammen med, og så har vi brugt det centraleuropæiske akseperspektiv der, hvor det giver mening og rækkefølge. Det handler jo om at lave nogle gode steder nede ved vandet, som ikke er specifikt afgrænsede eller livsstilsfunktionaliserede. Som ikke er en plads eller noget som helst andet end nærhed til vand.

Fig. 3 Ny Malt, Ebeltoft. Illustration: Arkitekt Kristine Jensens Tegnestue og Praksis Arkitekter

KLW
Man kan få det indtryk, når man ser, hvordan byrum ofte designes, at Danmark primært består af velfærdsafhængige, oplevelseshungrende middelklasseborgere opdraget i en konsensuskultur med samme moderate smag. Men der er nogle aspekter af det at sanse, at bevæge sig i et byrum, som I udfordrer, og som jeg vil påstå, at vi er lidt for dygtige til at viske ud i mange andre byudviklingsprojekter. Tag f.eks. Kalvebod Brygge, der er endt som et mærkeligt uforløst kompromis mellem et 'liveable', oplevelsesrigt havnerum og en vindblæst promenade, som meget få mennesker bruger uden for sommermånederne.

KJ
Det er jo i allerhøjeste grad, fordi der mangler en fortælling om stedet, at det bliver så dødt det meste af året. I stedet for frihed får vi fritid, ikke? Det er jo forfærdeligt, men det er faktisk sådan, det er.

Fig. 3 The Malt Factory, Ebeltoft. Illustration: Arkitekt Kristine Jensens Tegnestue and Praksis Arkitekter

can bring a human scale to a space as vast as the harbour area.

We chose to use a large flagstone the size of the human body. That is the needle we used to stitch it all together, along with the Central European axis perspective where it makes sense and contributes to the sequence. The goal is to create areas on the waterfront that are not limited or particular to a given lifestyle function; areas that don't form a city square or are about anything other than simply providing access to the water.

KLW
Looking at the way urban spaces are often designed, it's easy to get the impression that Denmark is primarily made up of welfare-dependent middle-class citizens, hungry for cultural and sensory experiences, raised in a consensus culture and sharing the same moderate taste. But there are certain aspects of sensing and moving in an urban space that you challenge, and which I think we may have been too adept at erasing in many other urban development projects. Take Kalvebod Brygge, for instance, which has become an oddly unresolved compromise between a 'liveable', stimulating harbour space and a windswept promenade that few people use outside of the summer months.

KJ
The main reason why it's so dead most of the year is that we lack a narrative about the place. Instead of freedom, we have free time, right? It's awful, but actually, that's how it is.

KLW
Perhaps you might also say that we are afraid of the brutal, the windswept, the 'uncosy' space. The mantra for our time is urban spaces that offer no resistance, and that tends to restrict the kind of spatial possibilities you are free to propose, right? There seems to be a phobia of the open, the ceremonial, of any space that is not completely programmed.

KJ
You're absolutely right. That's why it's so important to me to refer back to the landscape. A city is part of a landscape too. That's one of the things that have been erased in many cases. I tend to

KLW
Man kan vel også sige, at vi er bange for det brutale, det vindblæste, det 'ikke hyggelige' rum. Mantraet for vores tid er byrum, der ikke yder modstand, og det indsnævrer i stort omfang, hvilke rumlige muligheder I kan foreslå? Der er en fobi over for det åbne, det ceremonielle, det som ikke er gennemprogrammeret.

KJ
Det er fuldstændig rigtigt. Det er derfor, det er så vigtigt for mig at pege tilbage på landskabet. En by er jo også del af et landskab. Det er jo noget af det, der på mange måder er blevet visket ud. Jeg opfatter tit en plads som et vindue til et terræn, til en anden fortælling. I projektet til Ny Malt arbejder vi med de byrum, der omfavner den gamle maltfabrik også som ramme for landskabet. Der er nogle veje ind til en gammel overgroet have, som også er en del af landskabsterrænets dødishuller, som vi har understreget. I stedet for at fjerne det, i stedet for at bygge noget lige præcis der, så bliver det på en måde selvforklarende at lade det være, fordi terræn og dødishuller jo sjovt nok altid ligger det rigtige sted.

KLW
En af mine yndlingsaversioner er begrebet 'bylivsdesign', dvs. forestillingen om, at man kan – og skal – designe byens liv ned til mindste detalje. Det er prototype modernistisk bytænkning, når det er mest omklamrende. Støder du på den forventning i de opgaver, der stilles fra offentlig og privat side?

KJ
Ja, der må være en åbenhed i designet, der giver frihed til at bruge det offentlige rum, som man vil. Det er en vanvittig tanke, at alt skal være aktiveret og overprogrammeret. Det er jo en slags tatovering af byrummet eller en lidt udefineret angst for, at rummene ikke er funktionelle nok. Altså noget af de sjoveste ved byrum er jo i virkeligheden, at man ikke nødvendigvis skal gøre noget.

KLW
Er du enig i kritikken af hypernormaliseringen af byens rum, der langsomt, men sikkert luger alle progressive ideer ud?

KJ
Ja, men altså f.eks. bare det at pege på landskabet er jo en form for andethed, end byen er, og i den forstand opstår der jo en form for kontrast til det, du der nævner. Det giver rum for tanker og den erkendelse, at det som menneske at 'finde et sted' handler om eksistens, det handler om, at noget kan finde sted. Noget utilsigtet.

KLW
Det er en åben forestilling om byens liv?

KJ
Det er derfor, vi skal holde op med at detaljere og funktionalisere alting. Som Michel Serres gør fuldstændigt klart i sit værk *Naturpagten*, udgivet for snart 20 år siden, så indgår vi en række aftaler med det liv, vi lever, når vi færdes i byen. En række kontrakter. Det er det, der understøtter den civilisation, som byen er, som vi har været en del af, siden byen som boform opstod. Vi skal være klar over, at vi på den måde selv definerer vores liv. Det synes jeg er meget let forståeligt. Det er derfor, det gør mig rasende med al den overaktivering af byrummet. Trangen til at overdeterminere og definere byens rum og dermed liv resulterer i en slags mildt overgreb.

view a square as a window to a terrain, to another story. In the Malt Factory project we also treat the urban spaces surrounding the old factory as a frame for the landscape. There are some paths leading into an old overgrown garden, which is also one of the kettle holes in the landscape; we have highlighted those paths. Instead of eliminating them, instead of building something right there, it becomes sort of self-explanatory when we leave it alone, because terrain and kettle holes have a funny way of being exactly in the right place.

KLW
One of my pet aversions is the concept of 'urban life design', the notion that urban life can – and should – be designed down to the last detail. That is prototypical modernist urban thinking at its most invasive. Do you encounter that expectation from your public and private clients?

KJ
Yes; the design has to have a degree of openness that gives people the freedom to use the public space the way they like. The ambition to activate and programme everything is outrageous. It's like tattooing the urban space or like some vague anxiety that the spaces aren't going to be functional enough. One of the best things about urban spaces, in fact, is that you don't necessarily have to do anything.

KLW
Do you agree with the criticism of the hyper-normalization of the urban space that is slowly but surely weeding out all progressive ideas?

KJ
Yes, but simply referring to the landscape does introduce a kind of otherness in relation to the city, and in that sense it strikes a contrast to what you're bringing up. It provides room for thought and for the awareness that the human urge to 'find a place' is existential; it's about allowing something to take place. Something unintended.

KLW
It is an open concept of urban life?

KJ
That's why we need to stop detailing and functionalizing everything. As Michel Serres made clear in his book *The Natural Contract*, which came out some 20 years ago, we enter into certain agreements through the life we lead in the city. Certain contracts. That is what underpins the civilization that defines the city, which we have been a part of ever since the city emerged as a settlement type. We need to realize that, in this sense, we define our own lives. I find that very straightforward. That's why this over-activation of the urban space makes me so furious. The excessive urge to determine and define the urban space and, thus, life in the city results in a mild form of abuse. Ultimately, it imposes a sort of helplessness.

KLW
It is a bit of an unholy alliance, where urban improvement, the nice, functional urban spaces, help drive up housing prices. In the case of Sønder Boulevard in Copenhagen, rising prices almost seemed to be a success criterion.

KJ
Measuring the quality and success of an urban space on value increases is part of a general trend today, where everything has to be quantifiable. In essence, this relativizes architectural

I sidste ende betyder det, at man næsten ikke kan finde ud af noget selv.

Kristine Jensen er arkitekt med speciale i landskabsarkitektur. Afgang fra Arkitektskolen Aarhus.

KLW
Det er en lidt u-hellig alliance, hvor forskønnelsen, de pæne funktionelle byrum, er med til at tvinge boligpriserne op. I tilfældet med Sønder Boulevard i København virkede det næsten, som om stigende boligpriser var et succeskriterium.

KJ
At måle kvaliteten og succesen af et byrum i en værdistigning er en del af den ret gennemsnitlige måde, vi opfører os på i dag, hvor alting skal måles og vejes. I virkeligheden relativerer man jo selve det arkitektoniske og gør det til en værdistigning, og det bryder jeg mig ikke om.

KLW
Så det bliver i sidste ende en kamp mellem den formelle by, forstået som planlæggernes by, politikernes by, pengenes by, på den ene side og den uformelle by på den anden?

KJ
Ja, eller det formløse. Alt det, der ikke kan styres. Den kamp er hård. Det er altid et spørgsmål om forhandling om detaljerne. Hvis man kan sige noget, der er irriterende ved arkitekter, så er det det der med at gå for langt ned i detaljerne. Du kan jo ikke designe hele verden, vel? Det bliver kedeligt, hvis det hele bliver designet. Enten lukkes de urbane muligheder, eller også åbnes de. Det er noget af det, der åbner for et andet tankesæt, eller sagt på en anden måde: Det er en slags fremmedhed, vi putter ind i landskabet og byens rum. Vi insisterer på 'noget andet' ... og jeg syntes, det er dér imellem, at det interessante rum opstår.

qualities and turns them into a value increase, and I don't like that.

KLW
So, ultimately, we wind up with a struggle between the formal city, understood as the city of planners, politicians and money, on the one hand, and the informal city, on the other?

KJ
Yes, or the shapeless. All the things we can't control. It is a tough struggle. It always ends up in negotiations about details. If there's one thing that's really annoying about architects, it is this tendency to be too detail-oriented. You can't design the whole world, right? Things get dull if everything is designed. Urban possibilities are either shut down or opened up. That is one of the things that invite a different mindset or, in other words, a kind of otherness that we bring into the landscape and the urban space. We insist on 'something else' ... and sometimes I think that is where the interesting space emerges.

Kristine Jensen is a Danish architect specializing in landscape architecture. Graduated from the Aarhus School of Architecture.

The interview is translated from Danish.

ESBEN DANIELSEN i samtale med
KRISTOFFER LINDHARDT WEISS

Fortællinger om fællesskab i forandring

"Måske kan man lidt provokerende sige, at vi lever i en tid, hvor ordene, de gode intentioner, værdigrundlaget, er på plads, men det alt for sjældent omsættes til virkelighed."
—Esben Danielsen

KLW
Det danske samfund har været – og er – karakteriseret ved en meget omfattende frivillig foreningskultur, der skaber meningsfulde fællesskaber i byen for mennesker på tværs af sociale skel, alder og mange af de andre socioøkonomiske forhold, der er med til at definere menneskelige relationer. Arkitekturen, de fysiske rammer for det fællesskab, spiller en afgørende rolle for at vedligeholde og udvikle fællesskaber i en tid, hvor man kan se en tendens til, at de begynder at slå revner, ikke mindst i de større byer?

ED
Vi er i Lokale og Anlægsfonden netop med til at udvikle og støtte op om at bygge mødesteder for fællesskaber. Jeg nævner typisk altid bygninger og arkitektur, når vi starter med at diskutere fællesskabet og dets betydning for vores byer. Så snakker vi om mødesteder for fællesskaber, og hvad der kendetegner dem. Det har den simple årsag, at den arkitekturtradition, den designtradition i øvrigt, vi har i Danmark, den er ret 'open-minded', den er demokratisk, og den er som udgangspunkt ret ikke-hierarkisk. Når man tager de ting ind, så er det netop de værktøjer, der skal til for at skabe åbne mødesteder, der er fundamentet for fællesskaber. Et af de steder, hvor vi historisk set – og med et ideologisk udgangspunkt – virkelig har organiseret fællesskabet som en del af den måde, vi bosætter os på i Danmark, det er de bebyggelser, hvor en femtedel af danskerne bor, nemlig de almennyttige boliger. Det er konkrete boligfællesskaber. Jeg kan ikke forestille mig noget, der kunne skabe mere engagement end det fællesskab, der er omkring, hvor vi bor i vores hverdag.

ESBEN DANIELSEN in conversation with
KRISTOFFER LINDHARDT WEISS

Narratives about Communities in Transformation

'You might argue that we're living in a time when the words, good intentions and basic values are all there, but they are far too rarely translated into action.'
—Esben Danielsen

KLW
Danish society has been – and is – characterized by a very widespread engagement in volunteer and leisure associations; this builds meaningful communities in the city across social distinctions, age and many of the other socioeconomic factors that frame human relations. Architecture – the physical settings for these communities – plays a key role in maintaining and developing communities at a time when we see them beginning to fracture, not least in the major cities?

ED
The Danish Foundation for Culture and Sports Facilities is involved in developing and supporting the construction of meeting places and communities. I usually mention buildings and architecture whenever the debate turns to community and its importance for our cities, and we talk about meeting places for communities and what characterizes them. This is for the simple reason that the Danish architecture and design tradition is fairly open-minded, it is democratic and, generally, non-hierarchical. When we discuss these topics, those are precisely the tools we need to create open meeting places that serve as the foundation for communities. One of the places where we have historically – and with ideological intent – organized community as part of the Danish way of life are the housing developments where a fifth of the Danish population live: non-profit housing. These are concrete residential communities. I can't imagine many things that would generate more engagement than the community that emerges around the place where our everyday life unfolds. Our family, our children. The growing demand for communal living options illustrates just how

Vores familie, vores børn. Vi ser det med efterspørgsel efter de bofællesskaber, der skyder op, hvor meget det betyder. Se blot på Christiania, det lille bofællesskab, de nye bofællesskaber og kollektiver, hvor meget energi – og besværlighed – der er i det. Så kan man på den anden side gå ud i en andelsboligforening, og så er der i ni ud af ti tilfælde ingen – ingen! – fællesrelationer. Og det er et meget godt billede på, at når det er nødvendigt at fokusere på, hvad og hvordan meningsfulde fællesskaber opstår, så er det, fordi fundamentet er ved at skride. Vi har ofte ikke nogen fællesskabsrelation i vores eksisterende byggerier.

Fig. 1 Streetmekka på Enghavevej. Foto: Rune Johansen

KLW
Det ligner konturerne af en forfaldshistorie?

ED
Måske kan man lidt provokerende sige, at vi lever i en tid, hvor ordene, de gode intentioner, værdigrundlaget, er på plads, men det alt for sjældent omsættes til virkelighed. Det skal vi tage hånd om og for alvor udfordre hinanden på. At blive ved med at omsætte idealerne om fællesskabet og alt det, det giver til vores samfund, til virkelighed. Og det skal gerne komme nedefra. Jeg forsøger med det at provokere den måde, vi tænker fællesskab på, fordi erfaringen siger, at man skal starte med de mennesker, der er i de konkrete, levende fællesskaber, og investere tid og engagement i at få dem til at leve. Jeg hørte en historie om en ung fyr, der var blevet formand – i provokation – for en almennyttig boligforening, som sagde med selvtillid: "Ja, så begyndte vi bare at plante nogle træer nede foran nogle stykker sammen, og så sagde det 'puff', og så var der fællesskaber, der boblede ud af døre og vinduer". Det fik mig til at tænke på det uudfoldede potentiale, der er i arbejdet med det bebyggede miljø og rammerne for det, til trods for at vi kan tillade os at sige, at vi i Danmark på mange områder er meget langt foran med at skabe fælles, offentlige rum for demokratisk udveksling og samtale. Der skal i virkeligheden ikke meget til, hvis vi blot har fokus på og forstår værdien af de fællesskaber, der binder vore byer og boligkvarterer sammen. Når jeg ser internationalt på, hvor vi kunne blive udfordrede og lære noget, så ender man i Brasilien f.eks. eller i Spanien, fordi der simpelthen er arbejdet reelt og meget målrettet med etableringen af 'community centres'. Og så har man det halvoffentlige areal, altså fortovet, det hører lige så meget til boligens rum som til den person, der går på gaden, og der møder vi hinanden. Det er et godt eksempel på, synes jeg, et område og en forståelse af forskydningen mellem privat og offentligt rum, som vi med fordel kan

Fig. 1 Streetmekka on Enghavevej. Photo: Rune Johansen

important that is. Look at Christiania, flat- or house-sharing, the new cohabitation schemes and communes that are shooting up; you'll see how much energy there is in that – and how much effort it takes. On the other hand, if you look at co-op housing associations, in nine cases out of ten there is no – no! – sense of connectedness. That illustrates the need to focus on what drives meaningful communities, because their foundation is beginning to slip. In many cases, we have no contact with our neighbours in existing neighbourhoods and housing developments.

KLW
This is beginning to sound like a story of decline?

ED
Well, you might argue that we're living in a time when the words, good intentions and basic values are all there, but they are far too rarely translated into action. We need to address that and challenge each other to do more. To live out our ideals about community values and everything they contribute to society. Ideally, this change should come from the bottom up. I want to challenge our thinking about community, because experience tells me that we should begin with the people who are in the actual, living communities and invest time and energy in vitalizing these communities. I heard a story of a young chap who – as a provocation – had successfully run for chairman in a non-profit housing association, who said with great confidence, 'Well, a handful of us just began to plant some trees in front of the estate, and then it went "poof!", and communities began to burst out of the doors and windows, everywhere.' That made me think about the untapped potential in working with the built environment and the conditions that define it, although in many regards, Denmark is taking the lead when it comes to creating common public spaces for democratic exchanges and dialogue. It actually doesn't take much, provided we focus on and appreciate the value of the communities that bind our cities and neighbourhoods together. When I look around the world to see where we might be challenged and learn something, we could turn to Brazil, for example, or Spain, where there is a real and dedicated effort to establish community centres. Also, there is the semi-public space, the pavement, which is as much an extension of the home as it belongs to the person walking in the street; this is where we meet. That is a good example, I think; a space and an understanding of the transition between private and public spaces that we could draw inspiration from in Denmark. Might we incorporate that?

lade os inspirere af i Danmark. Kan vi folde det ud?

KLW
Og hvor ser du så potentialerne for at udfolde og styrke fællesskabet i de danske byer?

ED
Helt grundlæggende så er der noget i den historiske foreningstradition i Danmark, der har gjort, at man slås om at lave et fedt mødested. Altså, hvis man skal bygge til en forening, så vil man vide, at det er et demokratisk slagsmål af de helt store. Det, der kommer ud af det slagsmål, det er jo faktisk, at mange interesser har fået ejerskab og fællesskab omkring sådan et sted.

KLW
Det virker?

ED
Det gør det faktisk, og det er også stærkt nok over for arkitekten eller en kommunal bygherre til faktisk at udfordre, så det fungerer for de allerede engagerede. I sidste ende handler det om interaktion. Hvem møder man, og hvilke muligheder er der for at danne fællesskaber? Hvor vi ser, at udviklingsfeltet det handler præcist om kantzonen, eller den sociale zone eller der, hvor man møder de andre.

KLW
Ude-inde-relationen er i fokus?

ED
Det er faktisk ofte i mødet mellem en designfaglighed og en arkitektfaglighed – plus antropologisk, sociologisk indsigt og erkendelser – at det er sindssygt skægt at se, hvilke koder i overgangene, der opfattes henholdsvis negativt og positivt. Og hvis du tager nogle store museer i dag; så har man bygget om f.eks. på Roskilde Museum og Rockmuseet, hvor stueplanerne er åbne, der er café, der er restaurant, der er butik, der er et torv og ikke kun et traditionelt udstillingsrum.

KLW
Der er hverdagsliv. Der er nogle mure, der skal brydes ned, både i overført betydning og i direkte betydning?

ED
I den diskussion har vi spørgsmålet om arkitekturens evne til at fællesskabsorientere rum. Det er en af de allerstørste diskussioner lige nu. For det handler i virkeligheden om, at det er vores fælles bygninger, fælles offentlige institutioner, og hvordan vi bruger dem som ramme om fællesskab, der kan bryde med den tendens til opsplitning. Det forpligter os i meget høj grad – og der mener jeg, at vi ser en tendens til, at fællesskabet svigtes – for mener vi fællesskaber for alle? Jeg synes, det er et sindssygt vigtigt spørgsmål at stille. For hvad forhindrer, at folk tager det fælles rum til sig? Hvorfor ser vi en opsplitning og segregering?

KLW
Man skal være rimelig skarp på, tror jeg, at fjerne de institutionelle barrierer, der passiviserer folk i stedet for at skabe fællesskab om oplevelserne?

ED
Og det er jo reelt et spørgsmål om at invitere, åbne op og give plads til spørgsmålet 'må jeg gå om bag skranken, må jeg deltage selv?' Arkitektur og institutioner, der rent arkitektonisk kan møde det spørgsmål bekræftende. Fordi, der hvor det skaber en fordring ind i organisationerne og tvinger til omtanke, der handler det om at tage værtskab, fordi, hvis man er vært, så inviterer man ind. Tag værtskabet!

KLW
And where do you see the potential for activating and enhancing communities in Danish cities?

ED
Essentially, there is a quality in the historical tradition for membership and associations in Denmark that makes people care deeply about making great meeting places. If you're designing a building for an association, you'll know that you're in for an epic democratic battle. The outcome of this battle is that many different interests have developed a sense of ownership and belonging in relation to the place.

KLW
It works?

ED
It actually does, and the process is strong enough to challenge an architect or, say, a municipal client to achieve a result that works for those who are already engaged. Ultimately, it's all about interaction. Whom do you meet, and what opportunities are there to form communities? The field of development we see lies in the 'edge zone', the social zone where we come into contact with others.

KLW
So, a focus on the indoor-outdoor relationship?

ED
Actually, in the meeting of design competences and architectural competences – as well as anthropological and sociological insights and knowledge – it's often really interesting to see which codes in the transitions are perceived as either negatives or positives. If you look at some of the museums here in my hometown, places like Roskilde Museum and Ragnarock (the museum for pop, rock and youth culture), they have introduced open ground floors with a café, a restaurant, a shop; it's a public square, not just a traditional exhibition space.

KLW
It's a space for everyday life. There are some walls that have to be broken down, in a metaphorical as well as a concrete sense?

ED
This discussion includes a look at the capacity of architecture to create community-oriented spaces. That is a major issue of debate right now. Because actually, it's about the fact that these are our common buildings, our common public institutions, and it's about the way we use them as community settings that might counteract the tendency to division. That gives us a big responsibility – and here I see a tendency to letting the community down. Do we really mean communities for all? I think that's a hugely important question to raise. What is it that prevents people from taking ownership of the common space? Why are we seeing division and segregation?

KLW
I guess you need to focus very specifically on dismantling the institutional barriers that render people passive instead of encouraging the development of a community in relation to the experiences on offer?

ED
This is in fact an issue of inviting, opening up, making room for the question 'can I go behind the counter; can I participate directly?' We need architecture and institutions that answer that question in the affirmative, from a purely architectural point of

plejer jeg at sige. Man kan også se problemstillingen reflekteret i de nye rådhusdiskussioner. Rådhuset var – og er i en vis udstrækning – en åben institution i et lokalområde, hvor man kunne gå ind og møde sine politkere. Nu flytter borgerservice ind på rådhuset. Nu når jeg rejser og besøger rådhuse, så kan jeg ikke komme ind i dem! Du skal ringe på forhånd og trykke på en knap og gennem sluser, og det er selvfølgelig, fordi der er nogle dårlige oplevelser og så videre. Men det er fuldstændig det samme, hvis der var et værtskab for det, så havde du naturligt nogle andre borgere inde, der var interesserede I at hjælpe dem, der har det svært eller ikke kan finde ud af at udfylde papirerne. Kan du følge det?

Fig. 2 Motoriknettet i Motorikhallen i Aarhus. Foto: Rune Johansen

KLW

Ja, det kan jeg. Og det er meget interessant at følge rådhusbyggeri-typologierne, nu tænker jeg f.eks. på Friis & Moltkes byggerier – fra deres bedste periode, hvor byggerierne var horisontale, åbne, varme materialer med terrasserede opholdsrum. En designideologi med klangbund i en større tanke om deltagerdemokrati og tilgængelighed. Det er helt konkret med til at understøtte ideer om foreningsdanmark og fællesskaber, som måske halter nogen steder, med nogle meget konkrete arkitektoniske, designmæssige løsninger.

ED

Jeg er jo ikke arkitekt, men jeg iagttager og arbejder med arkitektur som fællesskabskulturmenneske. Og så bliver man meget opmærksom på rammesætninger. Et af de steder, vi får mest inspiration nu, det er bibliotekerne. Fordi bibliotekerne er nogle af de få fritidslivsinstitutioner, der stadig er værter. De skal udfordre værtskabet, de er presset i bund, fordi de ikke spiller samme rolle som tidligere i vores samfund. De går gennem en reformulering, hvor nogle biblioteker rækker helt ud i børneinstitutionen, i fængslet eller som, hvor jeg bor i Roskilde, ud i parken, hvor de stiller bogtræer op med bøger til fri deling. Hvis man ser på det rent arkitektonisk, så bryder de kantzoner og overgange ned. Eller går ud i dem. Måske har bibliotekerne i virkeligheden dermed fat i den lange ende i forhold til fremtidens kulturhus? Fordi de arbejder meget mere værtskabsorienteret – og med at opsøge og skabe fællesskaber, der ellers er ved at falde fra hinanden.

KLW

Som ramme om uformelle fællesskaber?

Fig. 2 The motor skills net in Motorikhallen (Motor Skills Hall) in Aarhus. Photo: Rune Johansen

KLW
Yes, I do. And it's very interesting to follow the typological discussions about city hall architecture. I'm thinking, for example, of Friis & Moltke's architecture – from their best period – where the buildings were horizontal, open, had warm materials and terraced living spaces. A design ideology that resonates with a larger idea of participatory democracy and accessibility. In a very tangible way, this supports the notion of Denmark as the nation of membership associations and grassroots communities – which may be under pressure in places – with very tangible architectural and design solutions.

view. Because it obliges the organizations, compelling them to reflect, to act as hosts and invite people in. 'Act as hosts,' I often say. This is also reflected in the new discussions about city halls. The city hall was – and still is, to some extent – an open institution in the local community where people could walk in from the street and meet their political representatives. Now, the Citizens Service office has moved into the city hall, and when I travel around the country and want to visit city halls, I can't get inside! You have to call ahead, push a button and go through security doors, and naturally this has come about due to past incidents. But the issue is the same, because if somebody was acting as host, there would naturally be other citizens inside, ready to help people who are having difficulties or don't know how to fill out their papers properly. You see my point?

ED
I'm no architect, but I observe and work with architecture from the perspective of an advocate of community culture. That makes you very aware of the conditions provided by physical settings. One of the places that are most inspiring for us right now is public libraries. Libraries are one of the last public leisure institutions to still act as hosts. They are challenged in this role, because they don't play the role they once did in our society. They are undergoing a reframing, where some libraries engage in outreach activities extending right into preschools, prisons or, in my home city of Roskilde, the park, where they have set up book trees with books freely available for sharing. In strictly architectural terms, they are breaking down edge zones and transitions. Or entering them. Perhaps this is positioning libraries to become tomorrow's cultural centres? Because they take on their role as hosts, and because they reach out and support struggling communities.

ED
Prøv lige at tænke over, hvor vildt det er, at man mange steder i Danmark nu har åbnet biblioteket op ude i de små samfund. Jeg kan gå ind med mit sygesikringsbevis altid; også når det er ubemandet; de bliver ikke smadret.

KLW
Hvordan opretholder man og skaber fællesskaber under en knaphedsdoktrin, der dikterer en gradvis afvikling af de elementer, der er for omkostningstunge?

ED
Etikken i det, man laver, bliver meget, meget vigtigere. Man kan tillade sig flere ting som fond, når man alene står i udviklingsrummet, når man alene skal lave eksperimenter. Der har du en helt anden friere ramme. Fondskonstruktioner i Danmark har en større økonomisk tyngde, end de har f.eks. i Sverige og Norge og det giver jo det, at vi faktisk har et større udviklingsrum. I mit hoved er det en demokratisk opgave at lave de grundlæggende prioriteringer, og så kan vi bidrage med vores viden om fællesskaber og på den måde spille ind i den demokratiske samtale.

KLW
Ja, det kortslutter nogle meget væsentlige dele af det system, hvis den demokratiske samtale ophører, og dynamikken mellem de forskellige interesser bliver svag eller forsvinder.

ED
Og så er det ødelæggende for vores eget udviklingsrum. Og det, tror jeg, er blevet et større problem, end det har været. Også fordi det er jo fristende som fond, når dørene bliver åbnet så meget, at hoppe ind i det rum uden at overveje sin rolle grundigt.

KLW
Så den kobling mellem det byggede miljø og livskvalitet, skabelsen af fællesskaber, er det felt, I manøvrerer i og iscenesætter og skubber til og prøver at fremme og former med udviklingsprojekter og som deltager i demokratiske debatter?

ED
Lad mig prøve at give et billede: I Aalborg, der siger de helt åbent: "Vi har de her to udviklingsrum, vi har finansieret projektet sådan og sådan, vi har brug for jeres viden; kan I være inde og provokere os, kan I flytte os? Det er ikke sikkert, der kommer noget projekt ud af det, vi vil lave sammen med jer". Så er vi jo virkelig inde og sige, her benytter vi samskabelsesmodeller på højeste, højeste niveau, men det kræver ret stærke spillere hele bordet rundt, ellers så vælter hele vægten. Et andet billede: Vi tog et ø-hop, hvor vi kørte økommunerne rundt, fordi dem er der ikke lavet ret meget med, fordi hele vores kravstillelse gør, at de ikke har en chance. Altså, vi er overhovedet ikke i øjenhøjde. Og hvis jeg så skulle være selvkritisk, de fællesskaber, der så er skabt der, de er faktisk rigtig stærke. Den tog vi med hjem i diskussionen og har sagt "vi har lavet en model, der ikke kan håndtere de fællesskaber der; dem kunne vi lære noget af". Det mest interessante, jeg tog med hjem fra Ærø, var fortællingen om den ældre kulturperson, der havde sådan en lille bog, hvor han skrev alle sine kontakter i, og der er han nu begyndt at tilføje, hvad for nogle ressourcer de havde tilgængelige i lokalsamfundet. Og nu gik han og hængte plakater op for folk. Han kunne lave alt på Ærø ved at åbne den bog. Altså, der var ikke det køkken, han ikke kunne få adgang til, det lydanlæg, den bil osv.

KLW
As a setting for informal communities?

ED
Just think how wild it is that public libraries in many small towns in Denmark are now open round the clock ... I can check in with my citizen ID card anytime, even after hours, when the staff is not around, and the places aren't wrecked.

KLW
How can we build and maintain communities under a doctrine of scarcity that dictates the gradual dismantling of elements that are deemed too costly?

ED
Ethical aspects take on much greater importance. You can do more as a foundation when you're alone in the development process, when you experiment on your own. That provides much greater latitude. Danish foundations carry more economic weight than their counterparts in, say, Sweden and Norway, and that does lead to greater latitude. As I see it, it is a democratic task to make the basic priorities, and then we can contribute to the democratic conversation with our knowledge about community building.

KLW
Yes, certain key elements of that system are short-circuited if the democratic dialogue ends, and the dynamics between the different interests are weakened or disappears.

ED
It also ruins our own scope for development. I think that's become a bigger problem. Also because it's tempting for a foundation when the doors are opened wide to enter that space without necessarily properly understanding our role.

KLW
So the link between the built environment and quality of life, the promotion of communities, that is the link you focus on and shape and try to advance with development projects and by taking part in democratic debates?

ED
Let me offer an example: In Aalborg, they say openly, 'We have these two development areas, this is how we funded the project, we need your knowledge; can you add perspective, challenge us? It might not result in an actual project.' That takes the co-creation model to the highest level, but it takes strong players all round, otherwise the balance is lost. Another example: we did a tour of the island municipalities, because we haven't worked much with them, since they don't meet our criteria. We're not on the same level at all. But if I were to take a hard look at our own role: the communities they have built, they're really strong. We looked at that and said, 'We've developed a model that is incapable of handling those communities; we could learn from them.' The most interesting thing I took home from the island of Ærø was the story about the elderly man, active in the cultural field, who has a book with all his contacts, and he's begun to write down what resources were available locally. And now he's putting up posters for people. That book lets him do anything on Ærø; there isn't a kitchen he can't get access to, a sound system, a car and so forth.

KLW
That is a very evolved sharing economy as a key element in the

KLW
Det er deleøkonomi i tiende potens som markent del af udviklingen af et samfund, også de fysiske rammer?

ED
Ren deleøkonomi i praksis på Ærø. Jeg gik tilbage og sagde, altså han har jo slået os med flere hestelængder ved 'bare' at gå rundt og hænge plakater op. Vi er jo ikke i nærheden af at kunne folde det ud, han kan. Det var en fed én at få ind på bordet. Udfordringen ligger rigtig meget i den kulturelle italesættelse, samfundsmæssige italesættelse der har været et stykke tid, som man populistisk kunne kalde 'noget for noget'. Vi oplever, at mange steder er det frivillige engagement presset. Jeg har hørt en svømmeklub formulere det som 'tvangsfrivillig'. Hvis dit barn skal på det gode svømmehold, så skal du som forældre yde det, det og det.

KLW
Tvangsfrivillig?

ED
Netop, og så er det hele ramlet! Og det tror jeg faktisk er mere udbredt, end man tror. Altså, at jeg er der som projekt for mit barn. Altså, der er ikke nærheden af dynamikken for et fællesskab til stede. Det klapper sammen. Der er nogen, der så kommer til at lave fællesskaber, uden at de ved det, selv om de rationelt har formuleret det, der foregår; det er jo et af fællesskabernes styrker, at de faktisk kan flytte folk ud af den ramme.

KLW
I det, du siger, ligger der en samfundskritik? Derfor mit udgangsspørgsmål om forfaldshistorien: Hvor er det, de der meget vitale ting begynder langsomt at falde fra hinanden, fordi det jo faktisk producerer livskvalitet? Og får folk ud af ensomhed, at de faktisk har steder de mødes og dermed et samfund, der har offentlige rum, som man har lyst til at bruge. Privatisering af vores livsverden er en falliterklæring, hører jeg dig sige. Og det ikke kun af ideologiske grunde. Det er alle mennesker, der mistrives, når man er uden for fællesskaber. Den rolle, det byggede miljø har i at fremme de fællesskaber – på uformelle, formelle, diskrete måder – kan ikke undervurderes.

ED
Ja, og den trussel, der er med det overambitiøse privatiseringsfokus, der ligger i tiden med 'ad hoc' optionsbaseret livsstil, at vi kræver at kunne gøre, hvad vi har lyst til, når vi lige synes. Og det er jo også et problem for fællesskabet, at det atomiseres.

KLW
At man ikke forpligter sig mere?

ED
Vi er helt banalt sagt nødt til at mødes for at være fælles. Jeg bruger ofte billedet med skaterne, der altid siger, at de er uorganiserede, og det er, fordi det er så politisk comme il faut at sige. Jeg driller dem, hver gang jeg er sammen med dem, for jeg siger "det er noget pis, I er da gode til at aftale at mødes. I er jo altid samtidig ude på skatebanen, I ved det da godt". Man har lavet helt hardcore undersøgelser; folk vil gerne ad hoc-baseret fritidsliv, men de efterlyser mere fællesskab, det bliver faktisk vigtigt i fremtiden – mere end vi tror.

Esben Danielsen er direktør i Lokale og Anlægsfonden.

development of a local community, including the physical settings?

ED
Pure sharing economy in practice on Ærø. I said to my team, this chap has beaten us by several lengths by 'simply' putting up posters. We're not even close to being able to match what he does. That was a real eye-opener. The challenge lies very much in the ongoing cultural or societal trend, which might be termed *quid pro quo*. We find that in many places, local volunteer commitment is under pressure. I heard a swimming club refer to it as 'mandatory volunteering': if you want your kid to get into the best swimming team, you have to contribute this, this and that.

KLW
Mandatory volunteering?!

ED
Exactly. When we get to that point, it's fallen apart! I think it's actually more widespread than many of us are aware. This thing where I'm engaged in order to promote my child's interests. No community dynamic whatsoever. It is collapsing. Now, some people wind up building a community unwittingly, even if they phrase the exchange in rational terms; that is, after all, one of the strengths of communities, that they have the power to take people out of that mindset.

KLW
You're really raising a point of social critique? Hence my opening questions about the story of decline. Where is it that these vital qualities are beginning to fall apart? I mean, it actually promotes quality of life and combats loneliness because people have places to meet and public spaces that people feel like using. If I understand you correctly, you're saying that the privatization of our lifeworld is a sign of failure. And not just for ideological reasons. Everyone suffers when they're excluded from communities. We cannot overestimate the role of the built environment in promoting these communities – in informal, formal and subtle ways.

ED
Yes, and in addition to the overly ambitious privatization focus, another threat of the current 'ad hoc', options-based lifestyle is that we insist on being able to do whatever we want, whenever we want. That, too, presents a challenge to the communities and threatens fragmentation.

KLW
The lack of obligation?

ED
At the risk of stating the obvious, to be together, we have to meet. I often use the example of skaters, who are always claiming that they're not organized, because that is the politically expedient position for them to take. I tease them whenever I meet with them, 'that's BS, you're really good at agreeing to meet up. You're always together in the skatepark, you know that.' Hard-core surveys have revealed that people want ad hoc leisure activities but call for a stronger sense of community. In the future, that's going to be more important than we might think.

Esben Danielsen is CEO of the Danish Foundation for Culture and Sports Facilities.

The interview is translated from Danish.

Fotografi af ADRIAN TÄCKMAN
Tekst af KRISTOFFER LINDHARDT WEISS

Copenhagen Dirty Realism

København er på mange måder en typologisk intakt by, hvor den tidlige byhistories rumlige afmærkning er tydelig i både bygningsmassen og infrastrukturen. Den meget klare aflæselighed, der knytter sig til Indre Bys netværk af veje og tætte bygningsmasse og brokvarterernes karakteristiske karrébebyggelser, giver tilsammen et indtryk af en by, der ikke er blevet splintret af den modernistiske byudviklings planideologi, som det er sket ved gennemgribende saneringer i mange andre europæiske storbyers bykerner. I København finder man kun enkelte modernistiske værker, der ofte som utilpassede punkthuse minder os om, at hovedstaden er en by, hvor bevaringsideologien står stærkt som princip for byens udvikling. De fleste nye projekter, der opføres i Indre By, omgærdes af stor polemik. Den historiske by står i udpræget grad som et vidnesbyrd om en bygningskultur baseret på en blanding af organisk vækst og styret planlægning. Det er charmen i et bybillede, der ikke domineres af det, vi har lært at kende som 'corporate modernism', den generiske arkitektur, der er blevet synonym med finanscentre i verdens storbyer. Det er samtidig en af fronterne mellem slumromantikernes billede af København som by i 60'erne og 70'erne og København markedsført som velstående, internationalt orienteret velfærdsmetropol, der bryster sig af at tilbyde et særligt generøst offentligt rum. Mange ønsker at udfordre den mentalitet, der præger en traditionsbundet byudvikling, og skabe en større typologisk tæthed, ikke mindst af bæredygtighedshensyn. Midt i det ideologiske grænseland med byen som identitetsprojekt for forestillingerne om det gode liv udfolder den beskidte hverdagsrealisme sig. Byen som sammensat hverdagsrum for byens beboere meget langt fra *Monocle*s manicurerede version af byen som oplevelses- og konsumrum.

Adrian Täckman er arkitekt, fotograf og grafiker baseret i København.

Photography by ADRIAN TÄCKMAN
Text by KRISTOFFER LINDHARDT WEISS

Copenhagen Dirty Realism

In many regards, Copenhagen is a typologically intact city, where the spatial demarcations of early urban history are evident both in the building stock and the infrastructure. Together, the clear legibility of the city centre's network of streets and dense building stock and the characteristic city blocks of Vesterbro, Nørrebro and Østerbro create the impression of a city that has not been splintered by the planning ideology of modernist urban development, as is the case in extensive renovations in the city centres of many other European cities. Copenhagen has only a few modernist structures, often in the form of individual buildings, which reminds us that Copenhagen is a city where the preservation ideology has a strong position as the guiding principle of urban development. Most new projects that are built in the city centre are hotly contested and debated. The historical city is testimony to a building culture based on a combination of organic growth and managed planning. It is the charm of a cityscape that is not dominated by 'corporate modernism', the generic architecture that has come to define the head offices of financial corporations in cities around the world. It is also one of the frontlines between those promoting a romanticized image of the slums and gritty neighbourhoods of the 1960s and 70s and the PR image of Copenhagen as a prosperous welfare metropolis with an international outlook that prides itself on offering a generous public space. Many wish to challenge an urban development mentality that pays homage to tradition and seek instead to create a greater typological density, not least for the sake of sustainability. This ideological border zone, with the city as an identity project for concepts of the good life, then, is the venue of everyday realism. The city as a multi-faceted everyday space for its inhabitants, far removed from *Monocle*'s manicured version of the city as the setting for memorable events and consumer experiences.

Adrian Täckman is an architect, photographer and graphic designer based in Copenhagen.

GM
REN
KBH

OUTLET
3-4
Dec.
OUTLET
3-4
Dec.

UCC
CAMPUS CARLSBERG

美加美

NØRREBROHALLEN
café

40

SAS

HER UDBYDES
Cura Capital

AD 57 358

Carlsberg
TSCHERNING

Risik

Risk

Chapter III

byen City

Af KRISTOFFER LINDHARDT WEISS

Risikobyen

Den form for 'urban governance', der knytter sig til forvaltningen af velfærdsbyens funktionalistiske og rationelle begreb om liveability og det gode liv, rummer en dyb risikoaversion. Det gode byliv skal først og fremmest, og over alt andet, være trygt. Det er et kernebegreb i den nordiske velfærdsideologi og samfundsutopi. Det er en historisk kæmpesucces, at danske byer er kendetegnet ved at være udpræget trygge at bevæge sig frit rundt i. Og det er en triumf for ideen om, at en høj grad af social lighed mindsker de potentielle konflikter og interessemodsætninger, der ellers historisk set stortrives i byen. Den nordiske velfærdsby faciliterer mere end noget andet middelklassens livsstil som dominerende forståelse af, hvad livskvalitet er. Men risikoscenarier, der rækker ud over, hvad man har været vant til at håndtere i den klassiske byforvaltning, tegner sig i horisonten som konkrete trusler mod den etablerede orden. Først og fremmest klimaforandringernes påvirkning og udfordring af byens helt grundlæggende infrastruktur og formål som stabil ramme med en veldefineret planlægningshorisont. De urbanistiske planlægningsværktøjer og grundindsigter, der knyttede sig til udviklingen af den moderne by, er under pres. Mobilitet, bosætning og rekreation er kategorier, der alle vil blive gentænkt i klimaomstillingens navn. Og med dem den økonomiske model, der driver boligmarkedet. De akutte forandringer, klimakrisen præsenterer os for, har store økonomiske konsekvenser for kystbyerne og udfordrer på langt sigt den måde, vi bebor og bruger byen på. Den grønne omstilling som megabegivenhed vil sammen med den teknologiske udvikling inden for mobilitet skabe behov for en abrupt og gennemgribende bypolitisk gentænkning af byen som 'hardware'. Det vil efter al sandsynlighed være mere omfattende end det 20. århundredes modernistiske sanering af hele kvarterer og nedslidte byområder i de gamle europæiske hovedstæder. Det vil påvirke alle samfundsgrupper, på den ene eller anden måde. Et andet aktuelt risikoscenarie, dog med en mere symbolsk betoning, med store konsekvenser for indretningen af byens rum er terrortruslen afledt af en geopolitisk virkelighed, der overskriver tidligere tiders konfliktforståelse. Den potentielle terrortrussel har medført et fokus på forebyggelse gennem nytænkning af byrumsinventar som terrorsikringsanordninger og efterfølgende kalibrering af den strategiske byudvikling i forsøget på at forholde sig til den måde,

By KRISTOFFER LINDHARDT WEISS

Risk City

The kind of 'urban governance' associated with the management of the welfare city's functionalist and rational notion of liveability and the good life is characterized by a high degree of risk aversion. The good urban life is, above all, secure. Security is a core concept in Nordic welfare ideology and utopias. It is a major historical accomplishment that Danish cities are so safe and open. It marks a triumph for the assumption that a high degree of social equality diminishes the potential conflicts, including conflicts of interest that have generally thrived in the city. More than anything else, the Nordic welfare city facilitates a middle-class lifestyle as the dominant notion of quality of life. However, risk scenarios that go beyond what we have been used to handling in classic urban management are looming on the horizon as concrete threats to the established order. Above all, the major challenge of climate change and its impact on the city's fundamental infrastructure and purpose as a stable setting with a well-defined planning horizon. Urbanist planning tools and insights related to the development of the modern city are under pressure. Mobility, settlement and recreation are all categories that will be rethought to accommodate climate-change adaptation; and with them, the economic model driving the housing market. The dramatic changes brought about by climate change have huge economic consequences for coastal cities and ultimately pose a challenge to the way we live in and use the city. The green transition as a mega-event combined with the technological development in mobility will create a need for a resolute and pervasive urban policy rethink of the city as 'hardware' that looks to be more extensive than the 20th century's modernist renewal of entire neighbourhoods and run-down areas in the old European capitals. That is a development that will affect all groups, in one way or another. Another current risk scenario with a pervasive impact on urban design, albeit of a more symbolic nature, is the risk of terror attacks stemming from a geopolitical situation that differs radically from previous conflicts. The terror threat has engendered a focus on prevention by rethinking urban furniture as antiterrorism devices and subsequently calibrating strategic urban development to address the fact that the urban space has become a potential target, from proposals of banning cars from the city centre to the many new barriers in disguise that are dispersed throughout the city designed to prevent lorries from ramming into

byens rum er blevet til terrormål på. Fra forslag om fremtidig afspærring af biltrafik fra Indre By i København til de mange nye camouflerede barrierer, der er strøet ud over hele byen, der skal forhindre lastbiler i at torpedere gående og cyklister. Allerede nu er de midlertidige foranstaltninger blevet erstattet med permanente rumlige installationer, der, selv om de har form af overdimensionerede blomsterkummer og andet tilsyneladende uskyldigt udseende byrumsinventar, minder os om den geopolitiske virkelighed og de konflikter, der nu direkte er blevet en del af byens hverdag. Den uskyld, der knyttede sig til de sidste årtiers bysucces med at sanere og manicurere velfærdsbyens rum, har endegyldigt tabt til en dagsorden, der er påtvunget byen udefra. Det synes, som om risiko i mange forskellige former er blevet en fast – og måske nødvendig – del af en paranoid urbanisme, der hele tiden er i gang med at foregribe katastrofen. For borgerne i velfærdsstaten forventer og forlanger tryghed. Det kan i sidste ende betyde, at vores forestillinger om velfærdisme som ideologisk pejlemærke i urbanismediskussionen kan blive erstattet af andre og mere akutte hensyn til sikkerhed. Og det vil konflikte med de rettigheder og forestillinger om *polis* som forum for forskellighed og civiliseret forhandling mellem vidt forskellige verdensudlægninger, der har været et adelsmærke for alle større byer i den moderne periode. De fasttømrede idealer og bystrategiske kategorier, byen har været udviklet efter historisk set, kan meget vel vise sig at være utilstrækkelige. Omfanget af de forandringer, der påkræves, kan konflikte med vores grundforestillinger om, hvad det vil sige at leve i en nordisk velfærdsby. Det har skabt grobund for en udbredt alarmisme, der vil tvinge os til at udvikle nye forståelser for de rettigheder, man har som indbygger, og det handlerum for udfoldelse i byen, der er. Forsøget på at balancere f.eks. hensynet til borgernes urbane livskvalitet og håndteringen af klimaomstillingen kan meget vel vise sig at være en umulig opgave, da de to på trods af ihærdige forsøg på det modsatte kan vise sige at være inkompatible.

pedestrians and cyclists. Initial makeshift barriers have already been replaced with permanent spatial installations, and although they are dressed up to look like oversized planters and other innocuous equipment, they remind us of the geopolitical situation and conflicts that have now become a concrete part of urban life. The innocence that characterized recent decades' successful renewal and manicure of the urban spaces of the welfare city has definitively lost out to an agenda imposed on us from outside. It seems that risk in many different forms has become a permanent – and perhaps necessary – aspect of a paranoid urbanism that is constantly seeking to pre-empt disaster. The citizens of the welfare state expect and demand security. Ultimately, this may mean that our notions of welfarism as an ideological yardstick in the urbanism debate may be superseded by other, more urgent security concerns. And that is going to clash with entrenched rights and notions of the *polis* as a forum of diversity and civilized negotiation between widely differing worldviews that have been a point of pride for all major cities during the modern era. The well-established ideals and strategic categories that have historically guided urban development may soon prove inadequate. The scope of change that is required may clash with our basic ideas about what it means to live in a Nordic welfare city. That has led to widespread alarmism and compels us to develop a new understanding of civil liberties and the scope of behaviour in the city. Efforts to balance, for example, concerns for urban quality of life with the management of climate change adaptations may eventually be doomed. Despite dedicated efforts to square the circle, the two concerns may just prove to be incompatible.

CHARLES BESSARD i samtale med
KRISTOFFER LINDHARDT WEISS

Liveability i risikobyens æra

"Risiko er ikke et nyt element i byerne. Vi har haft krige, vi har haft invasioner, vi har haft plager og epidemier, men på en eller anden måde er det ret fremmed for vores generation."
—Charles Bessard

KLW
Hvordan forholder spørgsmålet om liveability sig til klimasikring og bæredygtighed?

CB
Det er interessant at stille spørgsmålet om liveability i konteksten af holdbarhed. Hele diskussionen om liveability hænger i høj grad sammen med spørgsmålet om bæredygtighed, og bæredygtighed bør også være forbundet med lang levetid, holdbarhed og robusthed. I en by som København er der et overlap mellem ønsket om at forbedre livskvaliteten og byens grønne status. Den store udfordring i forhold til bæredygtighed er at kombinere den økonomiske udvikling med miljømæssige hensyn i den her 'paraply' af københavnske løsninger. Da COP 15 fandt sted i København, kan jeg huske, at Lars Løkke Rasmusen gik rundt med en mappe med titlen 'Green Growth'. Det vidner om en tilgang, som er en kombination af bæredygtighed og markedstænkning. Det er den samme tilgang, vi finder i livskvalitetsindekserme, og det har overskygget vigtige emner som bæredygtighed og holdbarhed. Jeg har beskæftiget mig med havvandsstigninger, som er et meget langvarigt fænomen. De er irreversible og uoprettelige. Selv hvis vi stoppede med at udlede CO_2 i morgen, ville havet blive ved med at stige i mere end et århundrede. Og eftersom vi ikke stopper i morgen, er det et faktum, at det reelt vil fortsætte med at stige i to, tre, fire, fem hundrede år. Det rejser nogle meget håndgribelige spørgsmål om holdbarhed og robusthed.

KLW
Det kræver en uhørt lang planlægningshorisont at tackle de problemer, du arbejder med?

CB
Det interessante er, at det kræver en ekstremt lang tidshorisont på et tidspunkt, hvor byudviklingen virkelig kæmper med lange tidshorisonter. Det er et mærkeligt paradoks, hvor vi på den ene side står over for en hidtil totalt ukendt situation, som kan have en ekstrem indvirkning på

CHARLES BESSARD in conversation with
KRISTOFFER LINDHARDT WEISS

Liveability in the Age of the Risk City

'Risk is not a new subject for cities. We've had wars, we've had invasions, we've had plagues, big diseases, but somehow for our generation it's actually quite alien.'
—Charles Bessard

KLW
How does the issue of liveability relate to climate proofing and sustainability?

CB
It's interesting to raise this question of liveability in the context of durability. Today, a big part of the discussion of liveability is attached to the discourse on sustainability. Sustainability should also be pointing at longevity, durability and robustness. In a city like Copenhagen, the quality of life agendas and the status of green capital are overlapping. The big challenge of sustainability is basically to combine economic development with environmental concerns. Copenhagen has this umbrella called the Copenhagen solutions. When COP 15 took place in Copenhagen, I remember Lars Løkke Rasmussen walking around with a folder reading 'Green Growth'. That points at a focus between sustainability and a market approach. And that's also the case for quality of life indexes. This has overshadowed a more critical aspect of sustainability and durability. I do research on sea levels, a very long-lasting phenomenon. It's irreversible, it can't be reverted. Even if we stop producing CO_2 emissions tomorrow, the sea would continue to rise for more than a century. And since we're not stopping tomorrow, it's actually a fact that it will continue to rise over two-three-four-five centuries. That raises very tangible issues of durability and robustness.

KLW
It requires an extremely long planning perspective to tackle the issues you are studying?

CB
What's interesting is that it projects an extremely long lifespan at a time where urban development is really struggling with long lifespans. We are in a very strange paradox, where on the one hand we are facing a totally unprecedented situation, which for a low-lying city like Copenhagen could potentially have an extreme impact. If we think that in 2200, many of the scenarios are projecting a sea level rise of four metres. Current city extensions, such

Fig. 1 **Gruppebillede, FNs klimakonference i Paris, 2015.**

en lavtliggende by som København. Tænk på, at mange scenarier forventer, at havene stiger fire meter i 2200, og at hele byudviklingsområder som Nordhavn vil blive oversvømmet. Så vi har på den ene side vores kortsigtede økonomiske interesser. Og når det gælder planlægning, er 30 eller 40 år langsigtet, og kortsigtet er måske fem år. Men taler vi om geologi, er det ekstremt kortsigtet. Vi er i færd med at udvikle områder, som er meget attraktive, med høj livskvalitet, eller liveability, fordi de ligger ud til havet – men det er også de områder, der er potentielle oversvømmelseszoner. Så vi har det her ekstreme misforhold med de umiddelbare økonomiske interesser, som gerne vil have en stærk grøn profil, men som skaber problemer med robusthed og holdbarhed på den lange bane. Det peger på en økonomisk dimension ved bæredygtighed og grøn vækst, der er meget tvivlsom.

KLW
Og det vil underminere eller udfordre ideen om liveability og fundamentalt påvirke, hvordan vi organiserer byen, og hvordan vi bevæger os rundt i byen. Jeg kan godt lide de her scenarier – det er interessant at prøve at forstå, hvad det er for en by, vi kommer til at have? Hvad det er for en slags byliv, vi kommer til at have under de her ekstreme forhold, som sandsynligvis indtræffer allerede i vores levetid?

CB
Ja, klimaforandringerne medfører en risiko. Og et interessant aspekt af risiko er: Hvem tager risikoen? Hvem nyder godt af den? Og hvem betaler? Risikoen for oversvømmelse er specielt interessant, fordi vi har en tendens til at forstå den som en uundgåelig risiko. Men der er ikke nogen risiko, når der ikke mistes noget. Hvis du har en oversvømmelse af en mark, hvor der ikke findes noget, så er der ikke nogen risiko. Så dybest set kan man sige, at selvfølgelig er der en risiko ved klimaforandringer, men den stammner hovedsageligt fra det, vi gør i områderne. Hvis vi bygger et hus, skaber vi en risiko. Når

Fig. 1 Group photo, the UN Climate Change Conference in Paris, 2015.

as Nordhavn, will be flooded. So, on the one hand we have our short-term economic interests. And in terms of planning, 30 or 40 years is long-term – short-term is maybe five years. But in terms of geology, these are extremely short terms. We're developing areas that are very attractive with a high quality of life, or liveability, because they are by the seaside. But they are also areas that are potential future flood zones. So we have this extreme tension between the immediate economic interests, and that will have a strong green profile but raises questions of robustness and durability in the long term. It shows how this economic dimension of sustainability and green growth can become very questionable.

KLW

And it will undermine or challenge ideas of liveability, will fundamentally influence how we organize the city, how we move around in the city. I like these scenarios, I think it's interesting to project and try to understand what city will we actually have? What kind of urban life will we have under these extreme conditions that are likely to occur in our lifetime, almost?

CB

Yes. Climate change means risk. An interesting aspect of risk is: who takes the risk? Who benefits? And who pays? Flood risk is actually quite interesting, because we tend to understand it as a natural risk. Yet, there is no risk when nothing is lost. When you have a flooding in a field where there is nothing, then there is no risk. So basically you can say, of course there is a risk with climate change, but it comes mostly from what we do in the flood plains. If we build a house, we create risk. When we put people in coastal areas, which are very attractive but potentially exposed to floods, we create risk. And this risk, when it comes to sea level rise, is for later. So the people who actually profit by building, buying, selling these apartments are not the ones that will be exposed to the risk. So it's a question of ethics.

vi placerer mennesker i kystområder, som er meget attraktive, men potentielt eksponerede for oversvømmelse, skaber vi en risiko. Og i tilfædet med havvandsstigninger, viser denne risiko sig først senere. Så de mennesker, der faktisk profiterer på at bygge, købe og sælge lejlighederne, er ikke de samme som dem, der bliver udsat for risikoen. Så det er et etisk spørgsmål.

KLW
Så du er fortaler for, at vi skal tage højde for tidsperspektivet i vores vurderinger af, eksempelvis, liveability som byfænomen, sådan at risikoen bliver et mere synligt parameter i bydesign?

CB
Ja. Man kan stille spørgsmålet: Vil vi gerne skabe en by, som er stærkt afhængig af infrastruktur for at opretholde sin sikkerhed? Det, vi har lært fra Holland, er f.eks., at når du starter med et digebyggeri, når den infrastruktur er der, og vi er afhængige af den, er det enormt svært at skille sig af med. Og det er dyrt at opretholde. Der er et vendepunkt, når havet bliver permanent højere end byen, så stiger risikoen i ekstrem grad, fordi det tager måneder eller sågar år at pumpe det væk, hvis området bliver oversvømmet. Vi så det i New Orleans, hvor det tog måneder at dræne de centrale dele af byen. Så der er et vendepunkt i udviklingen af dette fænomen. Når vi tager de beslutninger, vi gør, og når vi fortsætter med at bygge langs kysten i dag, så udskyder vi implicit omkostningerne, risikoen og afhængigheden af infrastrukturen til fremtidige generationer, og vi aner ikke, hvor store de vil blive.

KLW
Det er en fascinerende tanke, at København er en risikoby. At en del af den fremtidige bypolitik kommer til at handle om de her forskellige risikoscenarier. Fordi lige nu handler liveability om at udvide cykelstier, bygge broer over havnen, plante træer, lave pladser, bænke osv. Nogle ville nok sige, at København repræsenterer en dyr, manicureret, øvre middelklasse-version af liveability. Men det, du gør, er at bringe hele spørgsmålet om liveability og byliv ind i en slags risikoscenarie. Glem alt om de normale kriterier for liveability og lad os diskutere de her problemstillinger om sikkerhed, risiko og konsekvens.

CB
Ja og om tydelighed. At være tydelig omkring vores samfundsprojekt. Når vi designer byerne og fokuserer på spørgsmålet om livskvalitet, som – mener jeg – er tæt forbundet med velfærd, så tror jeg risiko helt afgjort er et meget vigtigt aspekt. En række studier har f.eks. vist, hvordan risikoen faktisk påvirker livskvaliteten i en negativ retning. Der er mange steder, hvor diskussionerne overlapper hinanden. Når vi taler om livskvalitet, taler vi om komfort, men vi ved, at klimakrisen også er forbundet med forestillingen om komfort og konsekvenserne af vores livsstil. Hvad er det, vi betragter som komfortabelt? Hvad er det, vi behøver for at være komfortable?

KLW
Og måske tidspres. Det er også et spørgsmål om, hvor presserende det er. Der er en dagsorden eller eksterne

Fig. 2 'Den store acceleration'. Illustration: Charles Bessard. Data fra 'Global Change and the Earth System' (IGBP Synthesis)

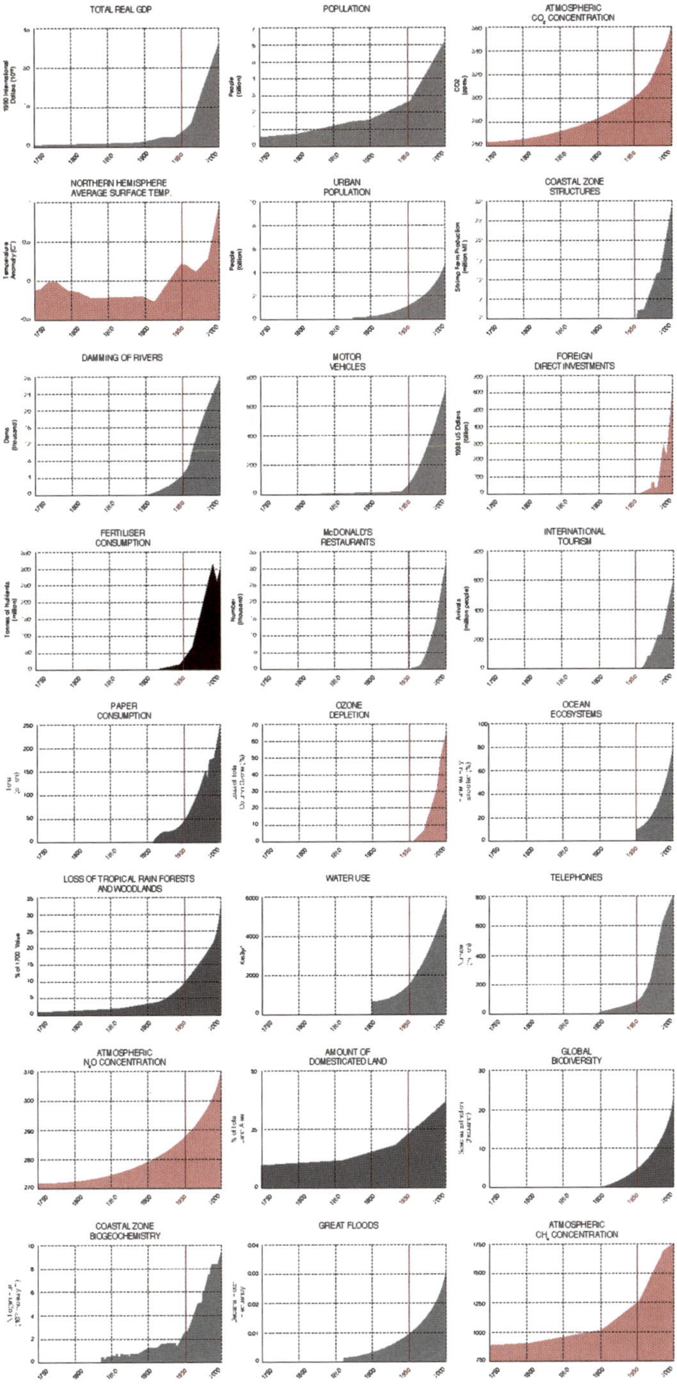

Fig. 2 'The Great Acceleration'. Illustration: Charles Bessard. Data from 'Global Change and the Earth System' (IGBP Synthesis)

faktorer, der måske overdøver vores idé om komfort. Der er et tidspres i det, du beskriver. Vil vi have en by, der tilgodeser biler, fodgængere eller cykler? Det er ikke den slags spørgsmål, der er tale om – det er mere grundlæggende.

CB

Det kan være livstruende.

KLW

I virkeligheden underminerer eller bekræfter det vores idé om, hvad det vil sige at være i byen? Det er virkelig fundamentalt for vores forståelse af, hvilken form for byliv der er mulig. Og hvis du vil have byliv, hvor risiko-baseret er det så? Eller er det overhovedet til at leve i byen? Vil København overhovedet være beboelig for fremtidige generationer?

CB

Risiko er ikke et nyt element i byerne. Vi har haft krige, vi har haft invasioner, vi har haft plager og epidemier, men på en eller anden måde er det ret fremmed for vores generation. Den eneste risiko, vi kender fra byen, er måske kriminalitet eller økonomiske fænomener som boligbobler. Så på en måde tror jeg, at det livstruende aspekt vil melde sig igen i meget stor skala. I det mindste er der et spørgsmål, der skal adresseres. Vi kan håndtere risikoen, men det har omkostninger, og det kan blive kritisk.

KLW

I en anden kontekst, i forbindelse med Biennalen, har du under overskriften "Beyond Luxury" (Hinsides luksus, red.) interesseret dig for den meget direkte relation mellem, hvordan vi finansierer vores bolig, hvordan vi lever, livskvaliteten og de stressrelaterede sygdomme. Vi har mistet troen på, at ideologi kan bruges til at håndtere de her grundlæggende strukturelle problemer. Kan det samme siges om klimakrisen?

CB

Ja. Det er meget fascinerende, fordi vi har en tendens til at tillægge risikoen en ydre forklaring. Til at sige "Det skyldes en naturkatastrofe, eller det kommer fra markedet. Der skete noget i USA, nogen er gået konkurs, og så drypper det på os her". Så vi har den her beskrivelse af eksterne katastrofer, men hvis man tænker over det, så manipulerer vi naturlige systemer, ikke kun på klimamæssigt makroniveau, men også i den mest intime molekylære skala.

KLW

Hvis vi skal opretholde en fremtidig liveability, har vi brug for en helt ny bypolitik. Vi bliver nødt til at gentænke, hvordan byudviklingen finansieres, vi bliver nødt til at gentænke infrastrukturen, vi bliver måske endda nødt til at gentænke udviklingen af nye, store bydele som Nordhavn, fordi som det er nu, ignorerer vi de forskellige scenarier, som i sidste ende vil afgøre, om det overhovedet bliver liveable?

CB

Ja, for man kan lave så mange cykelstier og solceller, man vil, men hvis de først bliver oversvømmet, hvad er så værdien af dem? Hvor mange eksempler har vi på, at man har lavet f.eks. et komplet dræningssystem i en by som København, der aldrig har været beregnet til det? Jeg har endnu ikke fundet ét. Den form for geografiske forandringer, vi har med at gøre, er uden fortilfælde. Vi har aldrig tilføjet et komplet dræningssystem i en hel

KLW
So you are advocating that we need a temporal scale in our assessment of, for example, liveability as an urban phenomenon, and that risk will be more present as an urban design parameter?

CB
Yes. You can ask the question: do we want to create a city that is highly dependent on infrastructure for its safety? What we've learned from the Netherlands, for example, is that when you start with a dike system, when this infrastructure is there, when we depend on it, it's extremely difficult to revert it. And it's expensive to maintain. There is a tipping point: when the sea level gets permanently higher than the city, the risk increases at an extreme rate. Because it takes months, even years to pump it out if the area is flooded. We saw it in New Orleans where it took months to drain the most vital parts of the city. So you have this tipping point in the evolution of this phenomenon. So, for example, when we decide things the way we do, when we continue to build on the coast today, we implicitly impose the cost, the risk and the dependence on infrastructure on future generations, and we have no idea how large it will be.

KLW
It's a fascinating thought that Copenhagen is a risk city. That part of the future urban politics will deal with these different risk scenarios. Because right now, liveability is about widening bicycle paths and making crossings across the harbour, putting up trees, making plazas, benches etc. Some would say that Copenhagen represents a high-end, manicured, upper middle-class idea of liveability. But what you're doing right now – as I hear it – is bringing the whole question of liveability and urban life into a sort of risk scenario: let's forget all about the normal criteria of liveability and start discussing these issues of security and risk and consequences.

CB
Yes, and explicitness. Being explicit also about what is our societal project. When we design the cities, you bring to the foreground the question of quality of life, which is, I think, very associated with welfare, then I think risk is definitely a very important aspect of welfare. There are a number of studies, for example, that show how risk actually affects the quality of life negatively.

There are many ways in which these discourses overlap each other. When we speak of quality of life, we speak of comfort, but we know that the climate crisis is also associated with *our* vision of comfort and the impact of our lifestyles. What is it we consider comfortable? What is it we require to feel comfortable?

KLW
And maybe urgency. There is also an urgency issue. There is an agenda or external factors that might overpower our idea of comfort. There is this urgency in what you're describing. Do you want a city based on cars or pedestrians or bicycles? It's not that kind of question, it's more fundamental.

CB
It can be life-threatening.

KLW
It's really undermining or recreating our idea of what it means to be in the city? It's really fundamental to our understanding of what kind of

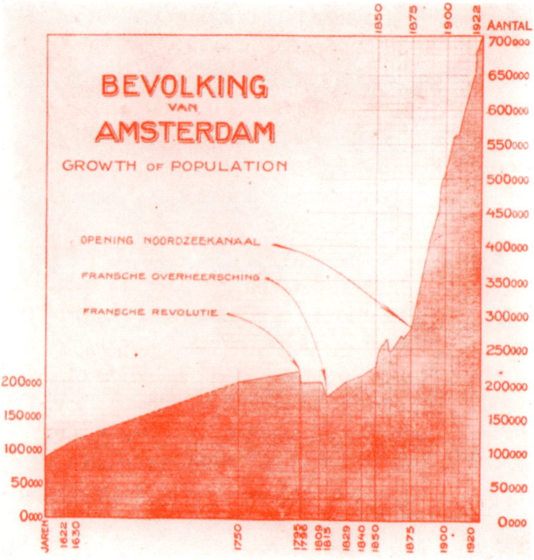

Fig. 3 Amsterdams befolkningstilvækst.

Fig. 4 Randstad, Holland, 1958.

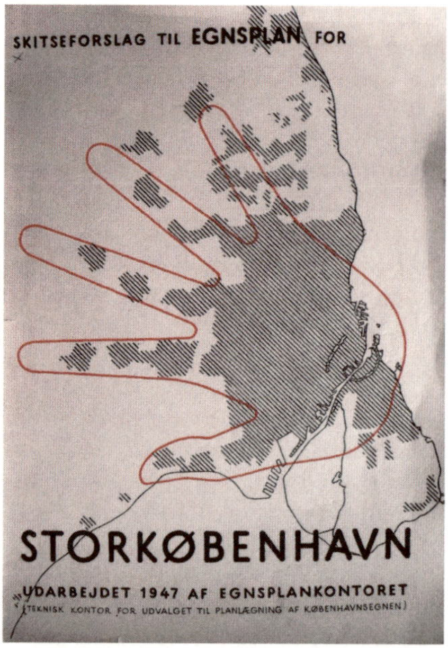

Fig. 5 Fingerplanen, København, 1947.

urban life is possible. And if you want urban life, is it then very risk-based? Or is it even liveable? Will Copenhagen even be liveable for future generations?

CB
Risk is not a new subject for cities. We've had wars, we've had invasions, we've had plagues, big diseases, but somehow for our generation it's actually quite alien. I mean, the only risk we know from the city is maybe crime or economic risks like housing market bubbles. So in a way, I think that *that* life-threatening aspect is going to reemerge on a very large scale, at least there is a question that needs to be addressed. We can manage this risk,

Fig. 3 Amsterdam's increase in population.

but there *is* a cost and it can become critical. If you read, for example, a magnificent book by Jared Diamond which is called *Collapse*, it looks at how societies have actually collapsed or not under similar stresses. Many of them collapse when the costs of maintaining critical infrastructures became too high and they couldn't be maintained anymore. What is comfort and what is not? The boundary is quite blurred.

KLW
In another context, for the Biennale, you've been studying under the headline 'Beyond Luxury' the very direct relation between how we finance our homes, how we live, the quality of life, the stress-related diseases. We've lost the belief that

Fig. 4 Randstad, The Netherlands, 1958.

ideologies are suitable to handle these fundamental structural issues. The same goes for this climate crisis?

CB
Yes. It's very fascinating, because we have a tendency to externalize those risks. To say: it comes from a natural catastrophe, or it comes from the market. Something happens in the States, someone is bankrupt, and it trickles on us here. So we have this description of external catastrophes. But if you think about it, we are manipulating natural systems, not only at the macro-scale of the climate, but also at the most intimate molecular scales.

KLW
To sustain future liveability we need completely new urban policies? We need to rethink how urban developments are financed, we need to rethink infrastructure, we need to maybe even rethink great new urban developments like Nordhavn, because we tend to ignore these different scenarios somehow that will eventually determine whether this will be liveable or not?

CB
Yes, because you can make as many bicycle lanes and solar cells, but once they are flooded, then what's the value of it? How many examples do we have of retrofitting, for example, an entire irrigation system into a city that has never been designed for it, like Copenhagen? I've not yet found one. The kind of geographic changes we're dealing with are unprecedented.

Fig. 5 The Finger Plan, Copenhagen, 1947.

1900-tals by, som ikke blev bygget til det. Vi ved ikke, om det er teknologisk og økonomisk muligt.

KLW
Hvad angår arkitektoniske koncepter eller bykoncepter, så har vi mistet det brutale, vi har mistet det moderne, vi har mistet troen på storskalaløsninger. Vi har mistet troen på nogle af de redskaber, som måske kunne være nødvendige for at modvirke det her med nye bykoncepter. Ligesom veje ændrede byen, så vil det her også ændre den – men til hvad? Og det vil give anledning til helt nye liveability-diskussioner.

CB
Det er et essentielt spørgsmål i den forstand, at arbejdet med at planlægge byen har to sider. Der er det fysiske aspekt, men der er også det organisatoriske aspekt: Hvor meget kan vi planlægge? Hvad er de lovmæssige rammer? Hvem kan f.eks. give dig et mandat til at lave en ny Fingerplan? Hvem kan give dig den form for magt? Man kan sige, at efter reformen i 2007, hvor hele det regionale lag i Danmark forsvandt, bortset fra i hovedstadsregionen, har vi opgivet at gøre noget ved den fysiske planlægning i den skala. Det betyder, at Fingerplanen i dag, når man ser bort fra hovedstadsområdet, ville være grundlæggende umulig inden for de lovmæssige rammer, vi har. Når man ser på de her store planer, så kan de noget i relation til risiko. I havde Fingerplanen, og i Holland havde vi Randstad, som forbinder de fem store byer i syd i en løkke med bevaring af et stort grønt område i midten. En stor del af den diskussion, som fandt sted i forbindelse med etableringen af de her ekstremt ikoniske planer i begyndelsen af det 20. århundrede, drejede sig om bekymringen for, at væksten skulle kvæle byen. Den tids oversvømmelse var en overflod af mennesker, en overflod af bymasse. Og den grønne struktur var på en måde en beskyttelse imod det. Det er blevet beskrevet som en forebyggelse af en katastrofe. Tænk bare på Le Corbusier og hans motto "Arkitektur eller revolution". Metropolen imploderer pga. sin egen vækst. Den modernistiske planlægning, og ikke mindst etableringen af meget store grønne strukturer, blev virkelig set som et forsvar mod den ustoppelige byvækst i det sidste århundrede.

KLW
Så vi er nødt til at genopfinde helhedsplanerne?

CB
Jeg synes, det spændende ved de her aspekter af klimaforandring er, at skalaen kommer til at ændre hele måden, vi planlægger byer på. For det fordrer, at man tænker i ekstremt store rumlige skalaer, men også i ekstremt store tidsmæssige skalaer. I dag har vi ingen idé om, hvordan man planlægger noget for de næste 200 år. Vi ved ikke, hvordan det gøres. Vi har ingen mulighed for at forstå økonomien i byen i så store tidsmæssige og rumlige perspektiver, vi ved ikke, hvordan man tænker byudviklingen som en central del af velfærden, af trivselen, i de her ekstremt store kontekster. Vi er ikke i stand til at sikre det. Vi er ikke i stand til at sige: Det, vi gør, er sikkert.

Charles Bessard er uddannet som arkitekt fra École Spéciale d'Architecture i Paris og Berlage Institute i Rotterdam. Stifter af tegnestuen Bessard's Studio.

Interviewet er oversat fra engelsk.

We've never had an irrigation system retrofitted into an entire 19th-century city that was not built for it. We have no knowledge if it will be technically and economically feasible.

KLW
In terms of architectural concepts, or urban concepts, we've lost the brutal, we've lost the modern, we've lost the large scale, we've lost the belief in large-scale solutions. We've lost the belief in some of the tools that might actually be necessary to counter this through new urban concepts. Like the roads changed the city, this will change it as well – but to what? And new liveability discussions will emerge from that.

CB
It's an essential question in the sense that the activity of planning the city has two sides. There is the physical aspect, but there is also the organizational aspect: what is your ability to plan? What is your legal framework? Who gives you today the mandate of making a new Finger Plan? Who holds this kind of power? You could say, after the reform of 2007, where the entire regional layer in Denmark disappeared, except in the capital region, in a way we have given up dealing with physical planning on that scale. It means that today the Finger Plan anywhere else than in the capital region would be impossible with the legal framework we have. When you look at these large plans, they have something in relation to risk. You had the Finger Plan, and in the Netherlands there was the Randstad, which represented the five main cities in the south forming a loop and preserving a large-scale green area in the centre. A lot of the discussion which took place during the design of these iconic regional systems in the early part of the 20th century had to do with understanding growth as a risk factor that could choke the city. The flood in these years was the flood of people, and of urban matter. The green structure was in a way used as a protection against it. In a number of texts it is referred to as the prevention of a disaster. Not to mention Le Corbusier and his motto 'architecture or revolution'. The metropolis imploding because of its own growth. So modernist planning, especially in terms of creating these very large greener structures, can be seen as a defense system against the unstoppable growth of the city of the past century.

KLW
So we need to revisit that type of masterplanning?

CB
The fascinating thing about these aspects of climate change is that the scale of it is going to change the way we plan cities. Because it's going to prompt us to think in extremely large spatial scales, but also in extremely large temporal scales. We have no idea of how to plan something for 200 years today. We don't know how that is possible. We don't know how to process it, we have no way of understanding the economies of the city in these temporal and spatial scales, we have no way of embedding the development of the city as an essential part of welfare, of well-being in these extra large contexts. We're not able to secure it. We're not able to say: what we do is safe.

Charles Bessard trained as an archtect at École Spéciale d'Architecture, Paris, and Berlage Institute, Rotterdam. He is the founder of Bessard's Studio.

HANS SCHEVING i samtale med
KRISTOFFER LINDHARDT WEISS

Terror og den åbne by

"Hvornår begynder urbanisering i virkeligheden at handle om menneskerettigheder, som i hvordan man har ret til og mulighed for at bruge byens rum frit, på trods af de ønsker, der er om at sikre byen i stort omfang."
— Hans Scheving

KLW
Når man kritisk diskuterer liveability – og de aspekter af livskvalitet, der knytter sig til byen som ramme om hverdagsliv – så bliver det aktuelle spørgsmål om terrorsikring af byen meget relevant. Det fylder i mediebilledet, og overalt i byen kan man se terrorsikringen begynde at dukke op, ofte forklædt som uskyldigt byrumsinventar, blomsterbede, bænke. Du er en af de få, der i mange år har beskæftiget sig med terrorsikring af byerne. Hvilke tendenser ser du, og hvordan påvirkes vores grundforestillinger om byen som tilgængeligt offentligt rum?

HS
På arkitektsiden er der meget få, der har arbejdet systematisk med terrorsikring, selv om det er en del af den politiske dagsorden og vil være det i mange år fremover. Længe før man i vores del af verden havde problemer med terrorisme, har man dog haft fokus på sikkerhed og forskellige fysiske sikringstiltag. Det er både et helt nyt fænomen og en ældgammel problemstilling, når man diskuterer den overordnede indretning og planlægning af byer.

KLW
Det har altid været en del af byplanlægningen at sikre mod oprør, skabe overskuelighed og manifestere magtrelationer, men der er sket noget nyt med terrorens måde at udnytte det åbne, offentlige rum som kampplads?

HS
Det er rigtigt. For seks år siden blev tegnestuen kongelige bygningsinspektører. Og der overtager vi en portefølje af ejendomme, som, i takt med at terroren er kommet tættere på, skal sikres. Så vi arbejder med konkrete projekter rundt omkring, bl.a. i statsadministrationen. Det begyndte at gå op for mange, at vi nok i virkeligheden skulle prøve at lave en form for terrorsikringskodeks – forstået i bred forstand – i form af en vejledning eller en manual til, hvordan man kan forhindre terror rent fysisk. At man

HANS SCHEVING in conversation with
KRISTOFFER LINDHARDT WEISS

Terrorism and the Open City

'At what point does urbanization really begin to be about human rights, such as people's ability to use the urban space freely, despite the desires to make the city as safe as possible?'
—Hans Scheving

KLW
In any critical discussion of liveability – and the aspects of quality of life associated with the city as a setting for everyday life – the issue of urban antiterrorism measures is highly relevant. It is a prominent topic in the media, and throughout the city, security barriers are going up, often disguised as innocent urban furniture, like flower beds or benches. You are one of the few to have worked professionally with the issue of protecting cities from terror attacks. What trends do you see, and what is happening to our basic understanding of the city as an accessible public space?

HS
Few architects have worked systematically with antiterrorism measures, even though it is a topic that is on the political agenda and will remain there for many years to come. Long before anyone in our part of the world had any problems with terrorism, however, there has been an interest in security and in physical security measures. Thus, it is both a new phenomenon and a long-standing issue in the general debate about urban design and planning.

KLW
Urban planning has always included measures to prevent or quell uprisings, ensure order and manifest power relations, but something has changed with the way terrorism uses the open, public space as a battlefield?

HS
That's right. Six years ago, our firm was appointed a Royal Inspector of Listed State Buildings. This involved taking over a portfolio of properties that need to be secured, because the terror risk has grown. So we work on specific projects around the country, including government projects. Many began to realize that we should probably try to develop a sort of antiterrorism code – in a broad sense – in the form of a manual for physical steps to prevent terror attacks. To develop a mindset and a set of analytical tools

udvikler et tankesæt og nogle analytiske værktøjer, der giver en fornuftig balance mellem sikring og frygt, så det liv og den livskvalitet, der kendetegner det at bo i København, kan opretholdes. Jeg er meget optaget af, at vi ikke etablerer fysisk sikring, der får vores fælles institutioner eller parker til at ligne en slagmark i Italien under De Røde Brigader. Så er mit synspunkt, at vi smadrer vores miljø, men også at vi i virkeligheden etablerer noget, som er voldsomt utryghedsskabende. Derfor kan jeg også sagtens se den gode tanke i, at man i lang tid i Nyhavn malede små hjerter på betonklodser, og at de meget sjove folk i TagTomat har fået lov til at sætte bænke på de betonbarrierer, der er sat op mange steder i byen og på Rådhuspladsen. Men det er jo lappeskrædderi at forsøge at gøre noget til et hyggeelement eller til en aktiv del af vores liv.

KLW
Det er ikke en effektiv sikring, hverken helt konkret eller symbolsk?

HS
Det er symbolpolitik. En varevogn, en almindelig 1000 kilos varevogn kan skubbe den væk. Det er selvfølgelig nogle midlertidige foranstaltninger, der kan begrænse skadens omfang. Et meget afgørende element i det her handler om 'collateral damage', og om hvilke restrisici, man er villig til at påtage sig. Fordi ingen – og det gælder alle eksperter, jeg taler med – er dumme nok til at forestille sig, at der ikke altid vil være en vis risiko. Spørgsmålet er, hvor stor en restrisiko, man som samfund og som firma eller som myndighed er villig til at påtage sig.

KLW
Og hvordan det påvirker vores billede af velfærdsbyen og den måde, byen og hverdagslivet fungerer på?

HS
Spørgsmålet om inddæmning af risiko gælder også noget så banalt og elementært som trafikken – vores trafikanlæg, de er jo altså også planlagt ud fra en bestræbelse på at nå en tryg og sikker verden, men med en erkendelse af, at der er en restrisiko for, at folk kører som idioter, eller at de er fulde, eller at der er nogle vejanlæg, som af en eller anden grund er for teknisk krævende eller for omkostningstunge til, at man vælger den bedste løsning. Det er jo en udforskning af, hvor langt man kan bære en hvilken som helst god intention. Og det gælder i ekstrem høj grad for alt, hvad der handler om sikring og terrorsikring.

KLW
Er vi grundlæggende i den helt tidlige fase af sikring i en by som København?

HS
Det er i virkeligheden en trist baggrund at arbejde på. Der er jo heller ikke nogen af os, som havde drømt om, at det her ville få det omfang. Men nordmændene er på en meget trist baggrund kommet langt med at arbejde med terrorsikring af byen efter Breivik, og de har nu udgivet en enormt god vejledning og manual om hele området. Og de har i deres genopbygning af regeringskvarteret, som jo blev voldsomt skadet med adskillige karréer, som var smadrede, fået mange erfaringer – både gode og dårlige – om, hvordan det bør gøres. Det var 900 kilo sprængstof, han anvendte, og derhjemme lå han altså inde med det dobbelte. Så hvis han havde haft logistik til at få det hele bragt på plads, så havde han jævnet en hel bydel med jorden.

that ensure a reasonable balance between security and fear, so that the way of life and the quality of life that characterize Copenhagen can be preserved. I think it's crucial that we avoid installing physical barriers that make our common institutions or parks look like an Italian battlefield during the time of the Red Brigades. If that happened, we would ruin our environment and also establish something that would in fact make people feel less secure. So I can certainly understand the good intentions where, for a long time, in Nyhavn, little hearts were painted on the concrete barriers, and the very humorous people of TagTomat have been given permission to install benches on the concrete barriers that are set up around the city, including the City Hall Square. But these are makeshift solutions; attempts at turning the barriers into cheerful elements or an active part of urban life.

KLW
It does not effectively provide security, neither in concrete nor in symbolic terms?

HS
It's an empty gesture. A van, a standard one-ton van, can push it out of the way. Of course, they're makeshift installations that might limit the damage. A key concern is 'collateral damage' and how much residual risk we are willing to accept. Because no one – and that includes every expert I've every talked to – has any illusion that we can eliminate the risk completely. The question is how much residual risk societies, companies and authorities are willing to accept.

KLW
And how does that affect our image of the welfare city and the workings of the city and everyday life?

HS
The question of containing the risk is also about something as mundane and elementary as traffic – our roads and traffic facilities are also designed to make the world safe and secure, but still with an awareness of residual risk, because some drivers are reckless or drunk or because some road constructions, for whatever reason, prove too technically demanding or too costly for planners to choose the ideal solution. It's an exploration of how far it is possible to take any good intention. And that is true, to the nth degree, when it comes to security and antiterrorism measures.

KLW
Are we still, basically, in the very early stages of securitizing a city like Copenhagen?

HS
It's really quite a sad background to work on. And none of us dreamed that it would reach this extent. But on a very sad background, the Norwegians have come far in installing antiterrorism measures in the city after Breivik, and by now they've actually published a really good guideline and manual for the field. And in reconstructing the Government Quarter, which was badly damaged, with several city blocks shattered, they have gained important experience – good and bad – with the best way to do this. Breivik used 900 kg of explosives, and in his house he had a store of twice that amount. So if he had had the logistics to put it all to use, he would have taken out an entire neighbourhood.

KLW
The new phenomenon that I see is a level of micro-management of the urban space through antiterrorism measures that is both striking

KLW
Det nye er, som jeg ser det, den mikro-management af byens rum gennem terrorsikringen, der er både iøjnefaldende og tankevækkende. Det er selv de mindste gader, hvor der er fodgængere, hvor man pludselig skal have sikring. Det er ikke kun omkring Folketinget og omkring Nationalbanken. Det sniger sig ind alle steder i byens rum. Siger det noget om, hvordan det kommer til at være i fremtiden? At man formentlig kommer til at sikre alle pladser og alle gader på den ene eller anden måde?

HS
Jeg håber jo ikke, at det bliver nødvendigt, og det er en trussels- og risikovurdering, som jeg ikke skal gøre mig klog på. Og jeg skal også holde mig langt fra at medvirke til at kaste brænde på et bål eller oppiske en paranoid stemning. Det er i øvrigt – det kan jeg lige så godt sige i samme åndedrag – min oplevelse, at de myndigheder, som beskæftiger sig med det her, de er meget fornuftige til hele tiden at holde det i ave og sige, at vi skal være klar over, at risikoen er enormt lille. Der er en hel række ting undervejs frem til et fuldbyrdet angreb, som man har rigtig gode chancer for at finde og eliminere. Så det, der reelt er til rest af risiko, det er jo meget, meget lidt i forhold til risikoen for at få en kredsløbssygdom eller gå ud og blive kørt over.

KLW
Men politikerne bliver nødt til af forskellige – også symbolske – årsager at præparere byens rum i forhold til en potentiel sikkerhedsrisiko for ikke at blive beskyldt for at være nølende. Man må forestille sig, at det får meget stor indflydelse på, hvordan vores byer ser ud og føles at bevæge sig rundt i? Man har f.eks. lukket Krystalgade i København permanent som et resultat af angrebet på Krudttønden og synagogen.

Fig. 1 Terrorsikring på Rådhuspladsen. Koncept af TagTomat. Foto: TagTomat

HS
Både i området omkring børsen og World Trade Center i New York, i London og i regeringskvarteret i Oslo har man jo arbejdet meget bevidst med at lade sikringen være en del af gadeinventaret, som f.eks. skulpturer. Der er en hel lille skulpturpark i en del af Oslo, som simpelthen handler om, at man havde nogle antiterrortiltag, man skulle have gennemført. Og så kan du selvfølgelig fra nu af og til juleaften

Fig. 1 Antiterrorism protection in the City Hall Square. Concept by TagTomat. Photo: TagTomat

and thought-provoking. Even the smallest pedestrian street now has to have security measures. It's not just around Parliament and the National Bank. It permeates the urban space. Is that an indication of what the future is going to look like? That we'll probably secure every single street and public square, in one way or another?

HS
I hope that won't be necessary, and I'm not going to try to second-guess the threat and risk assessment behind it. I also want to steer well clear of adding fuel to a fire or contributing to a mood of paranoia or anything like that. I would like to add that in my experience, the authorities in charge of this have a really sound approach and are good at calming the situation down, pointing out that, first of all, we should realize that the risk is miniscule. There are many steps in the process leading up to a full-fledged attack, which gives us a very good chance of identifying and eliminating the threat. So the actual residual risk is very, very small, compared to the risk of developing cardiovascular diseases or getting injured in everyday traffic.

KLW
But for a variety of reasons – including symbolic ones – politicians have to prepare the urban space to deal with a potential security risk, lest they be accused of negligence. That concern seems bound to have a big impact on the way our cities look and feel? For example, Krystalgade (in the centre of Copenhagen) has been permanently closed off as a result of the attack on the Krudttønden culture centre and the synagogue.

HS
In the areas around the Stock Exchange and the World Trade Center in New York, in London and in Oslo's Government Quarter there has been a very deliberate effort to incorporate the antiterrorism measures as street furniture, for example in the form of sculptures. In Oslo, there is an entire little sculpture park in a part of Oslo that is simply a manifestation of terror protection. Now, of course, we can discuss endlessly whether this is just sugar-coating, or whether it's actually possible to make multi-purpose installations or installations that allow for different readings or interpretations. That is also something we can trace historically in urban architecture and urban planning, where the effort is to

diskutere, i hvor høj grad sådan noget er at komme sukker på pinden, eller i hvor høj grad der også kan være tale om, at man reelt kan få en dobbelt eller en flertydig funktion ud af noget. Det er noget, man i øvrigt også kan vise historisk i byarkitektur og i byplanlægning, at man prøver at få komponeret forskellige hensigtsmæssige tiltag. Og der tror jeg nok, at der er en række forskellige håndtag og værktøjer, muligheder og løsninger på, hvordan man kan få integreret forskellige sikkerhedsmæssige tiltag, så de ikke opleves som en barriere for den åbenhed, vi i øvrigt kender og kan lide.

KLW
Det er en form for avanceret bypsykologi, eller nærmest byterapi. Der er et 1:1-forhold mellem funktionaliteten og det, man gerne vil opnå, men her er der et grundlæggende paradoks, fordi man ønsker ikke at bliver mindet om, at der er en risiko, så man skjuler det i skulpturer eller i bænke og på alle mulige måder. Samtidig har vi brug for den tryghed, som synlig sikring giver.

HS
Meget af det handler om at få skabt afstand. Man snakker om de tre D'er. Englænderne bruger udtrykket 'Detect, Delay and Deter'. At forsinke noget for bedre at kunne opdage og derved afskrække. Det handler om at tilrettelægge et flow – det være sig i offentlige byrum og i optakten til, at du kommer til et potentielt mål i form af en bygning, eller det kan være i en bygning, at man arbejder med flow og simulation. Og simpelthen ved at tilrettelægge det optimalt så kan man være med til at sikre noget uden at behøve at tænke på skudsikkert glas. Der er jo ingen af os, der er i stand til at svare på, om man om 20 år vil sidde og kigge på det her som en epoke, som er væk. Det kan man da håbe på, men der er jo p.t. ikke meget, der tyder på det.

KLW
Vi lever jo i en tid, hvor du siger, at der er en udpræget risikoaversion. Du kan se, hvordan det udvikler sig til curlingbyer, men er der en tilvænningsperiode?

HS
I bogen *The City Between Freedom and Security* diskuterer de, hvordan vi er kommet til at indrette vores liv og den bagvedliggende dialog i vores samfund; hvor meget vil vi beskytte os, og på hvilken måde vil vi beskytte os.

KLW
Hvilken pris vil vi betale? Også urbanistisk? Der er en urbanistisk pris. Vores bybillede ændrer sig, vi bliver jo nødt til at blive korrigeret. I 1990'erne brugte man meget udtrykket, at byens rum 'er en scene', byen som scene for det urbane skuespil. Nu misbruges den scene potentielt til at terrorisere os i offentligheden og i virkeligheden terrorisere politikerne til at gå ud og ændre vores byer?

HS
I et eller andet omfang.

KLW
Vores opfattelse af, hvad byen er, udfordres af denne *securitization*. Der er en afkobling, som du selv siger, mellem den reelle risiko, som er meget, meget lille, og så et krav, en forventning, som politikerne føler, at de skal indfri, om at vi skal have en by, der udstråler, at der er styr på det, at man tager hensyn til den følelse, man måtte have af, at det er utrygt at leve her, på grund

come up with appropriate measures. In regard to this, I think that we do have a number of levers, tools, possibilities and solutions when it comes to integrating security measures that aren't perceived as a barrier to the openness that we know and love.

KLW
It's like a form of advanced urban psychology, or maybe urban therapy. There is a 1:1 relationship between the functionality and the intended purpose, but at the same time we're facing a fundamental paradox, because people don't want to be reminded of the risk, so the protections are disguised as sculptures or benches or in some other way. And yet, we need the reassurance that visible security provides.

HS
Much of it is about creating distance. Experts speak of the three Ds: Detect, Delay and Deter. Delaying something in order to be able to detect it and thus deter it. That has to do with designing a flow, for example in the public urban space and in the stages before you reach a potential target in the form of a specific building. There may also be an effort to work with flow and simulation *inside* a building. Simply put, with optimal planning it's actually possible to secure an area without needing to worry about things like bulletproof glass. Of course, none of us knows whether 20 years from now, people are going to look at this as a thing of the past. We can certainly hope so, but there's little indication of that today.

KLW
We live in a time, as you describe it, that's characterized by a high degree of risk aversion. You could see it turning into a bubble-wrap environment? Is this just something we need to get used to?

HS
The book *The City between Freedom and Security* debates how we have come to shape our lives and the underlying dialogue in our society; how and to what extent do we want to protect ourselves?

KLW
What price are we willing to pay? Also in terms of urbanism? There is an urban price too. Our cityscape is changing, we need to adapt. During the 1990s, the urban space was often described as 'a stage' for the urban drama. Now, this stage risks being abused to strike terror into the heart of the public and, in fact, to terrorize the politicians into reshaping our cities?

HS
To some extent.

KLW
Our perception of what the city is about is challenged by securitization. The outcome depends on how it unfolds at the political level. There is a misalignment, as you have described, between the actual risk, which is tiny, and the demand, the expectation that politicians feel they need to live up to, of creating a city that clearly reflects that things are under control. The city has to address the feeling some people might have that this is an unsafe place to live, because any moment a lorry could come crashing through. A strange kind of urbanism, which is not completely functionally determined but subject to an abstract form of psychological warfare.

af terrortruslen. En mærkelig form for urbanisme, som ikke er 100% funktionsbestemt, men som er underlagt en abstrakt, symbolsk psykologisk krigsførelse.

HS
Jeg er enig med dig et meget langt stykke ad vejen, bestemt. Og jeg tror, det er meget, meget vigtigt, at vi får skabt nogle rammer og nogle måder at diskutere lige præcis de her ting på, inden det så at sige løber af sted med os, det være sig i den ene eller den anden retning. At vi mødes og kan italesætte det her på en måde, så det ikke bare er den navnløse rædsel, som kommer til at styre, hvor vi vil hen med vores byer. Det, vi oplever, er udtryk for nogle spændinger, som er bestemt af de sidste 150 års historie, som har ført *til*, hvor vi er i dag. I Norge, men også andre steder, f.eks. i Storbritannien, er man begyndt at anlægge kriminologiske betragtningsvinkler, for det viser sig ofte, at de folk, der *laver* de her angreb, de har en eller anden form for kriminel bane, og i øvrigt at meget af adfærden omkring det lader sig beskrive inden for kendte kriminologiske modeller – mere end den gør inden for politiske eller religiøse eller lignende. Og det tror jeg er en meget vigtig pointe.

KLW
På et typologisk niveau er lufthavnen som sikret infrastruktur det mest ekstreme eksempel på et offentligt rum, der er blevet gennemsikret i måden, man bevæger sig på. Der er ting, man ikke må gøre og sige. Det er selvfølgelig skrækscenariet i forhold til danske byer, men rundt om i verden er det jo allerede virkelighed mange steder.

HS
Derfor er der jo også den dobbelthed i, at hvis vi reagerer ved at etablere meget synlige og meget begrænsende tiltag i en storby, så har vi jo i virkeligheden efterkommet det ønske om at stille op til en frygt, der vil lukkethed, og så har vi jo tabt. Og den diskussion synes jeg er enormt *vanskelig*. Og det er min oplevelse, at man både fra politisk hold og hos folk, der beskæftiger sig med det i andre fag og myndigheder, er meget bevidst om, at det nytter jo ikke noget, at vi bare bøjer af og så polstrer os selv på alle mulige mærkelige måder. Så har vi tabt slaget om det offentlige rum.

KLW
Så har vi tabt den symbolske kamp, kan man sige. Om hvem, der skal have lov til at definere, hvordan vores liv i byen skal udfolde sig?

HS
Ja, hvornår begynder urbanisering i virkeligheden at handle om menneskerettigheder, som i hvordan man har ret til og mulighed for at bruge byens rum frit, på trods af de ønsker, der er om at sikre byen i stort omfang. Det kan jo nemt kollidere med vores personlige ønske om at kunne påtage os den risiko, hvis vi vil.

KLW
Terrorister, som er knyttet til den konflikt, hvordan forstår de byens rum, og hvordan kan vi etablere et modbillede, som kan udnytte svaghederne i deres tænkning? Vi er hvirvlet ind eller flettet ind i et ekstremt komplekst symbolsk magtspil mellem nogle aktører, som er delvist virkelige og delvist ikke virkelige. Hele denne ekstrapolering, ekstremisering af, hvad sikkerhed er, hvad vi skal passe på, hvad vi ikke skal passe på.

HS

I agree with much of what you're saying, definitely. And I think it's really important that we create some settings and some ways to discuss these things before they get the better of us, so to speak, and pull us in one direction or another. To meet and put these things into words so that we don't let nameless dread control the direction we want to take our cities in. What we see is a reflection of tensions that are shaped by our historical past over the past 150 years or so, which has led to where we are today. In Norway, but also elsewhere, including in Britain, decision-makers have begun to apply a criminological perspective, because the people who carry out these attacks are often engaged in criminal behaviour already, and much of the behaviour related to terror attacks is well captured by established criminological models – more so than by political, religious or other frames of reference. I think that's a key point.

KLW

On a typological level, airports, as an example of high-security infrastructure, are the most extreme example of a public space that imposes severe security restrictions on the users. There are things we can't say or do there. That would, of course, be a chilling scenario for Danish cities, but it's already reality in many places around the world.

HS

That's why we have this duality, where, if we react by setting up highly visible and restrictive measures in a city, we have really complied with the desire to instil a level of fear that aims for less openness ... and that means we've lost. And I find that discussion really, really difficult. In my experience, both political decision-makers and people who deal with this professionally and in government agencies are keenly aware that we can't just give in to that fear and protect ourselves in all sorts of ways. If we do that we've lost the battle for the public space.

KLW

Then we lose the symbolic battle, you might say. The battle over who gets to define the way we live in the city.

HS

Yes, at what point does urbanization really begin to be about human rights, such as people's ability to use the urban space freely, despite the desires to make the city as safe as possible. Of course that risks colliding with our personal desire to accept that risk, if that is what we want.

KLW

The terrorists involved in this conflict – how do they view the urban space, and how can we establish an alternative image that takes advantage of the weaknesses in their thinking? We are entangled in an extremely complex symbolic power struggle between actors that are partially real and partially not real. This extrapolation, the extreme interpretation of the notion of security, what we need to worry about and what we don't.

HS

If we apply a long-term perspective, there's a crucial change that occurs at some point during the Middle Ages when urban life becomes so peaceful that people no longer need to live in mud-built huts just below the castle where they can seek refuge in times of trouble. At this point, the church begins to take over, primarily in the

HS
Hvis du skal se det i det helt lange perspektiv, så vil jeg påstå, at fra det tidspunkt i middelalderen, hvor bylivet antager så fredelig en form, at man ikke længere er nødt til at bo i lerklinede hytter lige neden for borgen, som man løber ind i, når der er ballade, der begynder kirken at overtage. Det er nok primært i den katolske del af Europa, men også i vores del af verden efter reformationen. Kirken begynder at blive en dannende og skabende faktor omkring urbaniseringen, så byens mønster, byens flow kommer til at være i vid udstrækning baseret på religion. Og så ser vi fra 1700-årene og frem en stigende sekularisering af byen. Og hvis man tager de briller på, så vil jeg påstå, at så kan man se professor Jan Gehls åbne by som den ultimative fase af denne sekularisering. Og nu ser det så ud til, at der sker et markant skift, som skyldes nogle helt andre ting. Der er jo sådan nogle bevægelser gennem tiden – ikke for at legitimere og retfærdiggøre noget som helst – men altså, det er da tænkeligt, at vi i virkeligheden står over for en bevægelse i den måde, vi oplever og laver by på, som kan ændre vores byer fundamentalt.

KLW
Og der kan man sige, som altid, at Danmark er et mini-destillat af, hvad der foregår rundt om i verden. Hvis man ser på, hvordan man bygger nyt i Mellemøsten og andre steder, hvor terrortruslen er meget mere præsent og vedvarende og har været det gennem længere tid, er det så overhovedet muligt at sammenligne i forhold til sikring?

HS
Det er meget konkret. Og truslen er meget konkret. Spørgsmål som, hvordan kan man bedst muligt sikre sig mod skudangreb, og hvordan kan man f.eks. tilrettelægge en parkeringsplads, så den skaber et overblik og en tryghed, er en integreret del af byplanlægningen.

KLW
Så parkeringspladsen fungerer som barriere også? Som man ser det med pladsen rundt om Folketinget?

HS
Netop, så den også fungerer som barriere, og så den ikke i sig selv bliver udsat for et vilkårligt angreb. Det vil vi med stor sandsynlighed se meget mere af. Men sofistikerede angreb med anvendelse af store netværk, hvor der er penge bagved, og hvor man bruger avancerede våben i stedet for en lastvogn eller en brødkniv, det er jo enormt svært på den måde at gardere sig fuldstændig imod i det offentlige rum. Men det kan i hvert fald fjerne og minimere en potentiel underskov af mere enmandsudførte angreb, som vi har set rigtig meget. Og så kan du selvfølgelig have en pointe i, at man kan sidde og lure den af ved at læse i den manual. Så kan man også samtidig blive klar over, hvor forholdsmæssigt svært og omkostningstungt og krævende det er at insistere på at ville gennemføre sit angreb.

Hans Scheving er arkitekt og partner i arkitektfirmaet Bertelsen & Scheving Arkitekter Aps.

Catholic part of Europe but also in our part of the world after the Reformation. This is when the church begins to play a formative and generative role in urbanization, so to a profound degree, the pattern of the city, the urban flow, is based on religion. Then, from the 18th century on, we see a growing secularization of the city. And seen through that lens, I would argue that Jan Gehl's open city constitutes the ultimate phase of this secularization. And now, it appears that we are seeing a new development that is driven by entirely different factors. And we have these movements over time – and I'm not saying this to legitimize or justify anything – but, I mean, it's conceivable and it's interesting, this idea of yours, that we might be facing a shift in the way we conceive of and design cities, which may alter our cities fundamentally.

KLW
In this regard, you might say, as always, that Denmark is a miniature version or a distillate of what is happening. But if we look at urban design and planning in the Middle East and other places where the terror threat is much more urgent and persistent and has been so for a long time, it's already reality. Is it even possible to compare, in terms of security measures?

HS
They are very concrete. And the threat is very concrete. Questions such as how best to offer protection from gun attacks or how to plan a car park that offers safety and security and avoids blind angles are an integrated element of urban planning.

KLW
So the car park too acts as a barrier? Like the public square around the Danish Parliament?

HS
Exactly, it works as a barrier and is designed so that it won't be a terrorist target in itself. We are highly likely to see much more of that. But sophisticated attacks that involve large networks and funds and use advanced weapons, rather than a lorry or a bread knife, are really hard to prevent completely with those sorts of measures. However, it may at least eliminate or minimize a potential, how can I put it ... undergrowth of the lone-wolf attacks that have been on the rise. And then of course, you have a point that potential attackers can find the weak spots by studying the manuals, but on the other hand, they will also see how relatively difficult and costly and demanding it will be to insist on carrying out an attack.

Hans Scheving is an architect and a partner in the architecture firm Bertelsen & Scheving Arkitekter Aps.

The interview is translated from Danish.

TINA SAABY i samtale med
KRISTOFFER LINDHARDT WEISS

Byen som forhandlingsrum

"Både arkitekturen og de programmer, der er i byen, skal have en bredde, så der både er plads til den hjemløse, den studerende, familierne og til alle de andre. Og så kan man begynde at sætte sig ned og udvikle projektet sammen."
— Tina Saaby

KLW
Et væsentligt element, denne bog forsøger at kaste lys over, er liveability som bypolitisk begreb, dvs. som noget, man aktivt designer efter, når der rundt om i København og de andre store byer i Danmark opføres havnebade og rekreative faciliteter i verdensklasse. Det interessante i den sammenhæng er, hvordan man operationaliserer forestillingen om det gode byliv, der knytter sig til det gængse begreb om liveability og livskvalitet i byen. Københavns Kommunes bylivsregnskab er, som jeg ser det, et værkstøj – eller forhandlingsredskab – der spilles ind i byudviklingen mellem offentlige og private interesser, hvor du som stadsarkitekt kan varetage hele byens interesser, altså regulere adgangen til de offentlige rum, og en effektiv måde at kvantificere byens liv på. 'Byen til forhandling'-scenariet synes jeg er interessant i forhold til din rolle som stadsarkitekt.

TS
De sidste ti år er vi blevet mere strategiske i den måde, vi arbejder på. Tidligere har vi snakket fra plan til plan, fra sted til sted. I slutningen af 00'erne startede vi med de to første store strategier, Miljømetropol (2008-2015, red.) og den strategi, der hedder Metropol for Mennesker (2009-2015, red.), som var en bylivsstrategi. De to strategier satte en anden dagsorden. Det er to politiske dokumenter, der er bydækkende og prøver at sætte en ramme, som taler om, hvad det egentlig er for en by, vi gerne vil skabe. Bylivsstrategien betyder, at vi som embedsmænd har et dokument i hånden, som vi kan bruge, når vi går ud og forhandler steder. Så har

TINA SAABY in conversation with
KRISTOFFER LINDHARDT WEISS

The City as Negotiation Space

'Urban architecture and programmes have to be broad enough to make room for homeless people, students, families and everybody else. Then we can co-create.'
—Tina Saaby

KLW
An important element that the present book seeks to elucidate is 'liveability' as an urban policy concept – that is, as an active design parameter when Copenhagen and other Danish cities construct harbour baths and new world-class recreational facilities. What's interesting in this context is how we can operationalize the concept of the good life in the city as something that relates to liveability and quality of life. As I see it, the City of Copenhagen's Urban Life Account is a tool – or a negotiation device – that is introduced into the urban development dialogue between public and private interests to enable you, as the city architect, to look out for the interests of the city as a whole by regulating access to public spaces and quantifying urban life. The idea of putting the city up for negotiation is interesting, I think, in relation to your role as city architect.

TS
Over the past ten years we have come to take a more strategic approach in our work. Previously, we typically addressed one plan, one site, at a time. In the late 2000s we introduced the first two major strategies, *Eco-Metropolis* (2008–2015) and *A Metropolis for People* (2009–2015), the latter being an urban life strategy. The two strategies set a new agenda. They are political documents that cover the entire city and provide a framework for the kind of city we would like to create. The urban life strategy gives us, as civil servants, a document we can use in negotiations. A document which specifies that our politicians have asked us to focus on how we can build a more sustainable city, a city with more

Fig. 1 Københavns cykelkultur. Foto: Adrian Täckman

vi et dokument, som siger, at vores politikere har bedt os om at prøve at fokusere på, hvordan vi skaber en mere bæredygtig by, og hvordan vi skaber en by, som har mere byliv – og som fokuserer på bylivet, *før* det fokuserer på, hvordan vi designer byrum og bygninger. Når jeg sidder i en dialog om et projekt, hvor vi skal finde ud af, hvordan det kan blive bedre, både set fra et bygherreperspektiv og byperspektiv, så kan jeg sige til bygherrerne "vores politikere vil rigtig gerne have, at vi skaber mere byliv", og det vurderer de ved i strategien at sige, at byliv handler om, at flere mennesker er der, at flere mennesker går mere, og at der er plads til alle. Både arkitekturen og de programmer, der er i byen, skal have en bredde, så der både er plads til den hjemløse, den studerende, familierne og til alle de andre. Og så kan man begynde at sætte sig ned og udvikle projektet sammen. Så bliver der lige præcis den interessante forhandling og samtale om, hvad det egentlig er, byen skal kunne. Og når jeg kigger tilbage på de sidste ti år, så er det noget af det, der har været med til at ændre den måde, vi snakker om projekterne på. Vi har inviteret alle dem, der arbejder med byen, ind og sagt: "Kom ind til kommunen så tidligt som overhovedet muligt, så vi kan fortælle, hvad det egentlig er, vores politikere gerne vil". De forskellige politiske planer giver os en klar målskive, som vi kan formidle til bygherrerne, så de kender de politiske prioriteringer. Derfor kommer der et forhandlingsrum, i stedet for at de kommer ind, som i gamle dage, med et færdigt projekt – langt hen ad vejen – og så når vi begynder at sige "aarh, det er ikke lige den retning, vores politikere gerne vil i...", så har de spildt en masse rådgiverkroner på at få det tegnet.

urban life. A document that focuses on urban life *before* it turns to the specific design of urban spaces and buildings. When I am in a dialogue about a project to determine how we can improve things, from the client's as well as the city's perspective, I can now tell the clients, 'Our politicians want us to promote urban life'; this is specified in the strategy, in the statement that urban life is about creating the conditions for more people to stay longer in the city, for more people to walk more and for more urban life for all. Urban architecture and programmes have to be broad enough to make room for homeless people, students, families and everybody else. Then we can co-create. It frames an interesting negotiation and conversation about what the city should enable. When I look back over the past 10 years, that's one of the things that has changed how we speak about projects. We invited everyone who works with the city in, saying, 'Come see us as early as possible, so we can explain what our politicians want.' The political plans paint a clear picture of the political goals and priorities which we can convey to the clients. That sets up a negotiation space instead of the way it used to be, where the clients approached us with a nearly finished project, and we had to say 'Well, that's not the direction our politicians want to go ...,' which meant they had wasted a lot of money on designs.

KLW
Is that where the Urban Life Accounts come into the picture, as documentation of the effectiveness of the strategy?

TS
The Urban Life Account has been a way for us to measure the urban life strategy. We have quantified our goals of making urban life more diverse, encouraging more people to walk more and encouraging more people to spend more time in the urban space. We can measure all three goals year by year.

KLW
So you quantify and measure urban life?

TS
Yes, the aspects that we can quantify. Our objective of urban life for all is harder to quantify. Here, we mostly rely on qualitative assessments. We use interviews, we have a citizens' panel that we consult, and we survey people in the city. But the goals of having more people walk more or stay longer are fairly easy to quantify. We also quantified the programmes, setting the goal that '80% of Copenhageners should be satisfied with their opportunities for taking part in urban life.' So we are trying to quantify the goal by addressing the degree of satisfaction and surveying people broadly.

KLW
The method you're describing, was that developed in Copenhagen, guided by urban life expert Jan Gehl's work with the urban space?

TS
I think Copenhagen is the first city to embrace such a systematic approach. Gehl was involved in developing our first urban life strategy, *A Metropolis*

Fig. 1 Copenhagen bicycle culture. Photo: Adrian Täckman

KLW
Er det dér, bylivsregnskaberne kommer ind i billedet, som dokumentation af strategiens effektivitet?

TS
Bylivsregnskabet har været måden, vi har målt bylivsstrategien på. Vi har sat så præcise mål med mere variation i bylivet, flere går mere, og flere bliver længere i byens rum. Alle tre mål kan vi hvert år måle på.

KLW
Så I kvantificerer byens liv gennem målingen?

TS
Ja – det, man kan kvantificere. Det er sværere med målsætningen om byliv for alle. Det har mest været nogle kvalitative vurderinger – interviews, og vi har et borgerpanel og folk, vi spørger, og vi går ud på gaden og spørger borgerne de steder, de færdes. Men antallet, det med at gå mere og blive længere, er ret nemt at kvantificere. Vi har også fået kvantificeret programmerne, fordi vi har været ude og definere en målsætning om, at "80% af københavnerne skal i 2015 være glade for det byliv, der er". Så på den måde har vi faktisk forsøgt at kvantificere det ved at italesætte tilfredsheden blandt borgerne og så spørge bredt ud.

KLW
Den metodik, du her beskriver, er det noget, der er udviklet her i en københavnsk kontekst med bylivseksperten Jan Gehls arbejde med byens rum som ledestjerne?

TS
Jeg tror, København er de første, der gør det så systematisk. Gehl var med til at lave den første bylivsstrategi, Metropol for Mennesker, og dermed også implementeringsplanen. Hvert år har vi skullet fremlægge bylivsregnskabet for vores politikere, så vi bliver nødt til at have et fælles sprog for, hvad det er, vi forsøger at opnå, for at kunne performe på det.

KLW
Et sprog, I har tilfælles med politikerne, fordi den urbanistiske diskussion om byens udvikling ellers bliver en fagintern snak blandt arkitekter og byudviklere? Og bylivsregnskabet er en måde at tale ind i et politisk rum på?

TS
Jeg synes, noget af det stærke i den strategi har været, at den har gjort en abstrakt diskussion om byen enkel at tale om. Netop fordi det er så nemt at spørge en bygherre: "Hvordan kan din bygning være med til at få flere til at være ude i byen i længere tid?"

KLW
Men der må alligevel være nogle diskussioner om, hvad det gode byliv er, der ligger implicit – eller måske snarere eksplicit – i den måde at anskue byen på? Den dækker vel ikke alle hjørner af debatten om byen?

TS
Jamen, der er masser af diskussioner og dialoger. Det handler om at anerkende de behov, der er, bygningsmæssigt. Det, vi kan med den tidlige dialog, er som kommune at prøve at forstå, hvad bygherrens præmisser egentlig er. Og selvfølgelig udfordre dem og sætte spørgsmålstegn ved dem for at forstå dem bedre og sige: "Kan man ikke gøre det på en anden måde, der fremmer byens liv?" Nogle ting er meget detaljerede, når vi taler om, hvordan man skaber øjenkontakt

for People, including the implementation plan. Every year we present the Urban Life Account to our politicians, and to act on it we need a common language to describe our objectives.

KLW
A language you share with the politicians, since otherwise, the urbanistic discussion about the city's development would be a purely professional activity between architects and urban developers? And the Urban Life Account is a way to address the political sector?

TS
I think one of the strengths of the strategy is that it has made an abstract discussion about the city more accessible. Precisely because it is so easy to ask a client, 'How can your building encourage more people to stay longer in the urban space?'

KLW
But still, you must have had discussions about what constitutes the good urban life, as an implicit – or perhaps explicit – basis for the way you understand the city? The strategy doesn't cover every single aspect of the debate about the city?

TS
There are lots of discussions and dialogues. The key is to acknowledge architectural needs. What we can do, as the municipality, by engaging in an early dialogue is to try to understand the underlying premise for the client's plans. Then, of course, we challenge and question this underlying premise to get a better understanding, asking, 'Couldn't we do this differently, in a way that promotes urban life?' Some issues are quite specific, for example when we talk about how to enable eye contact between people, and of course it's important to discuss what we should and shouldn't regulate. We should regulate aspects where it generates value to do so; in other areas we should step back to avoid overregulating. We need to strike the right balance. One of the challenges is to strike a balance between top-down and bottom-up approaches and make room for both in the city. The urban life strategy is a political tool that is largely imposed from the top down, and which seeks to provide a value base and set a course for the development of the city. Without it, it would be very difficult for us, as administrators, to navigate. On the other hand, we need to allow for some degree of latitude, because the energy comes from the people who live in the city. We need to use the energy of the bottom-up process and avoid issuing standards for everything.

KLW
How big a component of the urban life strategy is ideological? After all, creating the good city is not an exact science. The strategy contains a set of basic ideas about what the city in the welfare state should provide, and how it should function.

TS
There are different answers to that. If we focus on urban life – whether cars are seen as a good thing or a bad thing – no one will disagree that it's good to have a city where people meet each other. So in that sense, we have a fairly strong mandate for saying that we should make the city a safe and secure space by enabling eye contact. Now, some people want to allow for more cars, and some want fewer cars, but to a fairly high degree we can incorporate both views in a city where

mellem mennesker, og det er naturligvis vigtigt at få diskuteret, hvad vi skal regulere, og hvad vi ikke skal regulere. Vi skal regulere det, der er værdiskabende, og så er der nogle andre ting, hvor vi skal lade være med at overregulere. Vi skal finde en balance. Jeg tror, noget af det, vi taler om, det er at finde balancen i at lave en top-down- og en bottom-up-tilgang og give plads til, at der i byen skal være begge dele. Så top-down, altså en bylivsstrategi, det er jo et politisk redskab, som langt hen ad vejen kommer oppefra og ned. Som prøver at værdisætte og pejle en retning af, hvor vi gerne vil hen med byen. Og uden den så ville det være rigtig svært at navigere i det som embedsværk. Og omvendt så skal der være noget frihed, for energien, den kommer fra de mennesker, der bor i byen. Man skal bruge den energi, som der kommer i en bottom-up-proces, og man skal ikke lave en standard for det hele.

KLW
Hvor stor en komponent af bylivsstrategien er ideologisk? Det er jo ikke en objektiv videnskab, hvordan man laver den gode by. Der ligger i strategien nogle mere grundlæggende holdninger til, hvad velfærdsbyen skal kunne, og hvordan den skal fungere?

TS
Der er forskellige svar på det. Fokuserer man på bylivet – uanset om man er for eller imod bilisme – så er der jo ikke nogen, som vurderer, at det ikke er godt, at mennesker mødes ude i byen. Så på den måde er det sådan set et meget stærkt mandat at sige, at vi skal forsøge at få skabt tryghed ved, at folk har øjenkontakt med hinanden. Så er der nogen, der vil have flere biler, og nogen, der vil have færre biler, men langt hen ad vejen kan det godt inkorporeres i en by, hvor vi ser hinanden. Jeg tror, at strategien er rummelig nok til mange forskellige politiske ideologier. Men den giver os først og fremmest et sprog at samtale omkring, hvor vi ikke altid skal sidde alene og slås om, om det er bilerne eller ikke bilerne, der skal have forrang. Vi kan tage en værdidiskussion om, hvordan vi grundlæggende får skabt en by for mennesker.

KLW
Hvor stærk er den konsensus om den gode by, når det kommer til stykket? Tag f.eks. digteren Søren Ulrik Thomsens slumromantik. Det er en kritik af den moderne by, som han mener er blevet for friseret, at vi er så gode til at lave god by, komfort og liveability, at vi udvisker nogle andre af de kvaliteter, som vi egentlig forbinder med byen?

TS
Min personlige holdning er, at der både skal være plads til Søren Ulrik Thomsens slumromantik, og der skal også være plads til, at noget er friseret, for ellers kan vi ikke rumme alle mennesker. Så det handler om at lade være med at gå den ene vej og så ikke gå den anden vej. Hvis byen skal kunne rumme alle, så må vi grundlæggende acceptere det og anerkende, at mennesker er forskellige. Det er dét, der er den store forskel på det samfund, vi lever i nu, og det

Fig. 2 Blågårdsgade, Nørrebro. Foto: Martin Heiberg

Fig. 2 Blågårdsgade, Nørrebro. Photo: Martin Heiberg

we see each other. I think that the strategy is broad enough to accommodate many different political ideologies. But above all, it gives us a language, so that we can have a conversation, instead of simply fighting over expanding or restricting access for cars. We can have a value-based discussion about how to create a city for people.

KLW
How widespread is the consensus about the good city? Take the poet Søren Ulrik Thomsen, who romanticized the slums. His work contains a critique of the modern city, which he feels has become too well-groomed; he argues that we have become so good at designing the good city, with comfort and liveability, that we are losing some of the other qualities that we associate with the city?

TS
In my personal opinion, there should be room for romanticizing slums, as Søren Ulrik Thomsen does it, but there should also be room for the well-groomed; otherwise we won't have a city for everyone. The point is to avoid choosing one direction to the exclusion of the other. To build a city with room for everybody, we need to fundamentally accept and acknowledge that people are different. That is the main difference between the society we live in today and the modernist society of the past century.

KLW
The one-size-fits-all approach?

TS
Yes, we acknowledge that just as you can't design the ideal kitchen, you also can't design the ideal city. In the new strategy we have developed,

modernistiske samfund, vi levede i i sidste århundrede.

KLW
Hvor 'one size fits all'…?

TS
Ja, vi anerkender, at ligesom man ikke kan designe et idealkøkken, så kan man heller ikke designe en idealby. I den nye strategi, vi har lavet, som hedder Fællesskab København, har vi spurgt, hvad vi har lært af de sidste mange år, hvad der skal justeres på. Og én af dem er, at der er et pejlemærke i Fællesskab København, som hedder, at vi gerne vil have en by med kant. Og det kan man sige har to indsatser; den ene indsats det er at give plads til det fleksible og kreative, midlertidigheden, og at vi ikke skal overprogrammere byrummene. Og det andet handler om at skabe unikke kvarterer i sammenhæng. To ord, man hele tiden skal balancere med hinanden, for at skabe det unikke, det er at skabe slumromantik et sted, skabe et Østerbro et andet sted og skabe Ørestad et tredje sted. Og anerkende, at de har forskellige præmisser i deres arkitektoniske formsprog og i det liv, der leves, og de mennesker, der lever der. At vi har nogle forskellige måder at vælge på, og at vi som planlæggere skal passe på ikke at ville lægge det samme ideal ned over alle bydele, men derimod spørge ind til og forstå de mennesker, der bor der. Forstå, hvad det er for et sted typologisk og historisk og så bygge videre på det. Og samtidig så skal det jo være i sammenhæng, sådan at det ikke ender med at blive en segregeret by.

KLW
Hvordan planlægger man helt konkret 'kant'? Rammer man ikke meget hurtigt – for ikke at sige med det samme – planlægningens begrænsninger? Risikerer man ikke at passivisere folk og dermed ikke få aktiveret de ressourcer, der er derude.

TS
Vi kan ikke planlægge os ud af alt. Sådan en by vil man ikke have. Måske fik vi overprogrammeret nogle af byrummene i nullerne – ikke på den modernistiske måde, hvor vi lavede legepladser fra to til seks og legepladser fra seks til tolv osv. Men mere, at al plads i byen blev fyldt ud med programmer og aktiviteter. Vi skal kunne begge dele, for det skal heller ikke være så ikke-programmeret, at du kan alt alle steder, og derfor gør du ingenting. Med strategien er vi blevet bedt om at prøve at tænke de næste ti år og forsøge at finde balancen mellem det programmerede og det ikke-programmerede. Og det er jo et stærkt politisk mandat at få.

KLW
Fungerer det? Det virker, som om der er en risikoaversion, hvor visse typer af byeksperimenter ikke trives på politisk niveau. Der er tiltag, man helst ikke vil forsøge sig med, og så ender vi alligevel med en overplanlagt by. I virkeligheden er det et mirakel, at der findes et 1:1 non-plan-byeksperiment – på godt og ondt – som fristaden Christiania midt i alt det planlagte, hvor selvbestemmelse og bottom-up og deltagerdemokrati realiseres på et meget grundlæggende niveau. De har uden tvivl deres problemer på Christiania, men det er da tankevækkende?

TS
Ledelsesmæssigt, politisk og set fra min stol som embedsmand så er vi faktisk i gang med at skabe processer, hvor vi helt bevidst ikke helt ved,

Co-create Copenhagen, we asked what we have learned from the past many years, and what we need to adjust. And one of the points in *Co-create Copenhagen* is that we want a city with an edge. That concerns two development tracks: one is to make room for flexibility, creativity and temporary developments and avoid over-programming the urban spaces; the other is about creating unique neighbourhoods that consider the wider context. These are two concerns we have to balance constantly in order to create uniqueness – creating romantic slum in one place, Østerbro in another place and Ørestad in a third place. And to acknowledge that these neighbourhoods have different underlying premises in their architectural expression and in the life that they frame and the people who live in them. People make different choices, and as planners we should not be imposing the same ideal on all the different neighbourhoods; instead we should listen to and understand the people who live there. Understand what sort of place we're dealing with, typologically and historically, and build on that. Meanwhile, we also have to consider the wider context to avoid creating a segregated city.

KLW
In specific terms, how do you plan an 'edge'? Won't you quickly – or immediately – come up against the limitations of planning? Don't you risk passivizing people and thus failing to activate the resources that exist out there?

TS
We can't plan everything. Nobody wants that sort of city. Maybe we did over-programme some of the urban spaces during the 2000s – not in the modernist way, designing playgrounds for two-to-six-year-olds and other ones for six-to-twelve-year-olds and so forth, but more in the sense of filling the urban space with programmes and activities. We should embrace both approaches, because we also don't want to leave things so unprogrammed that 'anything goes', all over the place, because then ultimately, nothing happens. In the strategy we were asked to cast our minds ten years into the future and try to balance programmed and unprogrammed spaces. That is a strong political mandate.

KLW
Does it work? It seems that there is a certain risk aversion, where certain types of urban experiments do not fare well when they reach the political level. Some initiatives are not readily embraced, so then we still have over-planning. It's actually a miracle that we have a 1:1 non-plan urban experiment – for better or worse – like Christiania in the middle of all these planned spaces, where autonomy, bottom-up processes and participatory democracy are realized on a very fundamental level. No doubt, Christiania has its problems, but surely, it makes you think?

TS
On a management level, a political level and where I sit, as a civil servant, we are actually developing processes that have deliberately been left open-ended. I firmly believe that the approach of bringing the citizens closer to the processes and involving them in developing the city is here to stay, along with a more ad-hoc planning approach. It's a way of acknowledging that the people who live in the city are also involved in shaping the city and their local

hvor de ender. Jeg tror helt klart på, at det med, at borgerne er tættere på processerne og med til at udvikle byen, er kommet for at blive, hvor man planlægger det hen ad vejen, ad hoc. Det er en måde at anerkende, at dem, der bor der, selv er med til at påvirke byen og nærområderne. Vi skal være med til at styrke de lokale fællesskaber, der er.

KLW
Vil det udfordre de økonomiske interesser, der lige nu former byen i forhold til beboersammensætning, og hvem der overhovedet kan bosætte sig i byen? I forhandler, hedder det, fra gadehjørne til gadehjørne bogstavelig talt omkring nogle bylivskvaliteter og forsøger at værne om byens rum som et fælles rum, hvor man så må spørge: "Bylivskvalitet for hvem?" Er der plads til idealisme i markedsdrevet byudvikling?

Fig. 3 Israels Plads, København. Foto: Eleonora Costi

TS
Men det er noget, vi allesammen har et ansvar for. Vi har en samtale med vores investorer løbende, fordi der er meget, vi ikke kan regulere på. Og ja, markedet kunne godt indrette sig langt mere mangfoldigt, end det gør i dag. De almene boliger er sådan set ret gode til det, og jeg ser nogle tendenser, som jeg håber kan skubbe i en retning også i forhold til det private marked, f.eks. AlmenBolig+, hvor man skriver under på, at man indgår i et fællesskab, er med til at slå græsset og drifte byggeriet selv for at holde prisen på boligerne nede. Nye fællesskabsboliger er også ved at tage form, hvor Boligkontoret Danmark har bygget selvstændige lejligheder, der er en lille smule mindre end normalt, til gengæld så har de et stort fællesrum med dobbelthøjt til loftet og det smukkeste dagslys, hvor du kan have fester og fælles aktiviteter. Vi efterspørger mere fællesskab, men markedet har ikke helt aflæst det endnu.

KLW
Der er nogle situationer – økonomiske, politiske – hvor der er en samtale, der kortslutter? Og så er der frit løb for developerne, som ikke altid er interesseret i den der kvalitet, du taler om her? Det må være svært at holde den forhandling om byens rum og fællesskabets bylivskvaliteter i gang, når opsvinget buldrer af sted.

TS
Det er meget komplekst. Og der er mange ting, der hele tiden påvirker

Fig. 3 Israels Plads, Copenhagen.
Photo: Eleonora Costi

communities. We should strengthen the local communities.

KLW
Is that going to challenge the economic interests that are currently shaping the city in terms of population make-up and who can even find a place to live in the city? As you describe it, you are literally negotiating from street corner to street corner to determine urban life qualities and safeguard the character of the urban space as a shared space, so now the question is, 'quality of urban life for whom?' Is there room for idealism in a market-driven urban development?

TS
This is something we all have a shared responsibility for. We have an ongoing conversation with our investors because there are many things we can't regulate. And yes, the market could have a much more diverse structure than it does today. The non-profit housing associations actually do a pretty good job, and I'm seeing trends that I hope can nudge the private market too, such as AlmenBolig+, where the residents formally sign up for engaging in the community, taking their turn mowing the lawn and handling day-to-day operations in order to keep prices down. We are also seeing new communal dwellings take form, where Boligkontoret Danmark (Housing Office Denmark) has constructed independent flats that are a little smaller than normal, but which have access to a large common room – double-high and flooded with daylight – to use for parties and communal activities. There is a growing demand for more community, but the market hasn't quite picked up on that yet.

KLW
There are situations – economic, political – where the conversation short-circuits? And that leaves things up to developers, who aren't always interested in the kind of quality you're talking about here? It must be difficult to continue the negotiation about urban spaces and the qualities of communal urban life when the economy is booming?

TS
It's certainly complex. And there are many factors constantly influencing the complexity of creating the good city. If we spend too long discussing the individual project, prices are only going to keep climbing. So on the one

den kompleksitet, det er at skabe den gode by. Hvis vi bruger for lang tid på at diskutere det enkelte projekt, så stiger priserne bare mere og mere og mere. Så på den ene side så er der nogle ting, hvor man siger, at man vil egentlig gerne, at det lige gik lidt langsommere, og på den anden side så er langsomheden det, der er med til at skabe de store forskelle. Så langsomheden er jo i sig selv, med det ene blik, en udfordring på den negative måde, selv om man med det andet blik vil kunne sige: "årh, det ville være godt, set med de her briller". Der har vi vores politikere til at gå ind og sige, at "det kan altså godt ske, at I snakker om forskellige huse og boformer, men lige nu handler det om at få noget bygget, som nogen kan flytte ind i". Det har været en diskussion med ungdomsboliger, at på den ene side så kan vi have en drøm om, at ungdomsboligerne alle sammen havde altan og var bygget af gode materialer og lå på de gode grunde inde i byen, fordi det er dér, de unge gerne vil være. Men en anden virkelighed er, at så koster de bare ikke 4500 eller 3000 kr., så koster de 7000, og så har de unge ikke råd til at bo i dem. Så vi skal som forvaltning forstå i langt højere grad, hvad det er for nogle økonomiske præmisser, den enkelte bygherre har, og hvor det er, vi kan prikke til ham i det. Så jo dygtigere vi bliver til at forstå hans processer og hans vilkår, desto dygtigere bliver vi til at sætte spørgsmålstegn ved, om han får taget de rigtige forudsætninger fra starten af, eller om man kunne gøre det på en anden måde. Det er en politisk diskussion langt hen ad vejen, hvor det ikke bare er de kommunale politikere, men også statslige politikere, som skal gå ind og justere på nogle ting, for at kommunalpolitikeren kan få et manøvrerum. Det lykkes i en eller anden grad med noget af planloven, hvad angår almene boliger. Men selv de almene boliger er jo forholdsvis dyre.

KLW

Ja, og der bliver flere og flere singler og nye familiemønstre. Liveability-diskussionen og vores forståelse af livskvalitet bevæger sig lynhurtigt op på byrumsniveau, men vi er allerede i en situation, hvor det bliver svært at bo i byen for almindelige mennesker. Og så blegner diskussionen om de inkluderende byrum…?

TS

Det diskuterer vi med investorerne. Når man kigger på deres bebyggelser og udbud af lejligheder, så er der ingen forskel på dem. Og den eneste forskel, de sådan set sælger sig på, det er udsigten, hvor de ligger i byen og størrelsen på altanen. Men jeg vil sådan set hellere have en lejlighed med ét rum og så højt til loftet, der er til at betale. Dem er der slet ikke nogen af. Jeg vil egentlig hellere have et andet fællesskab. Det er der heller ikke noget af. Så der er brug for at påvirke og udfordre den måde, der bygges på i dag. Ellers går fællesskabet i sidste ende tabt.

Tina Saaby var indtil for nylig stadsarkitekt i Københavns Kommune (september 2010 – december 2018).

hand, there are some areas where we would like to see things slow down a little, and on the other hand, the slow pace is also responsible for creating the big differences. So from one perspective, inertia is a challenge, but from a different perspective, you could see it as a positive. That's where our politicians come in, saying that well maybe you're talking about different houses and ways of living, but right now we have to build something that people can move into. With student housing, on the one hand, we might have a dream where all the student flats have a balcony, are built of quality materials and occupy prime locations in the centre of the city, because that's where young people want to be. But the fact is, if that were the case, the rent wouldn't be DKK 4,500 or 3,000 (a month), it would be DKK 7,000, which students wouldn't be able to afford.
As the city administration, we have to develop a much better understanding of the economic conditions of the individual client and where we can challenge him. The better we understand the client's processes and conditions, the better we can question whether he is addressing the right conditions from the outset, or whether things might be done differently.
In many respects, that is a political discussion, where national politicians too need to make adjustments to give the municipal politicians more space to manoeuvre. To some extent, the Planning Act achieves this as far as non-profit housing is concerned. But even non-profit flats are still fairly expensive.

KLW
Yes, and we are seeing more single households and new family patterns. The liveability debate and our understanding of quality of life are quickly moving to the level of urban space design, but we are already in a situation where it's difficult for average-income people to find an affordable home in the city. On that background, the discussion about the inclusive urban spaces pales a little ...?

TS
We discuss this with the investors. When you look at their plans and the flats they're offering, they're all the same. The only real differences are the view, the specific city location and the size of the balcony. Personally, I'd rather have a one-room flat with a high ceiling that I can afford. That's not out there. I would prefer a different kind of community. That's not out there either. So we need to influence and challenge contemporary architecture. Otherwise, we will eventually lose our sense of community.

Tina Saaby was until recently Chief City Architect of Copenhagen (September 2010 – December 2018).

The interview is translated from Danish.

Af HOLGER DAHL

Krig, klodser og kommunikation

Koranklods, terrorklods eller Merkel-lego. Et ikke særlig kært barn med mange hæslige navne. De senere års terrorangreb med lastbiler og varevogne har øget utrygheden i vores storbyer. Pludselig er vi alle blevet et mål for sindsforvirrede fanatikere. De mest fredelige områder i de moderne byer, gågader og pladser er nu pludselig også de mest farlige at færdes på.

Myndighederne forsøger at berolige os med betonklodser, men som med så megen anden kommunikation lurer sammenbruddet og konflikterne lige under overfladen. Klodsen og dens betydning er nu pludselig også en kommunikationsrelateret kampplads.

SKAL VI VISE ELLER SKJULE KLODSERNES SANDE OPGAVE?

De vanvittigt feje og destruktive angreb med lastbiler og varevogne har naturligt nok skabt udfordringer for både politi, politikere og byrumsdesignere. For hvad er bedst: at vise sikkerhedsforanstaltningerne og dermed skabe utryghed. Eller at skjule dem og derved lade som om, man ikke tager truslen alvorligt?

Problemet er rent funktionelt, at de tryghedsskabende byggepladsklodser, i henhold til adskillige tests, ikke kan stoppe en tung lastbil, med mindre de er boltet fast med dybe jernankre. Med andre ord er den uskønne virkelighed med Merkel-lego,

By HOLGER DAHL

Conflict, Concrete and Communication

Koran block, antiterrorism barrier, Merkel-Lego. Ugly names for an ugly urban feature. Recent years' terrorist attacks using lorries and vans have led to new fears in our cities. Suddenly, we are all potential targets for deranged fanatics. The most peaceful areas in the modern city, pedestrian streets and city squares, have become the most dangerous.

The authorities try to reassure us by installing concrete blocks, but as with so many other communication efforts, breakdowns and conflicts are lurking underneath the surface. The concrete barrier and its meaning have suddenly become the arena for a communication conflict.

SHOULD WE DISPLAY OR CONCEAL THE TRUE PURPOSE OF THE ANTITERRORISM BARRIERS?

The profoundly cowardly and destructive lorry and van attacks naturally present a new challenge to police, politicians and urban designers. What is the best approach: to install visible security measures, thus giving rise to fear and concern? Or to conceal them, thus giving the appearance of not taking the threat seriously?

On a functional level, the problem is that the reassuring barriers, according to multiple tests, are insufficient to stop a heavy lorry unless they are bolted down with deep iron anchors. In other words,

Fig. 1 **Nyhavn terrorsikring, København. Foto: Kristoffer Lindhardt Weiss**

eller hvad vi nu skal kalde det, ren symbolpolitik. En sindssyg lastbilschauffør kan stadig slå hundredvis af mennesker ihjel uden andre kvalifikationer end et stort kørekort.

Samtidig er den pludseligt hverdagsagtige trussel blevet en kommunikationskampplads: Velmenende venligboere er naturligvis tilhængere af at pakke de futile barrierer ind i blomster for 'ikke at lade terroristerne vinde', mens den indvandrerkritiske fløj ser indpakningen som selve symbolet på venstrefløjens hykleri: Krigen er kommet. I vil bare ikke indrømme det.

På højrefløjen vil man hellere have den rå beton, fordi den, ligesom de bevæbnede betjente i Krystalgade, gør det klart for os alle, at vores frihed er truet. Den rå klods er pludselig en form for politisk rekruttering; den borgerkrig, de mest aggressive medlemmer af kritikerfløjen venter på, bliver nu synlig med klodserne. Terrortruslen er 'the new normal'.

I Tyskland har ironikere fra AfD skrevet 'Danke Merkel' på mange af de beskyttende betonklodser, og lignende aktioner har fundet sted i både Dublin, London, Paris og København.

I Nyhavn har en gruppe, der kalder sig Identitær, sat klistermærker på de nydeligt indpakkede beskyttelsesforanstaltninger. Mærker, der siger nej til terror som en ny normaltilstand i Europa. Lidt som at forsøge at holde havet tilbage med en kost. For truslen er 'the new normal', og klistermærker er præcis lige så patetiske som blomsterkummer.

the ugly reality of the Merkel-Legos, or whatever we should call them, is that they are an empty, symbolic gesture. A deranged driver can still kill hundreds of people with no other qualifications than a lorry licence.

Meanwhile, this new everyday threat has become the topic of a communication conflict: well-intended diversity advocates would of course like to see the futile barriers covered in flowers to avoid 'letting the terrorists win', while the anti-immigration wing sees the planters as the quintessential symbol of left-wing hypocrisy: the war is here, and you refuse to acknowledge it.

The right wing prefers the raw concrete; like the armed police in front of the Copenhagen synagogue that puts everyone on notice that our freedom is under threat. The raw concrete barrier has become a political recruitment tool; the civil war that the most aggressive members of the anti-immigrant wing anticipate is made visible by the barriers. The terror threat is the new normal.

In Germany, ironic AfD supporters have written 'Danke Merkel' (Thanks, Merkel) on many of the protective concrete blocks, and similar actions have taken place in Dublin, London, Paris and Copenhagen.

Fig. 1 Antiterrorism protection, Nyhavn, Copenhagen. Photo: Kristoffer Lindhardt Weiss

In the central Copenhagen district of Nyhavn a group that calls itself Generation Identitær (Identitarian movement) has put stickers on the neatly decorated protective elements. Stickers that reject terrorism as the 'new normal' in Europe. A little bit like trying to push back the tide with a broom. Because the threat is the new normal, and stickers are no less pathetic than planters.

Nevertheless, it clearly illustrates that the city is an arena of clashing opinions, and that street equipment contains more meaning than might be visible to the naked eye.

DIVERSITY ADVOCATES VERSUS IDENTITARIANS IN A STRUGGLE FOR THE URBAN SPACE

Our cities are open books. The multiple layers of history, traffic, connections, densifications and open spaces; they all contribute to the larger narrative about our cities and the societies they exist in. From the fortified medieval cities to uniform post-war suburbs, our cities tell a story about the life we aspire to.

The public space has always been a political and ceremonial space. From the Athenian *agora* and Forum Romanum to the square in front of the Danish parliament, Christiansborg Slotsplads, and City Hall Square in Copenhagen. The latter two are protected by granite and concrete now, in the age of terrorism.

Alligevel er det et klart eksempel på, at byen også er en meningernes kampplads, og på, at gadens inventar indeholder mere mening, end det blotte øje kan se.

VENLIGBOERNE MOD DE IDENTITÆRE I KAMP OM BYRUMMET

Vores byer er åbne bøger. De mange lag af historie, de mange lag af trafik, sammenhængene, fortætningerne, de åbne rum; alle bidrager de til den samlede historie om vores byer og de samfund, de eksisterer i. Fra middelalderens befæstede byer til efterkrigstidens forskelsløse forstæder fortæller vores byer om det liv, vi gerne vil leve.

Det offentlige rum har altid været et politisk og ceremonielt rum. Fra den athenske agora og Forum Romanum, til Christiansborg Slotsplads og Rådhuspladsen. De sidste to er nu beskyttet af granit og beton i terrrorens tidsalder.

Det er i byens rum, at vi mødes. Byens rum udtrykker, hvordan vi mødes; hvilket hierarki, der hersker i en bestemt by. En kendt kritik af Haussmanns byplan for Paris med de brede, lange boulevarder er, at de primært blev så brede og lige af militære hensyn. Det var lettere for hæren at kontrollere borgerne i det nye Paris. Med andre ord kan gaderne, vi elsker allermest, føres tilbage til et redskab til undertrykkelse.

Beijings byplan er udviklet til at tilgodese kejserens religiøse pligter som den direkte kontakt med universets styrende kræfter. Da kommunisterne overtog magten i 1949, overtog de også det ceremonielle udstyr og brugte den store Chang'an Avenue til militærparader samt Tiananmen-pladsen til massemøder og koordinerede jubelmanifestationer.

Pladsen blev i kommunismens ånd det stærkeste symbol; masselinjens fysiske udtryk. Efter demokratidemonstrationerne i 1989 har det imidlertid været nødvendigt for styret at begrænse adgangen til pladsen, der i dag er spærret af kraftige hegn og kun kan nås gennem tunneler med lufthavnsagtig sikkerhedsforanstaltning. Naturligvis leder de voldsomme tiltag tankerne hen mod det, de forsøger at skjule: en potentiel gentagelse af demonstrationerne i 1989.

Det ceremonielle rum, som Tiananmen-pladsen, er tydeligt blevet et frygtens og undertrykkelsens rum. Præcis som det sker med de europæiske byer i disse år, hvor de rå sikkerhedsbarrierer konstant fortæller os, at vi er i fare, hvor vi går og står.

BYEN OG VERDEN

At selve byens liv er blevet mål for terroristerne, er i disse år et større problem end for 20 år siden. Byer er nemlig blevet moderne igen. Efter nedturen i slutningen af det 20. århundrede, hvor verdens storbyer forfaldt, koger urbaniseringen for fuldt

The urban space is where we meet. The urban space expresses how we meet; it reflects the given urban hierarchy. A familiar criticism of Haussmann's city plan for Paris with the long, wide boulevards is that their design was primarily shaped by military concerns. It was easier for the army to control the citizens in the new Paris. In other words, our most beloved streets were designed to be a means of oppression.

Beijing's city plan was developed to accommodate the emperor's religious duties as the direct link to the powers that govern the universe. When the Communists took over in 1949, they also seized control of the ceremonial facilities, using the big Chang'an Avenue for military parades and Tiananmen Square for mass meetings and coordinated pro-government rallies.

In true Communist spirit, the square became the most powerful symbol; the physical manifestation of the mass line. After the pro-democracy demonstrations in 1989, however, the regime restricted access to the square, which is now blocked off by heavy fencing and can only be reached through tunnels with airport-style security. Naturally, the heavy-handed measures only spark thoughts of the very thing they are intended to obscure: the potential of a repetition of the demonstrations in 1989.

As a ceremonial space, Tiananmen Square has clearly become a space of fear and oppression. Exactly as it is currently happening in European cities, where brute security barriers are constantly reminding us that we are constantly at risk wherever we go.

THE CITY AND THE WORLD

That urban life itself has become a terrorist target is a bigger problem today than it was 20 years ago. Because cities have become trendy again. After the downturn in the late 20th century, when cities around the world were falling into disrepair, urbanization is now at full throttle all over the globe, driven more by desire than by necessity. Everybody wants to live in the city, and every city wants to attract well-educated, high-income citizens.

Annual inter-urban beauty contests pick the world's best city. The most 'liveable' city, as the luxury magazine *Monocle* puts it. And we can all agree what liveability looks like. It involves lots of people in streets and city squares, lots of events, lots of bicycles, lots of street food and a yearly pride parade.

All things that terrorists hate. All things that are easy to mow down with a stolen lorry.

MODERN SECURITY DILEMMAS

After the first attack in Nice in summer 2016, both police and citizens in Western cities began to raise security for large crowds. The cities that were quickest to react put up the familiar construction-site concrete barriers to protect city squares and pedestrian

blus over hele verden, drevet mere af lyst end nød. Alle vil bo i byer, og alle byer vil tiltrække veluddannede, velhavende borgere.

Byerne imellem afholdes der skønhedskonkurrencer, og en gang om året udpeges den bedste by at leve i. Den mest 'liveable' by, som det hedder i luksusmagasinet *Monocle*. Og vi kan alle blive enige om, hvordan liveability ser ud. Det er noget med en masse mennesker på gader og pladser, en masse events, en masse cykler, en masse streetfood og en årlig pride parade.

Alt det, terrorister hader. Alt det, der er nemt at påkøre med en stjålen lastbil.

Fig. 2 London byrumsinventar og terrorsikring. Foto: Allan Stanton

MODERNE SIKKERHEDSDILEMMAER

Efter det første angreb i Nice i sommeren 2016 begyndte både politi og borgere i Vestens storbyer at hæve sikkerheden ved større forsamlinger. De hurtigste byer reagerede ved at sætte de kendte byggepladsbetonklodser op som spærringer ved torve og gågader. Senere kom flere angreb og flere betonklodser, samtidig med at to ting blev klart for både politi og politikere:

1 Angreb med store køretøjer er nærmest umulige at forhindre.
2 Det er nødvendigt at udvikle en egentlig strategi for at begrænse dem mest muligt og for at skabe en fornemmelse af sikkerhed blandt byernes mange borgere og brugere.

Denne proces er nu i gang. Men det er meget svært. For samtidig med, at risikoen for lastbilangreb kræver afspærringer og indhegninger, så kræver 'liveability' og modernitet åbenhed, sammenhæng og flow. Denne modstilling er med andre ord den perfekte scene for en islamistisk idiot: Den åbne by og det åbne samfund er for dem en fjende, der skal destrueres. Samfundet står med problemet: Hvordan forsvarer tolerancen sig mod intolerancen?

Hvordan får man med andre ord de modsatrettede ønsker om sikkerhed og åbenhed til at mødes, og hvilke læsninger skaber de foreslåede løsninger? Er det altid et trade-off? Kan vi kun få byliv, hvis vi accepterer risikoen for at miste vort eget? Eller findes der en tredje mulighed?

Fig. 2 London urban design and antiterrorism protection. Photo: Allan Stanton

streets. Later, there were more attacks and more concrete barriers, and police and politicians gradually came to two key realizations:

1 Vehicular attacks are almost impossible to prevent.
2 We have to develop a strategy to minimize the risk and to make the many citizens and users of the city feel safe.

That process has now begun. But it is difficult. While the risk of lorry and van attacks calls for barriers and fencing, 'liveability' and modernity call for openness, connectivity and flow. In other words, this dilemma sets the perfect stage for an Islamist moron: the open city and the open society are an enemy to be destroyed. Society has to address the problem: how does tolerance defend itself against intolerance?

How can we reconcile the conflicting desires for security and openness, and what messages do the proposed solutions convey? Is it always a trade-off? Does urban life require us to put our own lives at risk? Or is there a third option?

The leading researcher in the field of antiterrorism measures and resilient cities is British Jon Coaffee from University of Warwick's department of Politics and International Studies. In several papers and articles he has described the three categories of modern security and their implicit messages. Coaffee is one of the experts to point to the dilemma that both visible and invisible security measures make us feel unsafe.

Visible security measures cause fear and anxiety by reminding us of the risk. Invisible security measures cause fear and anxiety because they make us worry that the threat is not taken seriously.

The feeble construction-site barriers have the same effect as a piece of string in front of a lion's cage, but they are unavoidable

Den førende forsker inden for terrorsikring og robuste byer er englænderen Jon Coaffee fra University of Warwicks Institut for Politik og Internationale Studier. Han har i flere artikler beskrevet den moderne terrorsikrings tre udtryk og dens implicitte udsagn. Det er bl.a. Coaffee, der gør opmærksom på dilemmaet med, at den synlige sikkerhed skaber utryghed – men det samme gør den usynlige.

Den synlige sikkerhed skaber utryghed, fordi den minder os om truslen. Den usynlige sikkerhed skaber utryghed, fordi den får os til at frygte, at ingen tænker på sikkerheden.

De forkølede byggepladsafspærringer har samme effekt som en snor for et løvebur, men ikke desto mindre er de uomgængelige, fordi de viser, at vi gør noget! Det allervigtigste, når myndighederne står over for det ubegribelige, er: Gør noget! Uanset om det giver mening eller ej.

Indtil videre har forholdsreglerne her i landet udmøntet sig i to strategier: den synlige sikkerhed og den maskerede sikkerhed.

Den tredje strategi, som vi endnu ikke har eksempler på herhjemme, er den usynlige sikkerhed. Mere om den senere.

DEN SYNLIGE SIKKERHED ER DE STORE HEGN, BETONKLODSERNE OG AFSPÆRRINGERNE

Denne løsning er æstetisk utilfredsstillende og går direkte imod den åbenhed og mangfoldighed, en moderne by gerne vil skilte med. En yderligere ulempe er, at den øger utrygheden. Ved konstant at gøre opmærksom på sig selv på en meget direkte og brutal måde leder de triste terrorklodser automatisk tankerne i retning af terrorisme og mulige angreb.

Lidt på samme måde som maskinpistolbevæbnede politifolk i gaderne. Tryggere, måske, men også skræmmende. Samtidig er den smilende optrapning af samfundets voldsvillighed en dårligt skjult indrømmelse til den kritiske højrefløj.

Den traditionelle elite har ikke styr på situationen, og en accept af den reelle konflikttilstand lurer lige om hjørnet. Det virker som en høj pris at betale rent politisk, blot fordi man ikke vil kalde det onde ved navn.

DEN MASKEREDE SIKKERHED

Her dækker man nødtørftigt sikkerhedsanordningen til. Man maskerer den som bænke, cykelstativer eller blomsterkummer. Denne form for sikkerhed er ikke nødvendigvis mere æstetisk vellykket – og samtidig lidt som 'mørbrad stegt som and'.

Alle ved, hvad det drejer sig om, og den nødtørftige tildækning leder kun tankerne hen mod dette faktum: Vi kender risikoen, men vi forsøger at lade som ingenting.

Funktionen er som en toiletrulleskjuler. En bedsteborgerlig udenomstale, der minder om victoriatidens England, hvor alt

because they demonstrate that somebody is doing something! The key point when authorities face the incomprehensible is, 'do something!' Whether or not it makes any sense.

So far, precautions in Denmark have reflected one of two strategies: visible security and disguised security.

The third strategy, which we have no examples of in Denmark yet, is invisible security. More about that later.

VISIBLE SECURITY INVOLVES FENCING, CONCRETE BARRIERS AND BARRICADES

This solution is aesthetically unsatisfactory and flies in the face of the openness and diversity that a modern city strives to offer. A further drawback is that it increases fear and anxiety. By constantly drawing attention to itself in a direct, brutal manner the drab concrete barriers automatically remind us of the risk of terrorist attacks.

A little like seeing police in the streets with submachine guns. Reassuring, perhaps, but also terrifying. Moreover, the smiling escalation of society's preparedness to use force is a barely concealed concession to the critical right wing.

The traditional elite does not have the situation in hand, and an acknowledgement of the actual state of conflict is lurking just around the corner. It seems a high price to pay in political terms, simply to avoid calling evil by its right name.

DISGUISED SECURITY

This involves adding a thin veneer to the security feature. It is disguised as a bench, a bicycle rack or a planter. This type of security is not necessarily any more aesthetically pleasing – and it has a sense of 'mock duck' about it.

Everybody knows what it is about, and the scanty disguise only reminds us of this fact: we are aware of the risk, but we pretend it is not there.

The function is similar to that of a toilet roll cover. A bourgeois cover-up reminiscent of Victorian England, where everything was about sex, because no one was allowed to speak of it. Similarly, today's antiterrorism concrete blocks dressed up with lace and a doily are merely a symbol of what's on everyone's mind but which we cannot speak about.

Polite chitchat that irks the right wing, which prefers to shove the issue in our face. The left wing is under pressure too, as the festive barriers only make the hypocrisy more glaring.

Examples of this toilet-roll-cover approach are found in Nyhavn, where the city has set up concrete barriers fitted with benches and planters. The design seems as out of place as the crocheted hat on the loo roll, and even if the wooden rack improves the seating function of the concrete element, it also draws more attention to the barrier.

handlede om sex, fordi ingen måtte tale om det. På samme måde bliver nutidens terrorklodser med blonder og lysedug blot et symbol på alt det, vi alle tænker på, men ikke må tale om.

Den artige sniksnak, som provokerer højrefløjen, der meget hellere vil have trukket problemerne hårdt op. Venstrefløjen presses også, da hykleriet kun bliver mere synligt med de festlige spærringer.

Eksempler på denne toiletrulleskjulerløsning kan ses i Nyhavn, hvor kommunen har placeret nogle betonklodser med påmonterede bænke og plantekummer. Designet virker lige så påklistret som den hæklede hat på lokumsrullen, og selv om træstativet forbedrer betonklodsens siddefunktion, øger det ligeledes opmærksomheden på afspærringen.

En lidt bedre udgave af den maskerede sikkerhed er specialudviklede betonklodser, bænke eller bassiner, der

Fig. 3 Wall Street sikkerhedsforanstaltninger. Foto: Jay Gorman

kan fungere som byinventar i egen ret og samtidig som sikkerhedsforanstaltning.

Ved det nye Emirates Stadium i London står store bogstaver med klubnavnet Arsenal. Disse fungerer både som branding, afspærring og fotokulisse for besøgende fans. Bogstavernes egentlige opgave er at beskytte mod terrorangreb.

Begge disse strategier løser imidlertid ikke det altoverskyggende problem: Vi vil have åbne byer i det åbne samfund. Og som arkitekter vil vi have et minimum af skrammel. En by plastret til med rækværker er både en uvenlig og en uskøn by. Den demokratiske by med 'maximum liveability' giver lige adgang til byens rum, og stort set al nyere byrumsformgivning handler om at fjerne barrierer og skabe 'shared spaces': flydende rum, hvor trafik og fodgængere finder plads til hinanden i en gensidig forhandling. Som f.eks. Times Square i New York eller domkirkepladsen i Ribe, for nu at bruge et lokalt eksempel.

Disse moderne, flydende byrum er de sværeste at beskytte uden samtidig at fjerne alt det, der gør dem specielle og attraktive. Der er derfor en interesse i at skabe usynlig sikkerhed.

MODERNE OG HOLDBARE LØSNINGER

I New Yorks Financial District eksperimenterer man med en moderne form for voldgrav. En vejbelægning, der bryder sammen ved høj vægt (f.eks. fra en stor lastbil) og stopper køretøjet, fordi der under den tynde skal er en grav.

En oplagt mulighed for fremtidens byer er at kombinere klima- og terrorsikring ved netop at genindføre det gamle sikkerhedselement, voldgraven. Hvis man har masser af penge, kan man

Fig. 3 Wall Street security barriers. Photo: Jay Gorman

A slightly better type of masked security is the specially designed concrete blocks, benches or basins that can be used as urban equipment in their own right while doubling as security barriers.

At the new Emirates Stadium in London, giant letters spell out the name of the football club Arsenal. They serve as branding, barrier and a popular background for fan photos. The actual task of the letters is antiterrorism.

However, none of these strategies solve the main problem: we want open cities in an open society. And as architects we want a minimum of clutter. A city that is plastered over with fencing is both uninviting and aesthetically unappealing. The democratic city with 'maximum liveability' offers equal access to urban spaces, and virtually all contemporary urban space design is about eliminating barriers and creating 'shared spaces': fluid spaces, where traffic and pedestrians make room for each other in a mutual negotiation. Like Times Square in New York or the square in front of the cathedral in the Danish city of Ribe, to take a local example.

These fluid modern urban spaces are the hardest to protect without simultaneously stripping them of the very qualities that make them unique and attractive. Hence the interest in invisible security.

MODERN AND DURABLE SOLUTIONS

In New York's Financial District urban planners are experimenting with a modern version of a moat. A pavement that gives in under excessive weight (for example from a large lorry) and stops the vehicle because there is a pit underneath the thin surface.

vælge den løsning, som USA har gjort til sin nye London-ambassade. Den gamle ambassade på Grosvenor Square er helt pakket ind i meget synlig sikkerhed med betonklodser og hegn, hvilket har fået naboerne til at beklage sig (og det er vigtige naboer, man har på den adresse).

Derfor har USA valgt at bygge en ny ambassade ved Battersea. En ambassade med usynlig sikkerhed i form af en voldgrav og en bombesikker beklædning, der kan optage energien fra en eksplosion og bryde sammen uden at skade bygningen bagved.

Med andre ord vil den hypersikre ambassade ikke ligne en fæstning. Den vil tværtimod virke åben og inviterende, samtidig med at den vil være mere sikker end den gamle.

Denne form for usynlig sikkerhed giver smukkere byer, men kræver samtidig en form for information eller ny ikonografi. Hvis vi gerne vil undgå de skræmmende betonbarrierer, er det vigtigt at vise alle borgere og besøgende, at vi har tænkt på sikkerheden.

Med andre ord er der her tale om et område med et stort udviklingspotentiale for alle arkitekter og byrumsdesignere. Vi må indstille os på, at truslen fra kørende fanatikere vil vare ved, og vi må derfor også indse, at vores sikkerhedsindgreb ikke blot er midlertidige. Det er en daglig absurditet at færdes i byrum, der er sikret med midlertidige, dårligt designede klodser, når vi alle ved, at truslen varer ved.

HVORDAN SKABER VI SIKKER ÅBENHED?

Vi bliver med andre ord nødt til at opfinde et nyt byelement. Et nyt ord til byens store vokabularium. Den venlige, men bestemte integrerede sikkerhedsforanstaltning. Dette ville være den arkitektonisk mest tilfredsstillende løsning, selv om den ifølge Coaffee måske er mindre attraktiv, netop fordi den er skjult.

Jeg tror imidlertid på, at alle mennesker kan lære at læse deres by på en ny måde. At være opmærksom på de usynlige tiltag og tænke på sikkerhed som en naturlig del af det at færdes i byen. Som når man går langs en kajkant eller på en bjergsti. Her bruger man øjnene og har hele tiden sikkerheden som en tavs medspiller, uden at man er ved at dø af skræk.

Fremtidens by skal forblive åben, og den skal forblive sikker. Med en permanent og ny forståelse af sikkerhedens udfordringer. We're not in Kansas anymore.

Holger Dahl er arkitekt og kommunikationschef i tegnestuen Schønherr A/S.

Artiklen er oprindeligt bragt på kforum.dk.

An obvious option for future cities is to combine climate change and antiterrorism adaptations by reintroducing the traditional security measure of the moat. If you have a big budget, you can choose the solution implemented at the new US embassy in London. The old embassy in Grosvenor Square is bristling with visible security, including concrete barriers and fencing, which has caused the neighbours to complain (and on that address, the neighbours carry a lot of weight).

Hence, the United States has decided to build a new embassy in Battersea. An embassy with invisible security in the form of a moat and a bomb-proof exterior cladding able to absorb the energy from a blast and crumple, keeping the building itself unharmed.

In other words, the hyper-secure embassy is not going to look like a fortress. Instead, it will appear open and inviting, despite being more secure than the old building.

This type of invisible security makes for more beautiful cities but also calls for information or a new iconography. If we wish to avoid the intimidating concrete barriers we need to let citizens and visitors know that we have security in hand.

In other words, this represents an area with a significant development potential for all architects and urban space designers. We need to realize that the threat from fanatics in vans and lorries is not going away, and that consequently, our security measures are not going to be temporary. It is a daily absurdity to spend time in urban spaces secured with temporary, poorly designed barriers when we all know that the threat is here to stay.

HOW DO WE ACHIEVE SECURE OPENNESS?

We need to invent a new urban element. A new word for the city's expansive vocabulary. A friendly but firm, integrated security measure. That would be the most architecturally satisfying solution, even if Coaffee might regard it as less attractive, precisely because it is concealed.

I am convinced, however, that everyone can learn to read their city in a new way. To become aware of the invisible measures and view security as a natural aspect of using the city. Like walking along a pier or a mountain path. We take alert and keep safety in mind, like a silent companion, without being gripped by fear.

Our future cities should remain open, and they should remain safe. With a permanent and new understanding of the challenges security presents. We're not in Kansas anymore.

Holger Dahl is an architect and head of communications at the landscape architecture firm Schønherr A/S.

The article is translated from Danish and was originally published on kforum.dk.

Fotografi og tekst af RASMUS HJORTSHØJ

Snit i landskabet – grænsetypologier mellem by og land

I de kystnære bysamfund er man forbundet til begrebet flygtighed og naturlige rytmer mere tydeligt end noget andet sted. Grænserne mellem by og landskab forskydes og udviskes bestandigt i et dynamisk kystlandskab, der konstant er underlagt forandringsprocesser, der historisk rækker tilbage millioner af år, men som stadig genspejles i dagligdagens cykliske processer; på kysten bedst kendetegnet ved tidevandets ebbe og flod, hvor kilometervis af strandbred hver dag overgår til havbund, for igen at vende tilbage til det landfaste. Foranlediget af naturlige processer synes de fysiske omgivelser at blive transformeret i en naturlig cyklus af stof og energi i gensidig påvirkning, der uanfægtet af grundskel, kommunale afgrænsninger og nationale lovgivninger formgiver de landskaber, som udgør kystbefolkningens hverdag. Men dette ensidige billede af kystlandskabets fysiske udformning som værende betinget kun af naturens kræfter bliver dog udfordret, når man iagttager det danske kystlandskab. Her er det i høj grad også de menneskelige interventioner, som er med til at forme kystlandskabernes fysiske beskaffenhed. Kystbeskyttelsesstrategier, naturforvaltning og byplanlægning er faktorer, der særligt afgør dette landskabs fysiske form og måden, hvorpå befolkningen interagerer med det. Et post-naturligt landskab, der ikke længere kan tilskrives udelukkende de storslåede naturlige kræfter, men også må ses på som landskabelige bearbejdninger eller 'arkitekturer', indsat for at fastholde ikke blot kystlinjens fysiske udformninger, men også varetagelsen af selve 'billedet' af kystlandskabet – måden, hvorpå det romantiske syn på et smukt kystlandskab er nedarvet igennem kulturelle afbildninger. I takt med at dette forhold imellem menneske, natur og kultur forskydes, ses også en acceleration af klimatiske forandringsprocesser, der på globalt niveau kan virke som abstrakte størrelser, men på lokalt niveau medfører presserende problemer for kystbefolkningen i form af bl.a. stigende vandstande og hyppigere og mere kraftfulde storme. På paradoksal vis er dele af disse forandringer foranlediget af de samme menneskelige interventioner, der var

Photography and text by RASMUS HJORTSHØJ

Sectional Landscape Views – Borderline Typologies Between City and Countryside

Urban communities on the coast have a more visible connection to the concept of fleetingness and natural rhythms than any other location. The boundaries between city and landscape are continuously shifting and blurring in a dynamic coastal landscape that is always exposed to change processes that go back millions of years but are still reflected in everyday cycles today. In the coastal setting, this is most clearly manifested in the changing tides that daily transform kilometres of beach to sea floor and back again. Natural processes transform the physical environment in a cyclical exchange between matter and energy that – without regard for property lines, county lines or national legislation – shapes the landscapes that form the setting for daily life on the Danish coast. This image of the physical properties of coastal landscapes as conditioned exclusively by nature is challenged when one observes the Danish coast. Here, human interventions have a major impact on the physical character of the landscape. Coast protection strategies, nature management and urban planning are factors with a key impact on the physical form of this landscape and on the way the locals interact with it. A post-natural landscape that can no longer be attributed solely to the tremendous forces of nature but should also be seen as landscape outcomes or 'architectures' put in place to preserve not only the physical form of the coastline but also the 'image' of the coastal landscape – the romantic perception of the beauty of the coastal landscape that has been passed down through cultural representations. As this relationship between humanity, nature and culture shifts, we see an acceleration of climate change processes that may seem like abstract forces on a global level but lead to urgent local problems for the people living on the coast, for example in the form of rising water levels and more frequent and powerful storms. Paradoxically, some of these changes are caused by the very human interventions put in place to create a stable and adaptive society, which instead appear to be intensifying the impact of climate change, as they are often based on society's expectations of

tiltænkt at skabe et stabilt og udviklingsdygtigt samfund, men som i stedet synes at forstærke klimaforandringernes påvirkning, da de ofte er baseret på samfundets forventninger om stabilitet og permanens snarere end på naturens iboende forandringsprocesser. Forskydningen af grænserne mellem landskab og bebyggelse i kystterritoriet kommer derfor til at udstille svagheden ved nogle af de samfundsmæssige konstruktioner, som kystterritoriet underlægges. Konstruktioner, som fungerer udmærket i et stabilt miljø, men som kan fejle, når det udfordres af fysisk foranderlighed. For hvad sker der med samfundsstrukturen, hvis ikke indbyggernes grundstykke er bestandigt, hvis ikke ejendommen er bestandig, hvis ikke tilgængeligheden er bestandig, og når end ikke overlappet imellem den udstrakte dynamiske flade, havet, og den skrånende landmasse, kysten, er bestandigt? De klimatiske forandringsprocesser, vi er vidne til i dag, samt de enorme infrastrukturelle anlægsopgaver og samfundsmæssige investeringer, man står på tærsklen til at gennemføre, udgør fundamentale samfundsmæssige fordringer, der skaber et behov for, at både forvaltningen og holdningen til omgivelserne italesættes. Netop dette åbner op for et potentiale for at revurdere strategien for kysturbanisering og kystsamfundenes fysiske planlægning, sociale tryghed og naturlige tilpasningsdygtighed. Samtidig sætter det fokus på forvaltning af den udfordrede kystnatur og dennes samspil med vores byer og bygder, der ud over at skabe rekreative tilbud også har enorm betydning for basale sociale og sundhedsmæssige nødvendigheder og ressourcer.

Billedserien repræsenterer et snit igennem et beboet landskab på den danske vestkyst. Et øjebliksbillede af landskabet, vi bebor i kystzonen. Det præsenterer ingen svar og forvalter ingen særlige interesser. Det repræsenterer et nøgternt blik på et post-naturligt landskab i konstant forandring, hvor menneskets hånd er mere eller mindre tydelig, men dog altid til stede. Et sindbillede på det landskab, vi bebor, fra den tætte by til de mere spredte bebyggelser, der kendetegner det danske kulturlandskab. I udviskningen af forskellen mellem by og land bliver den gensidige påvirkning mellem landskab og kultur et af de mest presserende spørgsmål at forstå.

Rasmus Hjortshøj er arkitekt, fotograf og ph.d.-forsker ved Arkitektskolen Aarhus samt indehaver af virksomheden COAST.

stability and permanence rather than on nature's inherent transformative processes. Thus, the shift in the boundaries between landscape and built-up areas in the coastal territory exhibits the weakness of some of the societal constructions that are imposed on it. Constructions that may be effective in a stable environment, but which might fail in the face of physical impermanence. What happens to the social structure when the plots of land people own lack permanence; when buildings lack permanence; when access lacks permanence – when even the overlap between the expansive dynamic space of the sea and the sloping land mass of the coast lacks permanence? The climate change processes we are currently witnessing and the huge infrastructural construction projects and societal investments we are on the verge of implementing place great strain on the environment, creating a need to articulate both the management of and the attitude to our surroundings. This gives rise to a potential for reassessing the current strategy for coastal urbanization and the physical planning, social resilience and natural adaptiveness of coastal communities. It also highlights the way we manage the exposed coastal nature and its interaction with our cities, towns and villages that in addition to creating recreational amenities also have a major impact on basic social and health-related needs and resources.

The photo series represents a sectional view of a settled landscape on the Danish west coast. A snapshot of the landscape we live in within the coastal zone. It offers no answers and does not promote any specific interests. It represents an unsentimental look at a post-natural landscape in continuous transformation, where human interventions are more or less visible but always present. It is emblematic of the landscape we reside in, from the dense city to the more scattered settlements that characterize the Danish cultural landscape. As the distinction between city and countryside is blurred, the mutual influence between landscape and culture is one of the most pressing issues to understand.

Rasmus Hjortshøj is an architect, a photographer, a PhD fellow at the Aarhus School of Architecture and the owner of COAST.

Skagen

Skagen

Hirtshals

Klitmøller

Hanstholm
Fiskemelsfabrik

Skagen

Thyborøn

Hirtshals

Hanstholm